中經管理

浙江财经大学
“八八战略”研究丛书

“八八战略”与省域现代化先行

李金昌◎主编

中国经济出版社
CHINA ECONOMIC PUBLISHING HOUSE
北京

图书在版编目（CIP）数据

“八八战略”与省域现代化先行／李金昌主编．
北京：中国经济出版社，2024.12. -- ISBN 978-7-5136-8023-3

Ⅰ.F127.55

中国国家版本馆 CIP 数据核字第 2024TW8636 号

责任编辑 闫 丽
责任印制 马小宾
封面设计 中国经济出版社

出版发行 中国经济出版社
印 刷 者 北京艾普海德印刷有限公司
经 销 者 各地新华书店
开 本 710mm×1000mm 1/16
印 张 18.25
字 数 258 千字
版 次 2024 年 12 月第 1 版
印 次 2024 年 12 月第 1 次
定 价 88.00 元
广告经营许可证 京西工商广字第 8179 号

中国经济出版社 **网址** http://epc.sinopec.com/epc/ **社址** 北京市东城区安定门外大街 58 号 **邮编** 100011
本版图书如存在印装质量问题，请与本社销售中心联系调换（联系电话：010-57512564）

编 委 会

主　编　李金昌

副主编　王正新

编　委　（按姓氏笔画排序）

王建英　叶伟巍　朱　丹　朱西湖

任光辉　孙　琴　李玉花　吴　枢

程晓宇　蒲德祥　潘毛毛

前言
Preface

党的二十大报告在擘画新时代新征程的宏伟蓝图时,提出并深入阐述了中国式现代化理论,着重强调了中国式现代化的五个方面的中国特色、九个方面的本质要求和必须牢牢把握的五个重大原则,这是党的二十大的一个重大理论创新。中国式现代化道路不同于西方现代化以资本为中心、以资源消耗为代价的发展模式,而是坚持以人民为中心,注重全体人民共同富裕和人与自然和谐共生的现代化探索。中国式现代化既秉持中国特色社会主义的制度优势,又充分吸收全球现代化经验,以文化自信为根基,突出生态文明建设的优先地位,同时强调在经济转型升级中保持社会公平与可持续性。这一理论框架不仅为中国实现社会主义现代化目标提供了科学指引,也为发展中国家在探索符合自身国情的发展道路时提供了全新范式。

浙江省的现代化先行探索展现了省域层面推动现代化的丰富内涵与具体路径,深刻体现了“八八战略”的重要作用。“八八战略”是习近平同志在浙江工作期间提出的全局性发展战略,围绕浙江的八项优势和八项举措展开,擘画了推动经济社会全面发展的宏伟蓝图。这一战略高度契合中国式现代化的本质要求,从浙江实际出发,强调统筹协调与因地制宜,在发挥区位、经济、产业和生态优势的同时,着力解决城乡区域发展不平衡、资源环境承载力不足等关键问题。以“八八战略”为指引,浙江在过去二十年中大力推进城乡融合发展、产业转型升级和生态文明建设,实现了经济社会发展的高质量和可持续性。在城乡融合方面,浙江通过山海协作、结对帮扶等机制缩小城乡差距,为全国提供了具有普适意义的区域协调发展经验;在产业转型方面,浙江依托数字经济与制造业融合的优势,构建了现代产业体系,成为全国创新驱动发展的先行省份;在生态文明领域,"两山"理念率先在浙江落地生根,并通过市场化生态补偿机制与地方治理模式的创新,实现了经济发展与生态保护的双赢。

作为中国式现代化的省域实践典范,浙江省在"八八战略"指引下所取得的成就生动诠释了顶层设计与基层创新的有机结合,也为全国各地在推进现代化过程中提供了重要启示。浙江的实践表明,现代化建设不仅需要明确的理论框架,更需要结合本地实际进行科学规划和有效执行。"八八战略"通过协调推进区域、城乡、生态和产业等多领域发展,充分发挥了制度优势,破解了资源要素瓶颈,创造了经济效益、社会效益和生态效益相统一的现代化路径。因此,本书聚焦"八八战略"在浙江省域现代化进程中的具体实践与理论升华,系统阐述了这一战略如何在新时代背景下推动经济、社会、生态等多领域的深刻变革,进而为中国式现代化提供省域样本和理论支撑。

本书结构分为两大层次,首先从宏观层面分析"八八战略"的理论基础及其对浙江现代化建设的指导意义,其次通过八个具体领域展开实践案例分析,层层递进地阐明"八八战略"如何成为浙江现代化先行的行动纲领:

第一章以理论框架为起点,从中国式现代化的核心内涵入手,结合浙江省的区域特色,提出省域现代化的基本逻辑与实施路径。这一部分以"八八战略"为核心,探讨其从实践中形成的理论贡献,以及在中国式现代化总体框架中的独特定位。通过梳理浙江省在城乡协调发展、产业转型升级、绿色发展等方面的战略举措,揭示了"八八战略"在实现共同富裕、推动可持续发展和生态文明建设方面的内在逻辑与机制。这一章确立了"八八战略"作为浙江现代化核心指导思想的地位,不仅为后续章节的案例分析奠定了理论基础,同时也为其他地区在构建现代化路径时提供了指导性框架。

随后的八章分别围绕“八八战略”的八个方面进行深入探讨，以丰富的实践案例和系统的数据分析展示了这一战略在不同领域的实施成效。第二、第三章分别以体制机制创新和发挥区位优势为起点，剖析浙江如何通过制度创新引领开放型经济发展，为全省经济现代化奠定坚实基础。在此基础上，第四章探讨了产业转型升级的路径，展示了浙江如何以数字经济和智能制造为核心驱动力，构建起富有竞争力的现代产业体系，推动经济高质量发展。本书既强调了制度环境对经济转型的基础性作用，也揭示了发挥区位优势和进行产业升级在实现现代化中的关键地位。

城乡协调发展和生态文明建设的内容进一步扩展了对浙江现代化探索的讨论范围。从城乡一体化到共同富裕目标的实现，第五章详细论述了浙江如何通过政策设计与资源倾斜，缩小城乡差距，打造协调发展的空间格局。同时，基于“绿水青山就是金山银山”理念，第六章深刻分析了浙江如何将生态文明建设融入现代化发展大局，在经济增长与环境保护之间寻求平衡，为其他省份提供了重要借鉴。这一部分通过城乡与生态两个维度的分析，展现了“八八战略”在空间治理和资源利用上的深远意义，进一步丰富了省域现代化的内涵。

在此基础上，第七章至第九章以区域协调发展、优化营商环境以及文化强省建设为主题。通过对杭州湾大湾区建设与山区26个县协同发展的探讨，第七章揭示了区域整合在推进全省现代化进程中的重要性。第八章深入探讨了优化营商环境如何推动浙江省域现代化先行，从理论到实践，再到战略举措，构建了完整的分析框架。同时，第九章深刻阐述了文化强省建设如何通过传承优秀传统文化与创新文化产业，提升浙江在现代化体系中的软实力。至此，全书完成了从理论到实践、从制度到文化的全景式展现。

本书的主要贡献体现在理论与实践的双重深化上。一方面，通过系统梳理“八八战略”在省域现代化中的实践逻辑，本书为理解中国式现代化的实施路径提供了新的学术视角。浙江的经验表明，中国式现代化并非单一的自上而下的政策推进，而是顶层设计与基层创新的有机结合。本书以“八八战略”为案例，揭示了这一战略如何通过明确目标、精细实施、动态调整来推动省域层面的深刻变革，从而为理论界研究中国式现代化提供了具体而丰富的素材。另一方面，本书在学术研究与实践总结之间搭建了桥梁，通过大量的案例与数据分析，全面展示了浙江在新时代背景下如何将中央战略部署转化为地方实践，特别是如何在资源有限、目标多元的条件下实现经济、社会、生态的协调发展。这不仅为学术界打下了坚实的研究基础，也为各级政府和政策制定者提供了可操作的经验。

省域现代化探索是中国式现代化整体布局中的重要一环。浙江省忠实践行“八八战略”的生动实践，证明了省域现代化的巨大潜力，也展示了中国特色社会主义现代化道路的生机与活力。本书既是一部关于“八八战略”与浙江省域现代化实践的学术著作，也是一部以浙江经验为依托探讨中国式现代化的理论专著。本书的出版，恰逢全面推进中国式现代化的关键时期，希望通过本书的研究，不仅能帮助读者更深入地理解“八八战略”在浙江省域现代化中的实践意义、省域现代化的复杂性与可能性，还能为全国其他地区探索现代化路径、实现中国式现代化的目标贡献智慧。

李金昌

2024 年 10 月

目录
Contents

第一章 “八八战略”指引浙江省域现代化先行

从党的十八大报告到党的二十大报告，以习近平同志为核心的党中央站在新的历史方位，对中国式现代化新道路、中国式现代化的特征、中国式现代化的本质要求、中国式现代化的重大原则等给予高度重视，先后提出“深入推进中国式现代化”“成功推进和拓展了中国式现代化”“成功走出中国式现代化道路”“创造了中国式现代化新道路”“以中国式现代化全面推进中华民族伟大复兴”等一系列富有突破性的新论断，为中国式现代化进一步向纵深推进提供了理论创新方向和实践指导路径。“八八战略”① 是习近平同志在浙江工作时亲自擘画实施的引领浙江发展、推进浙江现代化建设的总纲领和总方略。中国共产党浙江省第十五次代表大会强调要忠实践行“八八战略”，坚决做到“两个维护”，在高质量发展中奋力推进中国特色社会主义共同富裕先行和省域现代化先行，号召浙江广大干部群众自觉做“八八战略”的忠实践行者。这次大会是浙江省迈入高水平全面建设社会主义现代化新征程后召开的第一次党代会，是浙江立足中华民族伟大复兴历史使命，以全面建成社会主义现代化强国为坐标系，在目标设置和战略部署层面对“八八战略”作出的延续升华。浙江省委保持高度的政治自觉、理论自觉和行动自觉，踏实践行“八八战略”，认真贯彻省党代会精神，坚定不移地沿着“八八战略”指引的路子走下去，在浙江大地上奋力谱写现代化先行省的宏伟新篇章。

---

① 2003 年 7 月 10 日，浙江省委十一届四次全体（扩大）会议召开。时任浙江省委书记习近平全面系统阐释了浙江发展的“八个优势”，提出了指向未来的“八项举措”，这就是“八八战略”。

第一节　中国式现代化的理论渊源、历史演进与价值意蕴

党的二十大报告中明确提出：“从现在起，中国共产党的中心任务就是团结带领全国各族人民全面建成社会主义现代化强国、实现第二个百年奋斗目标，以中国式现代化全面推进中华民族伟大复兴。”中国式现代化有别于资本至上的西方现代化，是中国共产党领导的社会主义现代化，是具有中国特色、符合中国实际的现代化，是实现中华民族伟大复兴的光明大道。对中国式现代化的理论渊源和历史演进进行系统梳理有利于深刻理解中国式现代化的价值意蕴，丰富中国式现代化的科学内涵和对人类文明进步的意义。

一、理论渊源

2021 年 7 月 1 日，在庆祝中国共产党成立 100 周年的大会上习近平总书记强调，我们坚持和发展中国特色社会主义，创造了中国式现代化新道路。2022 年 10 月 16 日，在党的二十大报告中习近平总书记进一步强调，要“以中国式现代化全面推进中华民族伟大复兴”。报告中“中国式现代化”字眼出现了 11 次，足以见得我们党和国家对中国式现代化道路寄予高度期望并保持极大自豪感。一直以来，我们党始终从基本国情出发，在马克思主义基本原理的指引下进行实践，中国共产党百年书写的历史，就是一部不断推进马克思主义中国化的历史。中国式现代化理论本质上就是马克思主义中国化时代化的创新，也是马克思主义现代化思想理论在中国的传承和发扬。可以说，马克思主义深刻改变了中国、发展了中国，而中国也在不断改变和发展中极大地丰富了马克思主义。

关于“现代化”，国内外学者或多或少都会有不同的阐释和见解。从国外的研究现状来看，现代化的相关研究涉及社会学、经济学、政治学、文化学和历史学等不同学科领域，一大批思想家、哲学家和经济学家等聚焦于社会发展和历史进程，探索现代化的衡量标准、影响因素以及不同国

家的现代化模式和样态，最终形成了经典现代化理论、后现代化理论和新现代化理论体系。而中国式现代化是基于中国国情为中国量身打造的一种现代化模式。它的理论起源主要是马克思的唯物史观，或者说正是马克思用唯物主义的眼光看待历史的发展为中国式现代化理论的形成奠定了坚实的基础。马克思的大量著作都是建立在研究资本主义经济和制度的基础上，虽然“现代化”这一术语并没有被他直接提及，但事实上，他在批判资本主义的过程中引发了大量对现代化的思考，最终发现了新型现代化道路。对此，大卫·哈维直言：“马克思提供了有关资本主义现代化最早的和最完整的描述之一。”① 算是直接从正面对马克思在现代化方面做出的贡献给予了肯定，也在一定程度上为中国式现代化的理论发展提供支持。在《资本论》第一卷中马克思曾解释“现代化”是“工业较发达的国家向工业较不发达的国家所显示的，只是后者未来的景象”，与经典现代化理论中所表示的欠发达国家向发达工业国家过渡的历史过程差别不大。经典现代化理论将现代化看作一个发展过程，是动态的；而在马克思看来，现代化是追逐状态，是工业不发达国家朝着工业发达国家所展示的它们未来的景象追逐。如果从工业发展水平的角度将国家进行划分，那么不同工业发展水平的国家，其现代化发展层次也会不同。

发达的工业国家无论是经济、文明还是生产方式，都处于一个较高的水平，实现了自给自足和社会新文明的转变，它所展现的发展光景正是工业较不发达的国家所要追赶的现代化目标，在追赶过程中逐步实现经济、文明和生产方式的转变，缩小差距甚至达到工业较发达国家的发展水平。那么从这个追赶过程来说，现代化就是欠发达国家一步步转变、进步、升级直至达到工业较发达国家的水平②。然而世间百态瞬息万变，21 世纪世界发展的不确定很大，22 世纪世界的发展还存在很大悬念，因此理论探索应该紧跟时代脚步，现代化理论的发展同样应该如此。萨缪尔·P. 亨廷顿

① 哈维．后现代的状况[M]．阎嘉，译．北京：商务印书馆，2003：133.

② 骆郁廷．中国式现代化：共同特征与中国特色[J]．马克思主义研究，2023(1).

(Samuel P. Huntington) 曾在很早之前就描绘过他眼中的现代化，现代化不仅仅是长期阶段性的进步过程，还是一个不可逆的复杂全方位的演进过程，不能仅凭社会某一个或某一些的进步状态来评判，要结合时代特征，用发展的眼光去解释特定时代背景下某一发展滞后地区或国家政治、经济、文化、社会等全面进步或赶超发达地区或国家的过程①。那么，中国作为世界上最大的发展中国家，有着巨大的人口规模，也有着不平衡不充分的发展现状，相较于发达国家而言仍处于经济发展滞后阶段，因此所选择的现代化道路不仅是为了赶超发展领先国家，更是为了让人民能够获得更大的满足感、幸福感和安全感。因为，时代进步的需要推动着数字化、信息化、智能化、智慧化等与政治、经济、文化、社会和生态文明等融合发展，现代化不再仅仅局限于工业从不发达向发达状态的过渡，而是趋向于更加多元化的从不发达状态向发达状态的转变。

再者，马克思所处的时代是资产阶级起着革命作用的时代，“资产阶级在它的不到一百年的阶级统治中所创造的生产力，比过去一切世代创造的全部生产力还要多，还要大”②。但同时，这也是带有暴力、剥削的现代化时代，“商业、航海业和工业空前高涨，因而使正在崩溃的封建社会内部的革命因素迅速发展”③，然而“这种普遍交换，他们的相互联系，表现为对他们本身来说是异己的、独立的东西，表现为一种物”，“这一切发展都是对立地进行的，生产力，一般财富，等等，知识等等的创造，……但是这种对立的形式本身是暂时的，它产生出消灭它自身的现实条件”④。在批判资产阶级对无产阶级的剥削与压迫中，马克思抽象出资本主义生产和积累的本质和规律，“‘劳动一般’、直截了当的劳动这个范畴的抽象，这个现代经济学的起点，才成为实际上真实的东西”⑤。中国式现代化的选择

---

① HUNTINGTON S P. The change to change: modernization, development, and politics[J]. Comparative Politics, 1971,3(3):283－322.

② 马克思恩格斯选集(第1卷)[M]. 北京:人民出版社,2012:405.

③ 马克思恩格斯文集(第2卷)[M]. 北京:人民出版社,2009:32.

④ 马克思恩格斯文集(第8卷)[M]. 北京:人民出版社,2009:51,171.

⑤ 马克思恩格斯文集(第8卷)[M]. 北京:人民出版社,2009:29.

具有其历史必然性，正如马克思曾对俄国公社设想的那样，假如“直接变成现代社会所趋向的那种经济体系的出发点，不必自杀就能获得新的生命”[①]，这不仅是基于经济角度，也是从历史发展规律的普遍性角度揭示社会发展道路选择的多样性。从这个意义上来说，中国式现代化是在顺应历史发展的要求，也是历史规律与历史选择的辩证统一。

简而言之，中国式现代化是基于中国国情的现代化，是继承发扬中华优秀传统文化的现代化，更是在马克思主义基本原理指导下的中国特色社会主义现代化。作为从中华大地上走出来的现代化，远不同于西方现代化。首先，它保持了国家独立性和政治自主性，不仅有效地避免了西方现代化模式的弊端——陷入20世纪70—80年代的“拉美陷阱”，也没有误入20世纪90年代初东欧转型国家的休克歧途。其次，我们坚持以人民为中心的立场，结合的是中国特色，发展的是中国全方位各领域。正如习近平总书记所指出的，与西方发达国家是“串联式”的发展过程不同，我国现代化是一个“并联式”的发展过程。这就意味着我们本来就已经处于发展较落后阶段，要想后来居上，赶超西方国家，就不能按部就班地走这种“串联式”的发展道路，而是要叠加发展工业化、信息化、城镇化和农业现代化等。同时，根据马克思的唯物史观，现代化是目的与手段的结合、目标与过程的统一，由工业革命发起，涉及城市化、信息化、数字化等人类文明进步的各个方面[②]。从这个角度来说，现代化既然是一个系统，具有多重维度，就有理由走“并联式”发展道路，以生产力的现代化为基础，驱动生产关系的现代化、上层建筑的现代化和意识形态的现代化。并且从现实来看，人类文明进步和发展过程不再是单一路径，伴随着信息化、网络化、智能化和数字化，手段多样复杂，发展模式就得创新，才能有效地在目标的实现中共同着力。因此中国式现代化是马克思主义基本原理同中国具体实际的结合，是历史唯物主义同社会主义实践的演绎。

---

① 马克思恩格斯全集（第19卷）[M]. 北京：人民出版社，196：451.

② 韩保江，李志斌. 中国式现代化：特征、挑战与路径[J]. 管理世界，2022（11）.

中国式现代化不同于 1949 年以前的中国近代化，走上的是一条全新的中国特色社会主义道路；也不同于西方的资本主义现代化，选择的是一条融合了物质的现代化、精神的现代化、治理的现代化、生态的现代化和人的现代化的崭新道路，它超越了西方原有的资本主义文明形态，塑造了社会主义文明新形态。在党的二十大报告中习近平总书记明确了中国式现代化的本质要求，“坚持中国共产党领导，坚持中国特色社会主义，实现高质量发展，发展全过程人民民主，丰富人民精神世界，实现全体人民共同富裕，促进人与自然和谐共生，推动构建人类命运共同体，创造人类文明新形态”；强调“五个坚持”重大原则，“坚持和加强党的全面领导，坚持中国特色社会主义道路，坚持以人民为中心的发展思想，坚持深化改革开放，坚持发扬斗争精神”；全面系统地阐述了中国式现代化的中国特色，即中国式现代化是人口规模巨大的现代化，是全体人民共同富裕的现代化，是物质文明和精神文明相协调的现代化，是人与自然和谐共生的现代化，是走和平发展道路的现代化。其中，中国式现代化所具有的中国特色鲜明地揭示出其内涵本质。

二、历史演进

现代化最早是由西方国家发起并在世界范围内传播的，主要起源于工业革命，通过商业战争、殖民扩张、军事强权等侵略性手段进行资本主义生产方式的推广，是人类社会逐渐由农耕文明迈向工业文明、由经济欠发展迈向经济快速发展的过程。

西方现代化最早可以追溯到文艺复兴时期，但主要是从启蒙运动开始的，以英国的工业革命和民主政治等为标志，通过商业战争、武装贸易、殖民扩张、军事强权等一系列对内剥削对外掠夺的方式推动了资本主义发展和人类社会文明转变。在当今世界现代化潮流中，根据各个国家和各个地区的不同，形成了以欧洲和北美等为代表的西方现代化模式、以日本和韩国等为代表的东亚现代化模式、以中国和印度等为代表的新兴现代化模式、以墨西哥和阿根廷等为代表的拉美现代化模式和以南非等为代表的非洲现代化模式等，各种模式之间也可能存在交叉和相互影响，是一个动态发展过程。但无论是怎样的发展，至少都说明了西方现代化并不是唯一选择，中国式现代化的成功更是证明了这一点。

中国共产党自 1921 年成立起就一直把探索民族的彻底解放和中华民族的现代化发展道路作为自己的历史使命。现代化是一个动态发展的过程，现代化的目标也是不断发展的。也就是说，在不同的历史时期，现代化建设目标具有不同的历史界定，而随着生产力的发展和时代的不同，其提法和表述也不尽相同。因此，我们党一直在探索建设以适应不同时代发展的要求，根据生产力的发展状况，不断发展和完善我国的社会主义现代化建设目标。虽然，现代化最初是由西方发达国家发起并贴上私有制所有物标签的必由发展模式，是一场人类社会、经济、政治和文明等各个方面都发生巨大转变的变革。但长期以来，为实现国家富强民族振兴人民幸福，我们党和国家并没有选择照搬照抄，从未停止过对现代化的探索与实践。从洋务运动、戊戌变法、辛亥革命，到民主主义革命，中国人民始终没有成功地找到一条现代化道路。而在经过社会主义建设和改革开放等一系列实践以后，中国共产党成功摸索出并推进了中国式现代化新道路。

具体来说，新中国成立后的中国式现代化发展可以大致划分为三个阶段，即新中国时期（1949—1978 年）、新时期（1978—2012 年）和新时代（2012 年至今）。首先，1949 年新中国的建立，彻底结束了旧中国半殖民地半封建的屈辱历史，中国人民在经历了百年磨难和英勇斗争后终于站起来了，为了使新中国摆脱贫困落后的状态，为了使近代以来受苦受难的中国人远离剥削和压迫，中国共产党开启了新中国现代化。其次，1978 年 12 月 18—22 日召开的十一届三中全会实现了新中国成立以来党的历史的伟大转折，开启了我国改革开放历史新时期。此后我国进入中国式现代化不断探索和不断修正阶段。最后，从党的十八大开始，中国特色社会主义进入新时代，中国式现代化也到了不断成熟的阶段。新时代中国式现代化是新型工业化、信息化、城镇化、农业现代化“四化同步”发展的现代化，它追求的不仅仅是中华民族的站起来和富起来，还有强起来。中国共产党在审时度势、综合分析国际国内形势和我国发展条件后，总结出两个新情况：第一，我国已经到了实现“全面建成小康社会”目标的关键时期，需要把握时势，更要乘势而上，以保证第一个百年奋斗目标圆满收官。第二，我国经济社会发展成就略高于预期，邓小平提出的第三步“基本实现现代化”目标应有所提前。在这样的大环境下，以习近平同志为核心的党中央在党的十九大上确立了新的“两步走”战略安排：第一步，从2020年到2035年，在全面建成小康社会基础上，基本实现社会主义现代化；第二步，从2035年到21世纪中叶，在基本实现现代化基础上，把我国建成富强民主文明和谐美丽的社会主义现代化强国。党的二十大进一步全面论述了新时代下新征程中我们党的使命和任务，即以团结带领各族人民全面建成社会主义现代化强国为中心，以中国式现代化全面推进中华民族伟大复兴。同时，阐明了“中国式现代化”的“共同特征”和“中国特色”，说明了中国式现代化的“本质要求”，明确了未来五年开局起步的主要“目标任务”①。至此，中国式现代化建设有了一个较为清晰稳定的脉络和方向，对于中国未来的发展也有了一个较为准确的认知和预期。

综上所述可以发现，中国式现代化和西方现代化二者存在很大差异。首先，从文明观来看，西方国家一直标榜追求的是自由、平等、民主等理念，实质上奉行的是利己主义下的文明观。资本家经营需要市场的“自由”，资本家通过榨取工人的剩余劳动获得的价值需要“平等”分配和维护，这是所谓“民主”。诚然，早期的西方现代化道路确实带来了进步，在一定时期内推动了人类的经济发展、社会进步和文化繁荣。然而，文明是长期的，是连绵不断的，它不只是物质生活的改善，还应包括惠及全人类的精神文明成果。因此，西方现代化这种表面的文明经不起时间的检验和打磨，是难以传承下去的。而中国式现代化旨在实现人类解放和每个人自由而全面的发展，在哲学维度上创造了有别于西方一元主导文明的“主

① 澎湃新闻.“两步走”战略安排的来龙去脉是什么？[EB/OL].(2022－11－02)[2024－08－30].https://www.sohu.com/a/601908623－260616.

主平等普惠”的多元共赢文明，在历史维度上创造了物质文明、政治文明、精神文明、社会文明、生态文明相协调的全要素文明，在关系维度上创造了人民至上的社会主义民本文明[①]。其次，从价值导向来看，西方现代化坚持资本至上。在西方现代化中，资本是一切社会活动的支配力量，其他的一切包括个人都只能是追求资本利益最大化的手段。那么西方现代化所带来的所谓社会和文明的进步，只能是“使物质力量成为有智慧的生命，而人的生命则化为愚钝的物质力量”[②]。而由中国共产党领导的中国式现代化则坚持人民至上。人是现代化的主体力量，党的一切行为和社会中的所有准则都是围绕着人民的利益而展开的，资本仅仅是为人民谋福利的手段。因此，西方资本主义现代化所带来的只能是两极分化和阶级对立，而中国式现代化则是通向共同富裕。最后，从总体属性来看，西方现代化过度神化从而限制了世界现代化发展的范围，是单一模式。虽然现代化发轫于西方但其发展模式不应止于西方。一些拉美国家就是因过度信奉西方现代化，在寻求自身发展时普遍移植或复制西方现代化模式，导致严重“水土不服”，陷入内忧外患之中，至今仍没有找到摆脱发展困境的方法。而中国式现代化恰恰证明现代化的多样性。中国同样作为“后发”现代化发展中国家，与拉美处于相似的发展阶段，面临相似的发展任务，虽历经曲折，但坚定地走适合自己条件的现代化，因为唯有量体裁衣方能走出正确道路。

总之，全面考察中国式现代化从提出到不断探索修正，再到不断成熟完善，梳理中国从站起来到富起来，再到强起来的历史演进过程，对于深刻把握中国式现代化的本质和要求、建设中国特色哲学社会科学学科体系以及早日实现中华民族伟大复兴都具有极其重要的意义。

三、价值意蕴

现代化是一个具体的、动态的且具有指向性的发展目标，也是人类社

① 韩庆祥．中国式现代化的哲学逻辑[J]．中国社会科学，2023(7)．

② 马克思恩格斯文集(第2卷)[M]．北京：人民出版社，2009：580．

会不断发展进步、追求更高层次文明形态以满足更高需求水平的过程，但是由于现代化的起始是工业革命，工业革命率先改变了人们的交往行为和思维方式，推动了生产关系和社会历史的转变，而工业革命又是由西方国家发起的，以至于在有些人看来现代化就是工业化或者西方化，无论是话语模式与话语结构层面还是就历史性意义层面来看，西方现代化被人为捧至“神坛”之上。然而，尽管西方社会在事实层面确实率先开启了人类现代化的探索，但它的驱动力根本上是资本，无论是社会转型还是文明转变，都是逐利的，都是为了资本能够实现最大限度的增殖。事实也确实如此，目前世界上的现代化国家，都是资本主义发达国家①。这就导致长期以来资本主义现代化模式似乎成为现代化的唯一选择，发展中国家似乎只能一味模仿服从以谋求更高水平的发展。而中国式现代化的出现改变了这种固定走向，在世界范围内打破了人类发展史上的陈旧观念，贡献出中国智慧。并且与早先西方模板式现代化的差异性和一致性，在理论上和实践中都极具价值，不仅有效消解了西方资本主义现代化单一模式的话语霸权，拓宽了现代化道路的选择路径，更是创造了实现人的自由全面发展的人类文明新形态。

习近平总书记强调：“现代化道路并没有固定模式，适合自己的才是最好的，不能削足适履。每个国家自主探索符合本国国情的现代化道路的努力都应该受到尊重。”② 中国从本国国情出发，积极探索实践出一条符合国内具体实际的现代化道路，既有各国现代化的共同特征，更有基于国情的中国特色，用自己的创新性成果，在中国式现代化这条道路上成功拨正了“现代化 = 西方化”的迷思。不仅对于中华民族本身来说具有重大意义，对于全球来说更加意义非凡，因为它化解了西方国家制度上的难题，为其他国家尤其是发展中国家提供了一条独立自主、和平包容的发展正道，为世界发展提供了中国智慧和中国方案。作为社会主义现代化的最新

---

① 洪银兴．论中国式现代化的经济学维度[J]．管理世界，2022(4)．

② 习近平．加强政党合作，共谋人民幸福——在中国共产党与世界政党领导人峰会上的主旨讲话[EB/OL]．(2021－07－06)．https://www.gov.cn/gongbao/content/2021/comtent_5625991.htm.

样本，中国在现代化道路上所取得的重大成就也凸显了社会主义制度的优越性，打破了“历史终结论”的狭隘眼光和在意识形态方面存在的偏见[①]。此外，就人类文明来看，西方文明的侵略式和排他性传播具有不容忽视的内在弊病。正如马克思所言，“它（资产阶级——引者注）迫使它们在自己那里推行所谓的文明，即变成资产者。一句话，它按照自己的面貌为自己创造出一个世界”[②]。但是，“正像它使农村从属于城市一样，它使未开化和半开化的国家从属于文明的国家，使农民的民族从属于资产阶级的民族，使东方从属于西方”[③]。“从属”一词就点名了未开化国家乃至半开化国家与开化国家之间地位的不平等，东方处于势力较弱的一方，其发展也受到一个隐形的门槛限制。而中国式现代化就是马克思预想的“另一条道路”的现代化，概括起来，就是以人的现代化为主题，以人的自由全面发展和人类解放为根本价值追求的新型现代化。它包含“五大文明”协调发展的理念，坚持文明平等，和谐共生的价值论，从而创造了人类文明新形态[④]。改革开放之初，邓小平同志就指出：“社会主义现代化建设是我们当前最大的政治，因为它代表着人民的最大的利益、最根本的利益。”[⑤]习近平总书记进一步强调，中国“现代化的本质是人的现代化”[⑥]。中国式现代化秉持“人的自由全面发展”的价值目标，始终坚持人民至上，把国家、民族和人民的利益聚合在一起，谋求互利共赢、多赢，不具有排他性和互斥性，因此，中国式现代化是全面的现代化，其创造的人类新文明，既是现代的，也是中国的，更是世界的。

---

① 陈静宜．中国式现代化道路的生成逻辑和价值意蕴[N]．科学导报，2022(11)．

② 马克思恩格斯选集(第1卷)[M]．北京：人民出版社，2012：404．

③ 马克思恩格斯选集(第1卷)[M]．北京：人民出版社，2012：405．

④ 赵义良．中国式现代化的本质意蕴与价值追求[J]．中国特色社会主义研究，2022(1)．

⑤ 邓小平文选(第2卷)[M]．北京：人民出版社，1994：163．

⑥ 中共中央文献研究室．十八大以来重要文献选编(上)[M]．北京：中央文献出版社，2014：608．

第二节 “八八战略”蕴含的中国式现代化思想

2003 年，习近平同志主政浙江并作出了“发挥八个方面的优势”“推进八个方面的举措”的决策部署，简称“八八战略”。发挥“八个优势”，推进“八项举措”是浙江省从事实出发，全面把握和正确认识其经济社会发展的综合情况，旨在发挥浙江的体制机制、区位、块状产业、生态环境和人文等各方面的优势[①]，力图将潜在的优势转变为现实的优势，探索和完善相应实施机制，进一步发挥、培育和转化优势，推动浙江发展再上新台阶，即进一步发展经济、健全民主、繁荣文化、稳定社会、丰富生活等，最终率先实现现代化。

一、“八八战略”的历史逻辑，以党史为遵循的中国式现代化的跃升

“八八战略”主要是为了解决 21 世纪浙江经济社会发展遇到“成长的烦恼”而提出的，包括一系列新理念、新观点、新举措、新部署等，在 2020 年全面建成小康社会的大背景下，其核心目标就是浙江要提前基本实现现代化。

（一）自信基础：敢为天下先的实践探索精神——红船精神

红船精神是中国共产党革命精神的起点和源头，在革命、建设、改革的不同历史阶段都闪烁着灿烂的光芒，发挥着十分重要的作用。从实现中华民族伟大复兴的中国梦来说，红船精神是近代以来中华儿女探索民族复兴之路的必然环节，也是中华儿女开始找到民族独立和人民解放之路的显著标志。鸦片战争以后，无数中华儿女为了民族复兴大业前仆后继地进行英勇悲壮的斗争，但始终未能改变旧中国半殖民地半封建的社会性质和中

① 胡海良，黄宇，傅歆．“八八战略”：引领浙江继续走在前列、打造“两个先行”的总纲[J]．浙江学刊，2023(4)．

国人民的悲惨命运①。而1921年，因为中国共产党的成立，红船精神伴随着历史脚步诞生，无数仁人志士才真正找到恢复中华民族复兴大业生机的光明道路，中国革命才有了正确的前进方向。至此，红船精神就成了中国在革命与建设中形成的一系列伟大精神的源头，比如新民主主义革命时期的井冈山精神、古田精神、长征精神、延安精神、抗战精神、西柏坡精神等，新中国成立早期的抗美援朝精神、大庆精神、雷锋精神、“两弹一星”精神等，改革开放时期的开放精神、载人航天精神和抗洪抗震救灾精神等，都是红船精神一次次的生动演绎②。新时代以来，红船精神又带领着中华儿女铸就了生命至上、举国同心、舍生忘死、尊重科学、命运与共的抗疫精神。红船精神影响着一代代人，站在历史的前沿指引着时代的发展，而浙江省作为红船精神的发源地，更是将红船精神发光发热到极致，在实践中不断朝着壮大“红船精神”的方向努力以推动浙江省现代化建设。

2005年，时任浙江省委书记的习近平同志在《弘扬“红船精神”走在时代前列》一文中揭示了红船上诞生的开天辟地、敢为人先的首创精神，一心为民、坚贞为公的奉献精神，并强调，红船起航于浙江，既有历史的偶然性，也有历史的必然性③。在一定程度上证明了浙江省是勇于探索、敢于创新理论的，而取之不尽、用之不竭的红船精神，是浙江省全体人民努力奋斗的宝贵精神财富，这奠定了“八八战略”的自信基础。

（二）制度属性：坚持科学社会主义与浙江实际的有机统一

“八八战略”本质上就是治理浙江的总战略总规划，强调了“经济社会发展的动力、平衡和治理”三大机制之间的关系及协调，是整合党的领导力量、市场配置力量、人民主体力量并形成合力的治理体系，是中国特色社会主义省域治理的生动范例，更是一个充分彰显中国特色社会主义制度优势的窗口和样本。

---

① 韩振峰．“红船精神”的特殊地位和作用[N]．光明日报，2017-12-28.

② 齐卫平．红船精神永放光芒[J]．红旗文稿，2021(5).

③ 习近平．弘扬“红船精神”走在时代前列[N]．人民日报，2017-12-01.

关于科学社会主义概念的提出，马克思和恩格斯虽然没有作出明确论断，但是科学社会主义的本质还是通过一系列关于社会原则、特征和要求的论断显现出来了。比如，社会生产力极大解放和充分发展；消灭剥削，消除两级分化，实现权利平等和社会公平；发展人民民主，保障人民当家作主；实现人的全面发展，向着“自由人联合体”不断迈进；等等。社会主义的本质应结合时代特点有一个反复、曲折的变化，中国共产党人在如何认识和坚持社会主义本质问题上，也经历了一个从抽象到具体、从现象到本质、从盲目到自觉的艰辛探索过程。1992 年，邓小平同志发表了著名的南方谈话，对社会主义本质作出言简意赅的理论概括：社会主义的本质，是解放生产力，发展生产力，消灭剥削，消除两极分化，最终达到共同富裕。这一重大论断，是对马克思和恩格斯关于社会主义本质预见的坚持和发展，不仅定向掌舵了中国的改革开放和中国特色社会主义的发展，而且对科学社会主义有着高屋建瓴般的创新。进入新时代以来，以习近平同志为核心的党中央就深刻思考了党和国家未来事业发展的一系列重大理论和实践问题，提出一系列集时代性、系统性、原创性于一体的治国理政新理念新思想新战略，旨在解决新时代坚持和发展怎样的中国特色社会主义、怎样坚持和发展中国特色社会主义、建设什么样的社会主义现代化强国、怎样建设社会主义现代化强国，建设什么样的长期执政的马克思主义政党、怎样建设长期执政的马克思主义政党等重大时代课题，最终创立了习近平新时代中国特色社会主义思想，开辟了马克思主义中国化时代化的新境界①。新时代理论中概括出了切合中国特色社会主义发展规律的中国特色社会主义制度的本质，即坚持马克思主义政党的领导，坚持人民当家作主，解放生产力、发展生产力，维护社会公平正义，达到共同富裕，促进社会全面进步，实现人的全面发展。科学社会主义具有的先进性使得“八八战略”在贯彻和落实中具有底气和信心。在“八八战略”的指引下，

① 张东刚. 坚持“两个结合”，开辟马克思主义中国化时代化新境界[J]. 红旗文稿，2022(23).

二十年来，浙江省坚持“群众想什么、我们就干什么”，聚焦聚力百姓“急难愁盼”，千方百计地办好为民造福的事，办好“教育助学”“医疗卫生”“养老帮困”“婴幼儿托育”“就业创业”“城乡宜居”“交通出行”“文体旅游”“便民服务”和“除险保安”十方面民生实事工作，立足当下，着眼长远，在民生保障事业高质量发展上持续发力，为高质量发展建设共同富裕示范区提供了重要实践支撑。在建设发展方面，始终坚持以改革开放为经济增长助力，从义乌到龙港的县市扩权，从先进制造业到数字经济的转型升级，从商品和要素流动型开放到制度型开放，从接轨上海、融入长三角到更好融入国内外经济大循环，不断激发市场活力和社会创造力，持续推进有效市场和有为政府更好结合，彰显出科学社会主义的鲜活生命力。浙江省在用自己的实践回答什么是社会主义、怎样建设社会主义，创立和发展了中国特色社会主义。因此，“八八战略”始终坚持马克思主义基本原理和科学社会主义基本原则，从而保持住并发挥出中国特色社会主义制度属性的优越性。

（三）战略自觉：率先实现共同富裕和省域现代化

实现共同富裕和中国式现代化是党和人民的共同期盼，浙江省要走在前列，就必须用新思想新战略来为其未来发展劈波斩浪。“八八战略”从形成提出到丰富发展，深刻领悟“优势论”“短板论”，正确认识“两点论”“重点论”，自觉推进浙江共同富裕和现代化先行。

主政浙江期间，习近平同志正确认识到浙江已经到了改革发展的关键时段，经济社会发展亟须全面转型升级，因此系统规划了“八八战略”，积极探索推进和完善浙江省现代化建设布局及治理体系。从生态环境方面的“美丽浙江”建设，到精神文明方面的“文化大省”建设，再到社会治理方面的“法治浙江”建设和“平安浙江”建设的实践演进逻辑，集中体现了“八八战略”萌发的习近平新时代中国特色社会主义思想[①]。浙江省

① 何显明.“八八战略”与习近平新时代中国特色社会主义思想在浙江的萌发[J]. 浙江学刊，2018(5).

在发展中目光长远，要做实现共同富裕和省域现代化的领先者，自觉在起跑线上发现问题，解决问题。因此，正是因为要实现更快更好的发展，浙江省为自己量身打造了“八八战略”，在深入实施发挥八个方面优势、推进八个方面举措的“八八战略”的过程中，浙江省在经济方面注重统筹兼顾，在发展方面注重以人为本。新发展理念是我国进入新发展阶段、构建新发展格局的战略指引，也是我国现代化建设的指导原则。中央经济工作会议强调新时代抓发展，必须更加突出发展理念，坚定不移贯彻创新、协调、绿色、开放、共享的新发展理念，推动高质量发展。这与“八八战略”里面的“加快推进城乡一体化”“打造绿色浙江”“提高对内对外开放水平”等理念高度契合，与以人民为中心的发展思想也一脉相承。

可以说，“八八战略”作为一套发展浙江、治理浙江、稳定浙江的系统完整、博大精深的科学体系，既是理论创造，又是行动指南，更是提供了实现省域现代化的浙江智慧和方案。

二、“八八战略”的理论逻辑，以唯物史观为指导的中国式现代化的演绎

19 世纪 40 年代，马克思、恩格斯运用辩证唯物主义和历史唯物主义，深入剖析资本主义发展的内在矛盾，开创了符合历史发展逻辑的马克思主义发展观。马克思主义发展观的核心要义是解放和发展社会生产力，实现人的自由全面发展，这为改革开放以来甚至是进入新时代以来的中国发展奠定了科学的理论基础。“八八战略”是马克思主义发展观的基本原理和方法与浙江发展实践相结合的重大理论成果，运用马克思主义立场、观点、方法，全面分析了浙江的优势和短板，回答了省域层面具体该“怎样建设社会主义”“怎样建设党”和“怎样实现发展”等基本实践问题，开辟了中国特色社会主义在浙江生动实践的新境界。一方面，“八八战略”遵循马克思主义唯物史观，立足于过去的基础，发挥好现有的优势，发掘出潜在发展空间；另一方面，“八八战略”追求全面协调可持续的发展，

体现了马克思主义发展观“以人为本”的思想①。前者是从认识论指导实践中出发，后者是基于实践论检验和发展认识。此外，“八八战略”在制定和推进过程中，不仅关注经济指标，而且关注人文指标、资源指标和环境指标；把促进经济社会协调发展作为实现好、维护好、发展好人民群众根本利益，提高人民群众生活质量的重要途径②，其从问题中诞生，又致力于解决问题，蕴含着独特的世界观和方法论，映射并丰富了中国式现代化思想。

“八八战略”的理论价值和实践力量还要得益于其所贯穿的哲学思维和方法论。一是坚持从实际出发，实事求是的实践论是“八八战略”的典型特征。马克思主义认识论的基本观点就是：所谓认识的过程，就是人们在改造对象的实践中辩证地反映对象的过程，即实践决定认识，认识来源于实践又指导实践，同时接受实践的检验。在《实践论》中，毛泽东对马克思主义的认识论进行了深刻的分析和解读，“人的社会实践，不限于生产活动一种形式，还有多种其他的形式，阶级斗争，政治生活，科学和艺术的活动，总之社会实际生活的一切领域都是社会的人所参加的”。习近平总书记指出：“调查研究是谋事之基、成事之道。没有调查，就没有发言权，更没有决策权。”梳理“八八战略”的理论逻辑可以发现其成长过程就是实践论不断得到深化的过程。就其提出来看，“不是拍脑瓜的产物，而是经过大量调查研究提出来的发展战略”；就其落实来看，要“干在实处”、要“抓紧”“抓实”，如敲钉子般“抓落实”。2003—2022年，仅浙江省本级出台的“八八战略”相关法规文件就有713项，涉及社会、经济、文化、生态、科技等各个领域的科研课题，坚持问计于民、求真务实，贯彻落实科学发展观，为“八八战略”奠定坚实深厚的哲学思维基础。在浙江主政期间，习近平同志正确认识到浙江在全国的定位，他曾说，“正确认识国情和省情，按照国情和省情制定政策和开展工作，是坚

① 毛伟．“八八战略”对习近平经济思想的理论贡献[J]．浙江学刊，2023(5)．

② 习近平．干在实处 走在前列：推进浙江新发展的思考与实践[M]．北京：中共中央党校出社，2006：75，45，118．

持求真务实的根本依据”，浙江省“虽属沿海发达地区，经济社会发展处于相对领先地位”，但“发展中也存在一些不容忽视的矛盾和问题……想问题、作决策、办事情，一定要坚持从基本国情和浙江省情这个最大的实际出发……”。① 解放思想、实事求是、与时俱进，是马克思主义活的灵魂，“八八战略”的制定与实施的出发点和依据就是浙江实际，创造性践行“三个代表”重要思想和科学发展观，无论是“八大优势”还是“八个举措”，都是从实践中出发又指导实践，实践上升理论再付诸实践的迭代深化过程，生动地推进了习近平新时代中国特色社会主义思想。

二是“八八战略”是科学发展观在浙江迅速全面落实的典型，二者的步调基本一致、完美匹配，体现出总揽全局的战略思维和顶层设计思想，实现了重点论和全面论的辩证统一。其内容涵盖政治、经济、文化、社会和生态五大领域，兼顾市场机制和政府作用，充分挖掘浙江省全面发展的潜力，显现出统筹兼顾的系统性思维。如统筹兼顾区域发展，优化区域经济布局；统筹兼顾城乡发展，推进城乡一体化等。当前，中国特色社会主义已经进入新时代，我国社会主要矛盾已经转化为人民日益增长的美好生活需要和不平衡不充分的发展之间的矛盾，发展中的矛盾问题集中体现在发展质量上，而统筹区域发展、统筹城乡发展等是解决不平衡发展的内在要求，也是构建高质量发展的需要，更是夯实中国式现代化的关键。恩格斯曾就自然科学系统的内部结构和关系指出：“关于自然界所有过程都处在一种系统联系中的认识，推动科学到处从个别部分和整体上去证明这种系统联系。”② 毛泽东同志强调，“因为懂得了全局性的东西，就更会使用局部性的东西，因为局部性的东西是隶属于全局性的东西的”，因此“不但要研究每一个大系统的物质运动形式的特殊的矛盾性及其所规定的本质，而且要研究每一个物质运动形式在其发展长途中的每一个过程的特殊

① 习近平．干在实处 走在前列：推进浙江新发展的思考与实践[M]．北京：中共中央党校出版社，2006：540.

② 马克思恩格斯文集（第9卷）[M]．北京：人民出版社，2009：40.

的矛盾及其本质”。[①] 邓小平同志指出：“要提倡顾全大局。有些事从局部看可行，从大局看不可行；有些事从局部看不可行，从大局看可行。归根到底要顾全大局。”习近平总书记指出：“坚持唯物辩证法，就要从客观事物的内在联系去把握事物，去认识问题、处理问题。”[②] 一直以来，中国共产党人带领着中国人民坚持系统谋划、统筹兼顾，从推进“五位一体”总体布局，到协调“四个全面”战略布局，巧妙运用马克思主义认识论和方法论，在新时代新征程中推动各领域工作和社会主义现代化建设。在党的二十大报告中，“坚持系统观念”贯穿于习近平新时代中国特色社会主义思想的立场观点。“八八战略”放眼全局谋一域，一体推进三个“一号工程”，既要抓好扩大有效投资“千项万亿”工程、“415X”先进制造业集群培育工程、“315”科技创新体系建设工程等牵一发动全身和具有乘数效应的关键环节，又要考虑领域性、全局性的系统谋划，做到纲举目张、以纲带目，是对中国式现代化道路的引领。[③]

三、“八八战略”的实践逻辑，以浙江践行为基础的中国式现代化的提质

2003 年 7 月 10 日，在浙江省委十一届四次全体（扩大）会议的报告中，习近平同志就浙江省所面临的形势变化和改革开放以来的发展情况作出科学分析，并就浙江省现有的优势和不足科学判断了其未来发展的机遇和挑战，从而有了浙江省发挥“八个方面的优势”、推进“八个方面的举措”的“八八战略”的新发展规划。至此，浙江省开启了新世纪以来的全方位的探索与实践[④]。2015 年 5 月底，在考察浙江时，习近平总书记谈到“八八战略”时说，它“不是拍脑瓜的产物，而是经过大量调查研究提出来的发展战略”，它要抓的是“实实在在的、有针对性的工作。”关于“八

---

① 毛泽东选集(第 1 卷)[M]. 北京:人民出版社,1991:311.

② 杨莘. 坚持系统观念(思想纵横)——深刻学习领会“六个坚持”之五[N]. 人民日报,2022.

③ 陈培浩,陈亚妮. 深刻把握“八八战略”蕴含的科学方法论[N]. 浙江日报,2023-03-22.

④ 郭占恒. 习近平的“八八战略”思想与实践:纪念“八八战略”提出 15 周年[J]. 浙江学刊,2018(4).

八战略”的前瞻性，习近平强调，它与“四个全面”在精神上是契合的[①]。2020 年，习近平总书记再次来到浙江省考察调研，在这个全国经济发展的特殊时刻，习近平总书记对浙江省提出了新要求，即浙江省要“努力成为新时代全面展示中国特色社会主义制度优越性的重要窗口”[②]，坚持一张蓝图绘到底，持续推动“八八战略”走深走实，始终干在实处、走在前列、勇立潮头，奋力谱写中国式现代化浙江新篇章。“八八战略”的成功实践从省域层面深入回答中国共产党为什么能、马克思主义为什么行、中国特色社会主义为什么好，以“浙江之窗”展示“中国之治”，以“浙江之答”回应“时代之问”，以浙江风采全面展现新时代中国气象、中国精神和中国力量。

古语云：“不受虚言，不听浮术，不采华名，不兴伪事。”习近平同志用 9 个月时间跑了全省 11 个市、69 个县，在深入调研的基础上提出了“八八战略”，而“八八战略”立足实践，以浙江改革发展中形成的优势为基础，着眼于开拓创新发展思路，数十年来浙江省取得的优秀成果足以证明其可行性和前瞻性。总的来说，从 2002 年到 2022 年这 20 年间，浙江省经济社会发展发生巨大变化，成果颇丰。首先是地区生产总值有了大幅度提升，从 7670 亿元提升到 77715 亿元，增长了 9. 13 倍；其次是人均地区生产总值和人均可支配收入的显著增加，城镇居民人均可支配收入从 11624 元增加到 71268 元，农村居民人均可支配收入从 5096 元增加到 37565 元，都增加了 5 倍以上，这无疑为浙江省的经济发展模式增添了底气。

同时，就浙江经济社会综合发展情况来看，“八八战略”的落实与推进为浙江省率先实现现代化蓄力，主要表现为：一是民营经济活力增强。在浙江主政期间，习近平同志就高度重视民营经济的发展，他曾指出，民营经济具有先天市场属性，因此浙江在改革发展中，最先要聚焦的就是民营经济的发展。进一步发挥浙江的体制优势是“八八战略”的首个举措，

---

① 习近平 . 之江新语[M]. 杭州:浙江人民出版社,2007:182 - 190.

② 中国政府网 . 习近平在浙江考察时强调 始终干在实处走在前列勇立潮头 奋力谱写中国式现代化浙江新篇章 返京途中在山东枣庄考察[A/OL]. [2023 - 09 - 25]. http://www. gov. cn.

推动发展以公有制为主体的多种所有制经济，使社会主义市场经济体制不断得到完善，是对民营经济的重要性给予肯定。因此，民营经济是我国经济制度的内在要素，也是社会主义市场经济的重要组成部分，更是推动中国式现代化的重要力量，民营经济作为浙江经济最大的特色优势，投资规模不断壮大，持续引领产业升级，充分彰显出中国特色社会主义制度的优越性。二是数字经济快速发展。在2003年1月，习近平同志就曾强调过数字经济发展的重要性，在召开的浙江省十届人大一次会议上，他指出，数字浙江是一项基础性工程，要以信息化带动工业化，从而推动国民经济社会的发展。在2003年7月中共浙江省委举行的第十一届四次全体会议中，在习近平同志的领导下，"数字浙江"建设作为"八八战略"的重要内容加快推进。近年来，随着"数字浙江"的建设的推进，浙江省信息产业得到大力发展。新时代下，高铁、网购、支付宝和共享单车被称作"中国新四大发明"，不仅体现了创新、协调、绿色、开放和共享的新发展理念，也真正体现出"一带一路"的民心相通，而其中的网购和支付宝就诞生于浙江省，阿里巴巴、网易等数字企业不断涌现，以云计算、大数据、物联网等为代表的龙头企业快速成长，浙江也逐渐从数字经济的跟跑者、并跑者变成领跑者①。在"八八战略"的指引下，浙江省积极探索、创新实践"城乡一体化"和"高质量发展"的实现路径，在数字化转型上勇当先锋、走在前列，推动各项工作不断迈上新台阶。三是生态环境质量改善。在"八八战略"的指导下，浙江省全方位部署建设生态省域，从"绿色浙江""生态浙江"到"美丽浙江"，逐步形成全方位、立体化的生态文明建设格局，建成全国首个生态省，率先迈入生态文明建设的快车道。浙江省的一系列关于生态文明的政策与实践，与党的二十大报告中所指出的"人与自然是生命共同体"，要"像眼睛一样保护生态环境""必须牢固树立和践行绿水青山就是金山银山的理念，站在人与自然和谐共生的高度谋划发展"

① 余昕."数字浙江"建设的历史回归[EB/OL]. 浙江党史和文献网,[2024-07-02]. http://www.zjds.org.cn/zhyj/37777.jhtml.

等具有高度协调性。二十多年来，在“八八战略”的引领下，浙江省生态文明建设从理论到实践都迈出了巨大步伐，彰显了浙江省积极参与美丽中国建设的决心，也对全国范围内的绿色生态保护建设具有示范作用。四是对外开放水平提高。自“八八战略”提出以来，浙江省忠实践行、深入贯彻稳外贸、稳外资、优结构、稳增长、提质量的政策措施，面对百年未有之大变局，奋力打造“重要窗口”，在稳中求进的总基调下准确、全面地贯彻新发展理念，深度融入国际经济，扩大对外开放、创新贸易模式、优化贸易结构、不断推动对外经济的高质量发展，实现从“外贸大省”“开放大省”到“开放强省”的转变，书写了浙江全方位、多层次、宽领域的对外开放壮丽篇章。由此可见，浙江省高度重视“引进来”和“走出去”，全面贯彻新发展理念，加快构建国内国际“双循环”新格局，着力提升国际竞争力，深入推进港口一体化，全面提升制度型开放水平，促进对外经济更高水平、更高质量发展，为全国树标杆、作示范。五是农业农村现代化成效显著。作为“八八战略”的重要组成部分和衍生部分，从“千村示范、万村整治”工程到乡村振兴战略，从山海协作、城乡统筹到区域协调发展战略，以及乡村治理方面的美丽乡村建设，农民农村共同富裕方面的城乡公共服务均等化、义务教育、医疗服务机构、居家养老服务等，无一不是在为实现浙江省农业农村现代化着力。

二十年来，在“八八战略”的指引下，浙江省在各个领域的发展问题上大胆创新，立足资源条件，挖掘领域优势，打造新型社会服务体系，强化现代科技创新引领与支撑等，持续推动各领域发展走在前列，全面推进“两个先行”。因此，从“八八战略”在浙江省现代化建设中取得的成效来看，其颇具智慧与担当。

第三节　“八八战略”是浙江省域现代化先行的行动指南

二十年前，作为改革开放的先行地，浙江的小康社会建设水平走在了全国前列，但囿于当时的市场机制和发展模式，缺乏足够的动力和能力来解决日益严重的城乡、区域发展不平衡问题。① 与此同时，经济发展与社会发展、经济发展与文化发展也存在种种不协调的问题。根据党的十六大提出的“有条件的地方可以发展得更快一些，在全面建设小康社会的基础上，率先基本实现现代化”的要求，2002 年 12 月，浙江省委十一届二次全体（扩大）审议并通过了《关于认真贯彻落实党的十六大精神，加快全面建设小康社会，提前基本实现现代化的决定》。浙江在中央的要求和领导下，开启了在省域层面提前实现现代化的先行探索。习近平同志在浙江工作期间明确提出，“经济发展不是最终目的，以人为中心的社会发展才是终极目标”，强调要防止陷入“有增长无发展的现代化‘陷阱’”。② 在这样前瞻性理念的引领下，“八八战略”顺应中国发展的大逻辑，率先在省域层面擘画了中国式现代化先行探索的宏伟蓝图，赋予了浙江在省域现代化探索上的战略主动和历史主动。

一、“八八战略”，构筑浙江省域现代化先行理念体系

“八八战略”是习近平同志把党中央的战略决策同浙江实际紧密结合起来，着力破解制约浙江经济社会长期发展的突出问题而推行的重大决策，促进了浙江发展方式的全面转型升级。“八八战略”以及与之相配套的一整套战略部署和理论思考，是指引浙江在改革发展和省域现代化全面走在前列的总纲领。“八八战略”的深入实施，赋予了浙江在省域现代化先行上的战略主动、历史主动，为浙江省域现代化先行提供了理念思路，也为浙江成为新时期充分展示中国特色社会主义制度优越性的关键典范，奠定了重要的思想基础和实践基础。③

（一）与时俱进的思想方略

2002 年，习近平同志在任职浙江后，历时 9 个月先后调研了 11 个市、

① 何显明．“八八战略”与习近平新时代中国特色社会主义思想在浙江的萌发[J]．浙江学刊，2018(5)．

② 习近平．干在实处 走在前列：推进浙江新发展的思考与实践[J]．理论与当代，2013(11)．

③ 魏涛，何显明．“八八战略”：中国式现代化的省域先行实践[J]．浙江学刊，2023(4)．

69个县。通过深入调查研究，吸收各方意见建议，习近平全面把握了浙江的基本省情以及在新发展阶段中出现的新问题与新挑战。针对这些“成长的烦恼”，2003年7月10日，在浙江省委十一届四次全体（扩大）会议上，习近平同志首次系统阐述了浙江发展的“八个优势”、指向未来的“八项举措”。[①] 作为与时俱进的思想方略，“八八战略”结合浙江实际，系统分析了浙江改革开放以来取得的成就、经验及优势，科学分析了浙江经济社会发展存在的短板和面临的挑战，着眼于国际国内经济社会发展的大趋势，为了实现全面协调可持续的发展目标，着力推动浙江经济社会发展模式的全面转型升级。

发挥优势，补齐短板，是“八八战略”的基本着眼点和总体方法论。一方面，改革开放以来，浙江借助体制机制创新的先发优势，走出了一条符合自身实际的发展路子，形成了一系列特色和优势。“八八战略”把推动浙江新发展的着力点放在做大做强优势上，确保浙江经济社会发展继续走在前列。另一方面，浙江经济发展固有的工业基础薄弱、资源匮乏等种种不利条件，“老百姓经济”存在的体制性、结构性、素质性矛盾，已日益明显地构成对浙江继续走在前列的主要制约。“八八战略”着眼长远发展，将补齐短板、克服原有的局限作为实现全面协调可持续发展的关键，有针对性地制定了八大回应现实挑战的战略性举措，有效地推动了发展方式的转型升级。

“八八战略”涵盖深化市场化改革、提升对内对外开放水平、开创新型工业化道路等各个方面，构成了系统性重塑浙江发展模式的整体方案，成为引领浙江从粗放型增长迈向高质量发展的总方略。二十年来，浙江取得的每一项历史性成就、走在全国前列的每一项改革创新，都可以追溯到“八八战略”关键性的引领作用。习近平同志立于新形势新任务，把党中央的重大决策部署同“八八战略”的贯彻落实紧密结合起来，制定实施了创建生态省、建设“平安浙江”、加快建设文化大省、建设“法治浙江”、

---

① 《八八战略》编写组．八八战略[M]．杭州：浙江人民出版社，2018：4.

加强和改进党的建设等重大决策部署，不断为“八八战略”注入新内涵，形成了关于省域层面实践中国特色社会主义的一整套理论。[①] 作为中国特色社会主义现代化道路探索的重要先行者，浙江在“八八战略”这个总战略和活力浙江、平安浙江、文化大省、法治浙江、绿色浙江五大战略部署的重要指引下，率先在省域内创造性地完成了经济、政治、文化、社会和生态文明建设“五位一体”的区域现代化战略布局。

上述一系列决策部署，都是在习近平同志亲自谋划、亲自部署、亲自推动下作出的，同“八八战略”形成了相互促进、相互支撑的紧密联动，共同构成了浙江改革发展和省域治理创新的总方略。在谋划和制定这些重大决策的过程中，习近平同志就相关建设的重大战略意义、核心理念、总体思路、战略目标及重要举措等进行了系统的理论阐发，作出了一系列创新性的论述，极大地丰富了“八八战略”的思想理论内容。作为浙江在新征程上应变局开新局创胜局的“金钥匙”，“八八战略”蕴含着强烈的问题意识、忧患意识，立足长远，为浙江高质量发展难题提供了根本的解决方案。新征程上，我们必须不断从“八八战略”中找到过河的“船”和“桥”，破解发展难题，激发动力活力，在识变应变求变中不断找到新办法、闯出新天地。

（二）博大精深的思想理论体系

“八八战略”思想深邃、内涵丰富，涉及改革发展稳定各个方面，既有重大理念、思路的创新，又有宏观的战略决策的部署，为浙江改革发展指明了前进方向。作为博大精深的思想理论体系，“八八战略”有其清晰的理论框架、厚实的理论支撑以及卓越的理论贡献。

关于其清晰的理论框架，在系统谋划浙江战略布局过程中，“八八战略”着重关注浙江发展的优势和劣势，同时充分考虑理论本身的逻辑性、自洽性和包容性。“八八战略”是浙江改革发展的实践经验和发展优势的

---

① 薛光远．始终站在人民立场上：读《干在实处 勇立潮头——习近平浙江足迹》[J]．新湘评论，2022(7)．

科学总结。在谋划和制定“八八战略”的过程中，习近平同志深刻地指出，“改革开放始终是浙江经济发展的动力和源泉”[①]。“八八战略”的“四梁八柱”架构合理。“八八战略”以“发挥八个优势、实施八项举措”为中心，但也关涉小康社会建设、深化改革、法治建设和从严治党等“四个全面”的关键内容。在“八八战略”的谋划和实施过程中，习近平同志通过总结浙江改革发展的历史经验，把握浙江经济社会发展的阶段性特征及其面临的挑战，揭示浙江改革发展的战略目标，就省域层面中国特色社会主义建设规律进行了深入的思考，在各个领域都提出了一系列极具前瞻性的发展理念和创新思路。[②]

关于其厚实的理论支撑，基于历史和实践的逻辑，“八八战略”科学完善了浙江发展的合理因素。“八八战略”有着人文历史支撑。浙江是吴越文化的发祥地，有着深厚的历史文化底蕴；浙江是中国革命红船的起航地；浙江是改革开放的先行地，浙江人民展现了“求真务实、诚信和谐、开放自强”的精神风貌。正是有着如此丰富的历史文化滋养，“八八战略”才能永久焕发着生机与活力。“八八战略”有着社会实践支撑。二十年来，在“八八战略”指引下，浙江历届省委坚持一张蓝图绘到底、一任接着一任干，取得了一系列重大成就。浙江的成功实践不仅检验证明了“八八战略”的正确性，也使“八八战略”本身在实践中得到了与时俱进的发展。“八八战略”有着人民力量支撑。“八八战略”秉持以人民为中心的发展思想，是以人民至上的发展战略。“八八战略”是习近平同志在深入调研、充分吸收民意的基础上，提出的引领未来的顶层规划。“八八战略”将强省与富民统一起来，致力于激发市场活力和社会创造力，支持鼓励人民创新创业，不断深化分配制度改革，让改革成果更好惠及广大人民群众，让人民群众有更多的获得感。“八八战略”坚持相信群众、依靠群众、领导群众，强调浙江“起步于民、兴盛靠民、潜力在民”。这些都使得“八八

---

① 章忻.“八八战略”的理论逻辑与时代价值[N/OL]. 浙江日报,2023－07－06. http://baijiahao.baidu.con/s? id = 1770653938342560421&wfr = spider&for = pc.

② 习近平. 之江新语[M]. 杭州:浙江人民出版社,2007:184.

战略”闪耀着“以人民为中心”的思想光辉，能得到人民群众的真心拥护和支持，也让“八八战略”能更好地在浙江推行开来。

关于其卓越的理论贡献，“八八战略”有其独特的理论创新。“八八战略”坚持和发展了马克思主义，并为当代马克思主义的诞生提供了思想素材和浙江经验。“八八战略”与党中央治国理政新理念新思想新战略、“五位一体”总体布局、“四个全面”战略布局、新发展理念一脉相承。“八八战略”为中国特色社会主义理论体系贡献了浙江力量，提供了丰富的浙江元素。“八八战略”是习近平新时代中国特色社会主义思想在省域范围的先行探索，从“美丽浙江”到“美丽中国”、“法治浙江”到“法治中国”、“平安浙江”到“平安中国”，浙江省域范围内的许多重大改革发展举措及工作创新实践经验进入了国家决策，有的还上升为国家战略。所以说，“八八战略”与习近平新时代中国特色社会主义思想在理论品质上具有统一性、在精神内核上具有契合性、在战略路径上具有延续性。新征程上，必须进一步解放思想、放大格局、拓宽视野，深刻把握“八八战略”蕴含的战略思维、系统观念、为民情怀、前列意识、问题导向、务实作风，打开理论、实践、制度、文化相互转化的通道，奋斗新时代、奋进新征程，为丰富和发展习近平新时代中国特色社会主义思想贡献更多的浙江素材与浙江探索，推动浙江在中国式现代化建设中发挥示范引领作用。①

（三）引领浙江改革发展的总纲领

“八八战略”着眼于从长远和根本上破解浙江发展中遇到的新矛盾、新问题，是引领浙江改革发展的总纲领、指导各项工作的总战略。习近平早在“八八战略”提出之时就强调：“贯彻这些决策和部署，既有现实紧迫性，又是一项长期的任务。我们要咬定目标，一任接一任，一届接一届地抓下去。”之江大地，“八八战略”是最闪亮的航标，指引浙江建设现代化先行省的前路。新世纪以来，浙江一直按照“八八战略”这个宏伟蓝

① 《八八战略》编写组. 八八战略[M]. 杭州:浙江人民出版社,2018:46－55.

图，一以贯之深入实施下去。这也是为什么浙江发展能勇立潮头的重要原因。①

“八八战略”指引浙江“腾笼换鸟、凤凰涅槃”，一体建设教育科技人才强省，大力发展数字经济，加快建设全球先进制造业基地，浙江大地展现出动能澎湃的创新图景。“八八战略”指引浙江“城乡一体”“山海协作”，持续深化“千万工程”，不断打造“山海协作工程”升级版，成为城乡区域发展最均衡、群众最富裕的省份之一，浙江大地展现出融合均衡的共富图景。“八八战略”指引浙江深入践行“绿水青山就是金山银山”理念，大力建设生态省，持续深化循环经济“991”工程、环境整治“811”工程，建成全国首个生态省，浙江大地展现出如诗如画的绿色图景。“八八战略”指引浙江“跳出浙江发展浙江”，积极推进长三角一体化发展，提能升级“地瓜经济”，在深度融入世界中打开了发展的无限空间、锻造了竞争的全新优势，浙江大地展现出融通世界的开放图景。“八八战略”指引浙江建设“平安浙江”“法治浙江”，持续创新运用“枫桥经验”“浦江经验”，全面提高法治化水平，坚持为民办实事长效机制，成为群众最有安全感、司法文明指数最高的省份之一，浙江大地展现出安定有序的和谐图景。“八八战略”指引浙江“勇当改革排头兵”，坚持有为政府、有效市场有机统一，推动民营经济新飞跃，不断构筑体制机制新优势，浙江大地展现出敢为人先的活力图景。“八八战略”指引浙江加快建设“文化大省、文化强省”，持续实施文化建设“八项工程”，大力弘扬红船精神和与时俱进的浙江精神，向世界展示了中华文明的源远流长、现代脉动、精彩嬗变，浙江大地展现出自信自强的人文图景。“八八战略”指引浙江“巩固八个基础、增强八种本领”，大力推进容错纠错、澄清正名，激励干部担当作为、清正廉洁，全面打造勤廉并重的新时代党建高地和清廉建设高地，浙江大地展现出初心如磐、使命在肩的奋进图景。

“八八战略”是浙江在新征程上推进中国式现代化先行的“总纲领”。

---

① 郭占恒.“八八战略”思想与实践[M]. 北京:红旗出版社,2018:31.

“八八战略”管长远管全局管根本，以前瞻的战略视野为浙江谋划了推进现代化建设的清晰路径。新征程上，我们必须善于运用“八八战略”所蕴含的宏阔战略视野、长远战略眼光、深厚战略智慧，深刻洞察时与势、危与机，在理念、动力、格局、机制上先行探索、实现全面跃升，奋力在中国式现代化省域实践上探路先行。

二、“八八战略”提供浙江省域现代化先行现实需要

二十年前，作为改革开放的先头兵，浙江的经济发展速度看起来“突飞猛进”，但随之出现的一系列新问题，又给浙江发展带来了新挑战。改革开放以来，浙江一直是一块充满创新活力的土地。凭借着体制创新的先发优势，浙江人民创造了全国瞩目的浙江现象、浙江经验，浙江成为改革开放以来全国经济发展速度最快的地区之一。与此同时，浙江的发展也进入了一个关键时期，不管是在大众化创业基础上形成的“老百姓经济”发展模式所暴露出来的种种先天性的局限，还是先发优势使浙江跨入了全面建设小康社会的重要门槛，抑或是经济社会发展不协调的种种问题，都预示着浙江已先行进入社会结构转型期和社会矛盾凸显期。浙江处在经济社会转型发展的关键时期，也是工业化、城市化加速发展的阶段，更是经济结构和社会结构剧烈变动的时期，机遇与挑战并存的格局表现得极为突出。干在实处怎么干？走在前列怎么走？这是刚刚踏上浙江这片热土的习近平同志非常关注的中心课题。[①]

（一）中国特色社会主义在省域层面的创造性实践

21 世纪初，浙江的发展正面临着双重压力，一是“先天的不足”，二是“成长的烦恼”。所谓“先天的不足”，则因为“七山一水二分田”的浙江是一个资源小省，人多地少，真正可开发的空间不大；而“成长的烦恼”则是因为浙江工业化程度已发展到一定的阶段，但经济发展中高投入、高消耗、高排放、低效益的粗放型格局尚未根本改变，面临能源、土

① 毛传来．一张蓝图一盘棋[N]．浙江日报，2021(7)．

地、水资源等资源制约和环境制约等瓶颈，发展后劲不足，出现的许多社会问题、公安问题和市场经济秩序问题等都亟待解决，这些都彰显着浙江过去的发展模式已难以为继。面临如此种种“成长的烦恼”，浙江亟待新理念、新思想、新战略、新举措来领航定向。

世纪之交，浙江必须寻找新的出路，实现转型升级。在面临改革发展的关键节点，时任浙江省委书记的习近平同志以其深刻的洞察力、准确的判断力和坚定的战略定力，历经 9 个月时间，跑遍浙江 11 个市、69 个县，经过广泛深入调研，把马克思主义基本原理同浙江具体实际紧密结合起来，在贯彻落实中央关于“希望浙江在树立和落实科学发展观、构建社会主义和谐社会、加强党的先进性建设等方面走在全国前列”的要求下，创造性地作出了实施“八八战略”这一重大决策部署。① “八八战略”运用马克思主义立场、观点、方法，依据社会主义初级阶段这个“当代中国的最大国情、最大实际”，全面客观分析了浙江的优势和短板，扬长避短、取长补短，提出了一系列有针对性的思路和举措，是引领浙江发展的总纲领、总方略。“八八战略”是中国特色社会主义发展到一定阶段的产物，反映了中国特色社会主义在中国、在浙江发展的进程。“八八战略”的丰富内涵，反映了战略思想的转变，预示了习近平新时代中国特色社会主义思想的发展方向，为习近平新时代中国特色社会主义提供了浙江实践、浙江经验、浙江样本。“八八战略”思想深邃、内涵丰富，不仅构建了中国特色社会主义在浙江实践的“五位一体”总体布局，而且在省域层面对推进国家治理体系和治理能力现代化较早地进行了战略谋划和具体实践。

“八八战略”来自大量的调查研究，来自对当时市情、省情、国情的深刻认识和把握，来自狠抓落实的真抓和实干。“八八战略”贯通历史、现实、未来，是浙江发展模式迭代升级的集中体现。“八八战略”中的“八个方面优势”，集中体现了浙江改革发展的实践经验以及浙江的先发优势，也是浙江未来发展必须着力强化的竞争优势。“八八战略”深刻地把

① 王四清.“八八战略”闪耀马克思主义真理光芒[N]. 中国社会科学报，2023－09－25.

握了21世纪初浙江发展的阶段性特征及其面临的新形势、新挑战。浙江省委敏锐地把握了浙江经济社会发展面临的种种现实挑战，特别是制约浙江长远发展的关键性问题，找准了浙江改革发展存在的突出短板，制定实施了发挥优势、补齐短板的战略组合。八大战略举措，以凤凰涅槃、浴火重生的勇气，推动浙江驶入了全面协调可持续发展的轨道，逐步实现了整个发展格局的历史性跃升。“八八战略”是科学的形势判断与走在前列的使命担当的高度统一。“八八战略”立足21世纪初我国面临重要战略机遇期的宏观背景，牢牢把握全球经济发展、技术进步和我国扩大对外开放、实施重大区域发展战略等提供的机遇，强化战略思维和世界眼光，着力在强化现有优势、挖掘潜在优势的基础上，将原有的劣势转化为新的优势，以顺应时势的前瞻性眼光和魄力，为浙江经济确立了走在前列的战略引领。“八八战略”联通浙江与世界，是立足浙江与胸怀大局相统一的典范。“八八战略”坚持将浙江遇到的新问题、新挑战放在中国改革发展的大局中来审视，以走在前列的使命担当和先行先试的探路勇气，着力破解浙江较早遇到的普遍性问题，努力为全国大局作出浙江应有的贡献。

“八八战略”是中国特色社会主义在省域层面的创造性实践。“八八战略”指引浙江成为现代化建设的先行探索者，引领浙江在全省率先开启中国特色社会主义各项事业的探索，使浙江成为中国特色社会主义富有特色的重要样板。二十年来，浙江坚定不移把“八八战略”作为推动中国特色社会主义在浙江的生动实践和省域现代化建设的科学理论体系与根本行动指南，在坚持中发展，在继承中创新，与自觉践行习近平总书记赋予浙江的新期望、新目标、新使命紧密结合起来，与时俱进，推动“八八战略”升级发展，不断建立健全落实“八八战略”的目标体系、工作体系、政策体系和评价体系，推动“八八战略”形成“理论付诸实践、实践上升到理论、理论再付诸实践”的螺旋上升。“八八战略”是习近平总书记留给浙江取之不尽、用之不竭的宝贵财富，忠实践行“八八战略”是浙江不断进步、发展壮大的制胜法宝。

（二）习近平新时代中国特色社会主义思想在浙江的先行探索

“八八战略”的实践开辟了中国特色社会主义在浙江发展的新境界。浙江和全国一起，在用自己的实践回答什么是社会主义、怎样建设社会主义的过程中，参与创立和发展了中国特色社会主义，进而又预示了习近平新时代中国特色社会主义思想的许多重要内容，是习近平新时代中国特色社会主义思想在浙江的先行探索。自“八八战略”提出以来，二十年过去了，“八八战略”以其内涵的科学性、实践的正确性和与时俱进的品质，成为引领浙江以“两个先行”打造“重要窗口”的行动指南。

“八八战略”的每一个论断，都蕴含着深刻的科学道理，都包含着习近平同志在浙江工作时的辛勤付出，充满着智慧启迪。比如，习近平同志强调改革要讲“两只手”、转型要讲“两只鸟”、环境要讲“两座山”、统筹城乡要讲“两种人”，这些思路和理念都充满了唯物辩证的智慧。新时代，要掌握蕴含其中的习近平新时代中国特色社会主义思想的立场、观点、方法，深刻领悟“两个确立”的决定性意义，增强“四个意识”、坚定“四个自信”、做到“两个维护”，以坚定理想信念铸牢忠诚之魂。“八八战略”的出台和实施是习近平同志在浙江工作期间的主政理念、发展思路、领导艺术、品行修养、工作作风等的集中体现。“八八战略”的制定和实施，以大量鲜活案例记载了习近平同志在浙江坚决扛起管党治党的政治责任，为人民群众的福祉殚精竭虑，为浙江建设呕心沥血的从政履职经历。①

习近平同志始终强调，把方向、抓大事、谋全局，是“一把手”的根本职责。各级党政“一把手”要站在战略的高度，善于透过表面把握事物本质，善于研判政治形势和处理问题；要进一步增强总揽全局的能力，要培养战略思维，洞悉世情国情省情，为浙江谋划未来方案，提升各项工作的原则性、系统性、预见性和创造性。② 正是这样一种高度自觉的全局意

① 章忻.“八八战略”的理论逻辑与时代价值[N]. 浙江日报,2023(7).

② 何显明.“八八战略”与习近平新时代中国特色社会主义思想在浙江的萌发[J]. 浙江学刊,2018(5).

识和政治站位，赋予了“八八战略”勇立潮头的使命担当，引领和推动浙江改革发展各项事业走在全国前列，为全国的改革开放大局贡献了大量具有原创性、普遍性意义的“浙江经验”“浙江方案”“浙江范例”，以“浙江之治”充分展示“中国之治”的魅力。

“八八战略”及其一系列决策部署指引浙江在省域层面率先完善了“五位一体”的社会主义现代化建设布局。在浙江工作期间，习近平同志强调深入实施“八八战略”，建设“法治浙江”、全面建设“平安浙江”、加快建设“文化大省”、加强党的执政能力建设和先进性建设等，并全面阐述了这些重大决策的内在统一关系，这些重大决策部署在浙江的贯彻落实，有机地构成了浙江经济、政治、文化和社会建设“四位一体”的总体布局。“八八战略”是习近平同志为浙江改革开放和现代化建设所擘画的顶层发展战略，是习近平新时代中国特色社会主义思想萌发的集成体现。“八八战略”涉及体制机制改革、区域和对外开放、先进制造业（产业、经济）、城乡统筹、生态环境、山海协作、社会环境和历史人文八大领域，对浙江的发展优势、发展重点、发展思路、发展举措作了系统全面的战略设计，饱含着极为丰富的思想和实践内容，实际上体现着习近平新时代中国特色社会主义思想的世界观和方法论，体现着实事求是、人民至上、自信自强、守正创新、问题导向、客观辩证、系统观念和胸怀天下等基本的立场和方法。“八八战略”早已在浙江大地上生根开花结果，生动地展现了马克思主义的理论力量、真理力量和为人民群众改造世界的强大实践力量。新时代新征程，要不断深化认识“八八战略”的普遍意义，不断推动“八八战略”的贯彻落实，不断谱写“八八战略”的时代篇章。

三、“八八战略”，践行浙江省域现代化先行价值目标

作为省域现代化建设的理论指引和战略规划，“八八战略”与中国式现代化在本质内涵上一脉相承、方法路径上相互贯通、价值追求上高度契合。它不仅是习近平同志留给浙江的宝贵财富，更是全党全国在新征程上深入推进中国式现代化的理论和实践富矿。习近平总书记也对浙江工作作

出了重要指示：干在实处永无止境，走在前列要谋新篇，勇立潮头方显担当。这是总书记对浙江的新嘱托、新期待，是贯彻落实“八八战略”再创辉煌的新使命与新要求。

（一）“八八战略”的实践彰显了中国式现代化的价值追求

“八八战略”立足浙江人口多资源少的基本省情，在掌握自己禀赋特征的基础上明确前进方向，不急于求进，也不故步自封，坚持稳中求进、循序渐进、持续推进，蕴含着中国式现代化人口规模巨大的显著特征；“八八战略”致力于实现社会全面进步和人的全面发展，主张先富帮后富，描绘出“百亿帮扶致富”“山海协作”的壮丽蓝图，蕴含着中国式现代化全体人民共同富裕的本质要求；“八八战略”把握经济与文化相辅相成、相互促进的发展规律，运用战略的思维、时代的要求、发展的眼光审视文化建设，蕴含着中国式现代化物质文明和精神文明相协调的崇高追求；“八八战略”体现的“两山”理念，蕴含着中国式现代化人与自然和谐共生的鲜明特点；“八八战略”深刻体现了“主动接轨、全面融入、发挥优势、实现共赢”的开放胸怀，蕴含着中国式现代化走和平发展道路的突出特征。“八八战略”厚植了中国式现代化的战略积淀。“八八战略”为浙江现代化建设的先行征程提供了坚实战略支撑，也成为新时代中国式现代化战略推进的重要经验来源之一。从“腾笼换鸟、凤凰涅槃”到高质量发展，从山海协作到区域协调发展战略，从法治浙江到法治中国，从生态省到美丽中国，从海洋强省到海洋强国，从区域治理到国家治理等，重点性的战略部署不断升级，系统性的战略布局不断拓展，“八八战略”的现实价值不断凸显。

“八八战略”服务人民的实践奋斗彰显了中国式现代化的价值追求。带领人民创造幸福生活，是我们党始终不渝的奋斗目标，也是“八八战略”的灵魂。在浙江工作期间，习近平同志就指出，“始终坚持发展为了人民、发展依靠人民、发展成果由人民共享，使经济社会发展的成果惠及全体人民，进一步焕发人民群众理解、支持、参与改革和发展的积极性”。“八八战略”是扎根人民、依靠人民、造福人民的战略，处处闪烁着“以人民为中心”的思想光辉。在价值立场上，“八八战略”强调“以人为本”“为民干事”；在工作定位上，强调“把解决民生问题放在一切工作的首位”；在工作路径上，强调“民有所呼，我有所应”；在工作方式上，强调“狠抓落实”“善于同群众说话”；在机制保障上，强调要建立健全“为民办实事长效机制”。

人民是历史的创造者，是决定党和国家前途命运的根本力量。“八八战略”秉持以人民为中心的发展理念，坚持发展为了人民、发展依靠人民，将强省与富民目标紧紧联系在一起，充分尊重和激发人民群众的首创精神。二十年来，浙江打破城乡二元结构、缩小城乡收入差距，构建全覆盖、多层次的社会保障体系，践行“绿水青山就是金山银山”理念，推出“最多跑一次”便民利民服务变革，推进“民有所呼，我有所应”的为民办实事长效机制，完善人的全生命周期公共服务体系，深入实施“千万工程”，弘扬践行“浦江经验”，打造“浙有善育”“浙里优学”“浙派工匠”“浙里健康”“浙里长寿”“浙里安居”“浙有众扶”七张“金名片”，把人民对美好生活的向往一步一步变为现实。①

从“八八战略”到中国式现代化，人民至上的价值理念前后相续、一以贯之。始终把人民放在最高位置，出发点和落脚点都在人民，人民利益高于一切，以人民至上回应人民之盼，如此才能获得人民群众的拥护、支持，才能凝聚推动事业发展的思想共识和实践力量。二十年来，浙江广大干部群众一直沿着习近平总书记指引的道路干在实处、走在前列、勇立潮头，以“八八战略”走出了现代化先行实践，为各区域现代化发展提供了有益借鉴。在新的征程上，浙江将忠实落实“八八战略”，必将不辱使命，引领、开拓、示范中国式现代化道路。

（二）“八八战略”蕴含着实现共同富裕的价值旨归

回溯浙江发展历程，“八八战略”是一个重要里程碑，蕴含着共同富裕的鲜明价值取向。浙江之所以具备奋力开展高质量发展建设的基础和优

① 唐任伍，李楚翘．习近平“以人民为中心”民生观的浙江实践[J]．观察与思考，2019(7)．

势，离不开“八八战略”的擘画和实施。“八八战略”蕴含着实现共同富裕的价值旨归。促进共同富裕，是一项具有长期性、艰巨性、复杂性的任务。如何进一步缩小城乡居民收入差距，满足多层次保障需求，实现物质生活和精神生活共同富裕，还需久久为功。

21 世纪初，时任浙江省委书记的习近平在深入调研基础上，以战略家的眼光重新审视浙江的资源禀赋，制定了“八八战略”这一引领浙江发展的总纲领，提出许多具有前瞻性、科学性的改革思想观点和战略决策。这是一个影响深远的恢宏篇章。部署“山海协作工程”，奏响区域协调发展“协作曲”；实施“千村示范、万村整治”工程，绘制现代版“富春山居图”；实施“欠发达乡镇奔小康工程”“百亿帮扶致富工程”为消除贫困以及实现欠发达县快速发展奠定基础……之江大地，因“八八战略”的施行，发展更加富裕、均衡。

“八八战略”以实现全面建设小康社会、提前基本实现现代化的目标为中心，强调激发市场活力、推动所有制经济共同发展，旨在夯实共同富裕的物质基础；强调推进城乡一体化，旨在让城乡居民共享美好生活；强调创建“生态省”、打造“绿色浙江”，旨在擦亮共同富裕的生态底色；强调使海洋经济和欠发达地区的发展成为浙江经济的新增长点，旨在确保共富路上一个也不掉队；强调加强法治建设，旨在实现共建共治共享；强调建设文化大省，旨在推动物质富裕与精神富裕相协调，等等。因此，“八八战略”一以贯之的价值底色就是坚持以人为本、以人民为中心，推进共同富裕。①

共同富裕是中国式现代化的重要特征，“八八战略”包含了促进共同富裕的基本思路和路径，指引浙江在现代化建设先行探索的同时坚持促进共同富裕。共同富裕是一个长远目标，不可能一蹴而就。“八八战略”蕴含着共同富裕的鲜明价值取向，浙江要在“八八战略”指引下，始终坚持以人民为中心的发展理念，做好各项工作，继续向实现共同富裕奋进。

① 沈轩. 共同富裕大道先行[J]. 政策瞭望,2022(3).

（三）走好“八八战略”引领的现代化先行之路

“八八战略”全面标注了浙江走在前列的使命定位。21 世纪初，党中央要求浙江在树立和落实科学发展观、构建社会主义和谐社会、加强党的先进性建设等方面走在全国前列。[①] “干在实处、走在前列、勇立潮头”，是“八八战略”的思想灵魂，是二十年来浙江改革发展的时代主旋律，标注了浙江前所未有的发展坐标和工作定位，从根本上确立了浙江各项事业、各项工作努力争创一流，发挥好先行示范作用的目标追求，孕育塑造出了极具浙江特色的地方优良政治文化传统。

首先，“八八战略”的深入实施，推动浙江各级党委、政府和各行各业确立并不断强化了“走在前列”的目标追求和心怀“国之大者”的政治站位。在“八八战略”的引领下，历届省委、省政府和各级党委、政府高度自觉地将地方的各项事业发展纳入全国改革发展大局，形成了以“国家所需、浙江所能、群众所盼、未来所向”来谋划改革发展各项事业的政治担当，表现出了“总书记有号令、党中央有部署，浙江见行动”的行动自觉。层层传导的责任机制、压力机制，营造出了努力走在全国前列，发挥好先行示范作用的政治共识和社会氛围。各行各业都把创造一流业绩、保持全国领先地位作为事业发展的基本目标定位，并将服务全国大局、贡献更多的“浙江经验”“浙江方案”作为自己的光荣职责。

其次，“八八战略”的深入实施，营造出浙江大地“干在实处”的浓厚氛围。走在前列，绝不是轻轻松松就可以实现的。浙江干部群众在贯彻落实“八八战略”的过程中，不断强化干在实处的思想共识。一是坚持人民至上，牢固树立富民强省的发展导向和政绩观。二是坚持求真务实，把增强人民群众的获得感、幸福感作为做好各项工作的出发点和落脚点。三是坚持善作善成，不断增强深入实施“八八战略”的战略定力。

最后，“八八战略”的深入实施，极大地提振了浙江干部群众“勇立

① 王四清．“八八战略”闪耀马克思主义真理光芒[N/OL]．中国社会科学报，2023－09－25. https://baijiahao.baidu.com/s? id = 1777975738160507388&wfr = spider&for = pc.

潮头”的精神。走在前列，意味着浙江必然经常性地面对较早遇到的困难和挑战。浙江要“干在实处、走在前列”，就必须“始终保持那么一股劲、那么一种精神，从我做起，从现在做起，勇于走在时代前列”。在习近平同志的倡导和推动下，浙江以勇立潮头的姿态肩负起探路者的职责，努力为全国改革发展大局贡献“浙江经验”“浙江方案”，以大胆开拓和创新实践走在全国前列，这已经全面融入了浙江干部群众的思想观念和精神状态之中。①

总之，“八八战略”是习近平同志留给浙江干部群众最重要最宝贵的政治财富、精神财富，“八八战略”彰显的“干在实处、走在前列、勇立潮头”的精神追求，构成了浙江改革发展和省域治理最醒目的时代主旋律。在新时代新征程上，浙江坚定不移地沿着“八八战略”指引的路子奋勇前进，通过强力推进创新深化、改革攻坚、开放提升，加快打造高水平创新型省份、高质效改革先行省和高能级开放大省，必将谱写出中国式现代化的浙江新篇章。

① 郭占恒.“八八战略”:跨越时空的思想传承和行动指南——写在“八八战略”提出实施20周年之际[J]. 观察与思考,2023(2).

第二章　体制机制创新引领省域现代化先行

浙江是改革开放的先行地。在党的十二大吹响全面改革开放和建设社会主义四个现代化号角的新形势下，浙江历届省委提出，从“全面开创浙江社会主义现代化建设”到“为加快实现现代化而努力奋斗”；从“全面推进我省社会主义现代化建设”到“为率先基本实现社会主义现代化而努力奋斗”；从“为建设物质富裕精神富有的现代化浙江而奋斗”到“高水平谱写实现‘两个一百年’奋斗目标的浙江篇章”。2022 年 6 月，在党的第十五次代表大会上，浙江省委提出“在高质量发展中奋力推进中国特色社会主义共同富裕先行和省域现代化先行”。浙江现代化先行省建设成为浙江新的历史方位和奋斗目标，是未来五年浙江发展的新时代蓝图。为了实现浙江省域现代化先行，必须通过不断推进体制机制创新才能绘就。习近平同志在浙江工作期间，制定了“八八战略”这一引领浙江发展的总纲领，提出了许多具有前瞻性、科学性的改革思想观点和战略决策，擘画了新世纪浙江改革路线图，形成了一系列影响深远的改革理论和实践成果，并把“进一步发挥浙江的体制机制优势”摆在“八八战略”的首要位置，指出了体制机制改革在引领浙江发展中的优先作用，反映了体制机制改革在“八八战略”的重要地位，为浙江省域现代化先行持续推进体制机制改革奠定了基础、明确了方位。

第一节　省域现代化先行需要体制机制创新

推进浙江省域现代化先行离不开体制机制创新。一方面，省域现代化先行需要通过体制机制创新为其提供强大的动力。另一方面，只有创新体制机制，才能为省域现代化先行的有效实现提供强有力的保障，才能促进社会的可持续发展。

一、体制机制创新的必要性

随着社会的不断发展，体制创新逐渐成为当今社会重要的发展趋势。体制机制的创新意味着为了更好地适应时代的变迁，我们需要在已有的制度基础上进行进一步的改革和创新，从而构建一个更加适应时代发展和社会需求的制度框架。

在社会现代化建设中，体制和机制的创新发挥了不可或缺的作用。通过对现有制度的创新和提升效率与效益，以及系统化、人性化和科技化等多个综合因素的紧密融合，我们能够加快现代科技的进步，促进生产力的增长和提升，从而增强国家的创新能力和市场竞争力。这不仅有利于在先行先试中发现和构建新的发展模式，还在先行先试中建立现代化经济体系和推进省域现代化水平，按照国家和世界标准实现省域现代化，改善全省人民的整体福祉，提高生活质量、效率、公平、可持续性和安全性，还能展现生态的优美性、人文性、和谐性，并有助于展示和深化人民群众的幸福和安全意识。

为了实现社会的持续发展，体制和机制的创新显得尤为关键。随着社会的进步和时代的演变，之前存在的制度和机制可能会遭遇失效、滞后和不适应社会变迁的挑战。为了应对这些挑战，制度的创新成为一个关键策略。对机制和体制进行创新有助于提升企业的竞争实力。现代企业日益重视创新，特别是在工艺、产品和服务等多个方面的创新，以适应不断演变的市场需求和快速的经济与技术进步。通过体制和机制的创新，我们可以更有效地将生态文明的观念、准则和目标整合到经济和社会的各个发展领域中。这将有助于激励企业实施新的发展观念，以实现绿色可持续的发展。此外，这也有助于广大企业更深入地执行习近平总书记的重要指示，坚定地走绿色和低碳的发展道路，努力推动绿色增长，为高质量的发展注入新的活力，并为构建人与自然和谐共生的现代社会作出积极贡献。

通过创新，我们可以有效地进行治理，更好地分配资源，显著降低对生态环境的损害，并增强社会的公平性和公正性。创新的机制与体制被视为国家进步的关键指标。在省域现代化中有助于学懂弄通习近平新时代中国特色社会主义思想，切实增强“两个维护”的政治定力和政治能力；认真贯彻落实习近平总书记重要指示批示精神和党中央重大战略部署，坚决做到“总书记有号令、中央有部署，浙江见行动”；切实担负起促进经济社会发展的政治责任；坚持新发展理念，推动高质量发展，不断提高经济创新力和竞争力；加快从“本质”向“制度”“规则”“智慧 ”转变，高水平推进省域现代化，切实做好宣传思想文化工作，努力建设社会主义先进文化国家；建立沟通机制，推进法治浙江、平安浙江、安全浙江建设，维护法治浙江、平安浙江，维护社会公平正义与和谐稳定。

二、省域现代化先行与体制机制创新的内在联系

省域治理是国家治理体系和治理能力在省域层面的落实和体现，是立足省域从而贯彻中国特色社会主义制度和国家治理体系、推进现代化建设的具体治理实践。《中共浙江省委关于认真学习贯彻党的十九届四中全会精神 高水平推进省域治理现代化的决定》的起草力求准确把握省域治理现代化的“三个关键词”：一是“省域”，就是分清中央事权和省级事权，着重基于省级事权对中央的要求加以具体化；二是“治理”，就是分清制度建设和具体工作，从省域治理权限、职责特点和实践需要出发，在国家治理的制度框架下，提出推进省域治理现代化，侧重于把制度优势转化为治理效能，不套用“治理体系和治理能力”这个概念；三是“现代化”，就是分清坚持什么和完善什么，着眼于落实国家治理体系和治理能力现代化的新要求，顺应时代变革的新趋势，回应全省人民的新期盼，对省域治理

理念、制度、方式等现代化关键领域和环节作出重点部署。①

一是体制机制创新驱动省域现代化先行。浙江始终坚持以体制和机制的创新为驱动力，并以数字化改革作为引领，以加速省级现代化先行省的建设进程。对于国家和社会的建设，创新的机制与体制起到了不可或缺的作用。只有通过加强创新机制和体制建设，我们才能更快、更好地实现创新的转化，使科技创新真正发挥作用，促进经济稳定和就业增长，提高人民的生活水平和福祉。为了满足新时代和发展的需求，我们应该进一步促进创新机制和体制的理论与实际应用，从而激发更多的创新创业者对发展的热情。习近平同志所提出的“八八战略”深刻地展现了整体发展与关键突破的融合，顶层的规划、整体的策划以及整体的考虑和协同的推进都是相辅相成的。在全面推进的过程中，我们要特别关注关键的突破，而在关键的突破中，我们要坚持整体推进的唯物辩证法原则。一方面，“八八战略”是一个整体，内容涵盖了中国特色社会主义经济、政治、文化、社会和生态文明“五位一体”建设的各个方面，符合科学发展观和“五个统筹”的要求，也完全符合“新发展理念”的要求。② 另一方面，“八八战略”中的每一个战略又是一个重点领域，在经济领域，重点是大力推动以公有制为主体的多种所有制经济体系蓬勃发展，主动衔接上海，主动参加长三角地区的跨区合作和交流，推进制造业发展，大力发展沿海经济，同时推动欠发展地区发展；在政治领域，重点是加强法治建设；在文化领域，重点是科教兴国，积极培养人才，加快文化大部制建设；在社会领域，重点是加快城乡一体化，加强信用建设，提高机关各项工作效率；在生态文明领域，重点是建设生态省，形成“绿色浙江”。

二是省域现代化推动体制机制创新的进程和速度。在新时代背景下，强化创新机制与体制的构建，贯彻新发展理念，并推动以创新为驱动的发

① 车俊．认真学习贯彻党的十九届四中全会精神高水平推进省域治理现代化[J]．政策瞭望，2019(8)．

② 崔华前．论“八八战略”与“四个全面”战略布局的契合一致性[J]．中共山西省直机关党校学报，2016(4)．

展战略是至关重要的。省级的现代化进程将有助于完善和强化制度体系。因此，政府需要加强在科技、环境和法制等多个领域的制度创新，以提高制度的运行效率和公平性。这将有助于增加投资，国家应该增加对创新的投资：优先支持尚未成熟、高风险的技术创新和科研项目，培养新的互补资源和优势。我们也将加强对人才的培训：培育具备国际竞争力的专业人士，同时吸引和留住高水平的人才，以不断增强我们的创新能力和市场竞争力。省域现代化更加有利于促进联合创新：推行产学研一体化，吸引社会资源，推动科技成果转化和新技术新产品的产生。同时也会推进信息化和智能化：利用大数据等信息技术，增强创新能力和资源整合能力，发挥创新在制造业等领域的重要作用。其实，深入研读后不难看出，“八八战略”的每一个战略也都体现了整体推进和重点突破的统一。

党的二十大报告清晰地指出，高质量的发展是全面构建社会主义现代化国家的最重要任务，而要成功完成这一首要任务，就必须建立健全现代化的产业体系。然而，目前我国的产业结构整体上仍然面临着规模庞大但实力不足、质量需要进一步提高以及全球竞争力不够等一系列问题。为了更好地适应全面建设社会主义现代化国家的战略目标，我们必须加速现代化产业体系的建设进程。加快建设现代化产业体系，是实现产业链和科技链安全自主可控的必然要求。新中国成立以来，经过70多年的发展，我国已建立了门类齐全的产业体系，这为建设现代化产业体系提供了基础性支撑，但在芯片等高科技领域还存在易受西方国家技术封锁影响的问题，必须建立安全可控的现代化产业体系，实现科技自立自强。同样，党的十八大以来，习近平提出“四个全面”战略布局，正是坚持整体推进和重点突破相统一的结果。第一，“四个全面”是当前党和国家工作的重点，是关系改革发展稳定、国家意识管理、治国治军的重中之重，具有“牵一发而动全身”的作用。这“四个全面”是为党和国家的共同事业服务的。第二，“四个全面”本身是一个统一的整体。全面建成小康社会是我们持之以恒的奋斗目标，全面深化改革是动力，全面深化依法治国是保障，全面从严治党是保证。全面深化改革和全面依法治国，犹如车之两轮、城之两翼，共同助力全面建成社会主义现代化国家。加快建设现代化产业体系，是适应我国社会主要矛盾转化的重要体现。[①] 目前，我国在某种程度上仍然面临着产品供应与需求不匹配、供应品质不达标等挑战。为了更好地满足人民对美好生活的需求，我们必须加速省级的现代化进程，并努力构建现代化的产业结构，以生产出更能满足人民对美好生活期望的高品质产品。充分利用科技创新的领导能力，促进战略性新兴产业的融合和集群增长。为了达到高品质的发展，我们必须强调科技创新在促进全要素生产率提升中的关键角色，并确保技术创新与政策制度创新之间的紧密结合和协同作用。充分发挥科技创新在引领方面的作用，不仅是促进战略性新兴产业与集群融合发展的核心因素，也是中国特色现代化道路上的关键支柱，因此必须通过具体和有效的措施来加以推动。高度重视顶层规划，并加速制定有助于在创新驱动下促进战略性新兴产业集群融合发展的宏观政策方针。加速新能源、新材料、人工智能和高端装备等新兴技术和科技的产业化进程，以培养新的经济增长点，并提高这些新技术和新科技在经济增长和高质量发展方面的贡献水平。我们鼓励各个地方政府创建与战略性新兴产业相关的园区，以此为战略性新兴产业的进一步发展提供必要的平台支持。省域的现代化进程与“八八战略”以及中国共产党的引导是分不开的。

第二节　体制机制创新引领省域现代化先行的实践基础

浙江的改革开放史就是一部创新发展史，它用裂变式的创新广度和深度，诠释了更为全面的发展之道。早在 2003 年浙江省委十一届四次全体（扩大）会议上，习近平同志就在浙江发展经验的基础上，创造性地提出指引浙江现代化建设的宏图大略——“八八战略”，并指出“要着眼于当

① 崔华前．论“八八战略”与“四个全面”战略布局的契合一致性[J]．中共山西省直机关党校学报，2016(4)．

今时代的发展变化，运用理论创新的最新成果，不断推进制度创新、科技创新、文化创新以及其他各方面的创新”。二十年来，浙江在“八八战略”的指引下逐渐从“资源小省”到“经济强省”，通过全方位、系统性的深度变革，在省域层面率先开启了中国式现代化和共同富裕的先行探索。

“八八战略”的第一条就是“进一步发挥浙江的体制机制优势，大力推动以公有制为主体的多种所有制经济共同发展，不断完善社会主义市场经济体制”，这与制度创新对“浙江模式”的形成和发展所起的重要作用有关。因此，有必要再创体制机制新优势，大力推动以公有制为主体的多种所有制经济共同发展，为浙江进行现代化建设提供根本动力。二十年来，浙江着力以深化改革破除制约现代化发展的体制机制障碍，已在各领域基本建立了基础性制度框架，在重要领域和关键环节实现了体制机制创新，有力推动了省域现代化。

一、市场经济体制更为完备，为省域现代化先行奠定制度基础

浙江的成功离不开经济体制的成功。而浙江的体制优势的形成，在于市场化的改革。早在 1979 年，浙江就作为改革开放先行地开始了探索实践，并率先在农村开展。可以说，浙江改革发展史就是一部市场体制培育史、市场活力激发史。在市场经济体制中，市场与政府是最基本的要素，市场作为资源配置的核心机制，对经济发展有着重要的推动作用，而政府通过制定相关法律规范，对保护市场秩序起着关键作用，因此处理好政府与市场的关系，对完善社会主义市场经济体制至关重要。浙江全面贯彻党的十六大关于建立完善社会主义市场经济体制的战略部署，按照“干在实处，走在前列”的要求，深入实施“八八战略”，正在向完善的社会主义市场经济体制不断前进。

第一，在要素市场方面，浙江虽然市场广阔，但是资源匮乏，在浙江改革开放发展过程中一直伴随着土地紧缺、人才不足、技术匮乏、能源缺口大等一系列问题。但是在这种情况下，浙江开始改革，没有优势创造优势，通过大力培育技术、人才和资本等要素市场，实现自身发展。在技术

方面，浙江出台实施“科技新政50条”，即以创新强省为导向，加快打造“互联网+”和生命健康两大科技创新高地，为推动构建全球技术交易大市场、网上技术市场3.0建设创造条件。在资金方面，各类私募基金以股权投资的形式投资实体经济，推动浙江产业升级，2009—2022年，浙江股权投资金额合计达7397亿元，居全国前五，市场成交总额、单个市场成交额等多项指标连续10多年居全国榜首。浙江还实施推进企业上市和并购重组的“凤凰行动”计划，并将重点放在高质量发展上，为资本市场注入新动力。在人才方面，浙江深化户籍制度改革，为了吸引人才，颁布了本科生可以直接落户浙江的政策，并推行人才柔性流动机制。在数字要素方面，2022年，杭州市数字经济核心产业增加值超过了5000亿元，占GDP比重达到27.1%，杭州数字经济对经济增长的贡献率超过了50%。并且正着力打造更具韧性的数字产业链和更有活力的数字产业集群。市场体系的较早发育，深刻地调整了资源配置方式和产业组织形式，极大地提高了浙江企业和产业在市场上的竞争活力和比较优势。①

第二，民营经济的跨越式发展。2004年2月，习近平同志亲自主持召开全省民营经济工作会议，将民营经济纳入“八八战略”，并作出推进“五个转变”、实现“五个提高”的重大决策部署。20年来，浙江始终坚持“两个毫不动摇”，努力为民营企业营造“茁壮生长”的良好生态，民营经济逐步成为促进经济社会发展、推动中国式现代化的重要力量。党的十八大以来，浙江省坚持创新驱动，推动产业升级，让民营经济更高质量发展；着力完善形成“1+N”政策实施体系，为民营经济创造公平有序的市场环境。截至2022年，浙江民营上市公司数量达到540家，是2000年的27倍，占比82.4%，高于全国平均水平15个百分点，且共有107家企业上榜全国工商联推出的“中国民营企业500强”，数量连续24年居全国首位，浙江已实现从经济大省向经济强省的跃升。未来，浙江将以更大力度实施三个“一号工程”，以创新为引擎，围绕建设制造强省，打造特色

① 刘开君．服务型政府建设的浙江经验[N]．浙江日报，2019-03-07.

产业集群，塑造整体新优势。

第三，混合所有制经济快速发展。改革开放以后，浙江省委、省政府认真贯彻中共中央改革、开放、搞活的方针政策，抢抓机遇，从培育发展民营经济入手，积极推进所有制改革，确立了促进共同发展的基本经济制度。党的十八届三中全会以后，中央企业和地方国企都按照“完善治理、强化激励、突出主业、提高效率”的要求，开展了多批次的混合所有制改革试点，混合所有制改革已成为中国特色现代企业制度构建的重要支点。未来，浙江将推动混合所有制改革再深化，把深度转换经营机制作为混改重点，优化混改企业股权结构，推动省属企业集团战略性重组，推进一批重点企业混改，优先选择一批科技型企业混改，加强差异化管控，实现混改企业管控模式的转变。通过发展混合所有制经济，国有企业与民营企业能更好发挥自己的优势，各类资本之间取长补短、相互促进，不断夯实经济高质量发展微观基础。①

第四，以城乡一体化为目标的多层次社会保障体系初步形成。党的二十大报告中非常明确地提出，要健全覆盖全民、统筹城乡、公平统一、安全规范、可持续的多层次社会保障体系。二十年来，浙江社会保障体系不断完善，保障范围持续扩大，保障内容持续增加，率先在全国建立了覆盖全民、统筹城乡、运行有序的新型社会保障制度体系，对提高全省社会水平和改善民生起到不可替代的作用。② 未来，浙江将从制度供给、共享水平、治理能力、风险防范等多方面全面发力，积极打造高质量社会保障体系，在助力浙江经济发展和转型升级的同时，持续保障和改善民生。

要深化经济体制改革，就要正确处理好政府和市场的关系，即“看得见的手”和“看不见的手”之间的关系。只有“两只手”有机结合，社会公平正义才能得到保障，中国特色社会主义道路才能走得远。因此有必

---

① 屠关雄．坚定历史自信 深化国企改革：以浙江“混改”为例，从混合到融合提升的观察与思考[J]．浙江经济，2022(12)．

② 孙胜梅．以“四个全面”打造高质量社会保障体系：“十四五”浙江社会保障建设面临的挑战与建议[J]．浙江经济，2019(19)．

要在充分尊重和发挥市场决定作用的同时，也让政府适时适度对经济进行引导；有必要在激发市场活力和潜力的同时，也让政府规范市场行为。因此在关注市场的同时，也不能忽视政府的作用。浙江各级政府为适应社会主义市场经济的发展不断改革管理方式，改进行政管理流程，从直接管理、微观管理转为间接管理、宏观调控。浙江在对经济、市场和企业转变管理方式，实施间接管理的同时，积极扶持社会组织的发展，初步形成了省、市、县三级的立体网络，为政府的管理和调控提供了有力支撑。政府之“手”使浙江在治理体系和能力走向全国前列。政府之“手”使浙江各地形成了独具自身特色的发展模式。在浙江，各地善于将自身的发展特点与党中央的战略方针和决策部署相结合，积极探索一条适合自身的发展道路。目前，浙江作为省域治理现代化的排头兵，正加快推进地方政府数字化转型。多年来，省委、省政府坚持“一张蓝图绘到底”，持续推进“四张清单一张网”“最多跑一次”，不仅通过线上办公模式，真正做到了便民利民，还在互联网技术的帮助下，彻底打破“条”与“块”状的“信息孤岛”，实现数据共享。如“浙里办”“浙里钉”等应用的创建，不仅能让企业及时了解政策消息，还大大提升了政务办事及服务效率。运用数字技术改革政府治理方式、帮助政府职能履行，数据驱动已成为数字时代政府引领驱动经济社会发展的关键。目前，浙江数字政府的“四梁八柱”已基本建成，接下来浙江仍将坚持贯彻习近平同志在浙江工作期间提出的建设“数字浙江”战略部署，为推进现代化作出浙江贡献。

二、区域协调制度更为健全，为省域现代化先行打下区域优势

浙江地处中国东南沿海，是中国面积较小的省份之一。全省陆域面积中，山地占 74.6%，水面占 5.1%，平坦地占 20.3%，地形起伏度不算低，有着“七山一水两分田”之称。浙江是全国唯一所有设区市居民收入都超过全国平均水平的省份，浙江城乡户籍人口较为平均，城乡居民收入倍差为 1.96，远低于全国的 2.56，省内最高与最低地级市居民收入倍差为 1.67，总体来说，浙江是全国区域平衡发展最好的省份之一，但同时浙江

内部发展不平衡的问题仍存在。浙江沿海与内陆、山区与平原、城市与乡村的发展不平衡依然明显存在，尤其体现在东北部嘉兴、杭州、宁波、温州等沿海地区与浙西南山区的发展不平衡。在浙江有类似胡焕庸线的一条显示区域发展差异的分割线——“清大线”，线两侧分别是浙东北和浙西南。两大区域在人口分布、地形地貌等方面差异明显，经济发展水平、居民收入、公共服务等社会发展方面的差距也非常显著。

为实现共同富裕先行和省域现代化先行的奋斗目标，浙江紧紧抓住区域协调发展这一重要命题，并将其发展成自身独特优势。早在2003年，浙江省全面启动“八八战略”时，就提出要进一步发挥山海资源优势，推动欠发达地区跨越式发展，积极实施“山海协作工程”。二十年来，浙江在“八八战略”指引下，加快建设海洋经济强省，打造“山海协作工程”升级版，积极探索海洋经济和欠发达地区加快发展的新办法新路子，不断提升区域协调发展水平，成为全国区域发展最均衡、群众最富裕的省份之一，为省域现代化先行打下坚实基础。

欠发达地区跨越式发展是习近平同志在浙江的重要创新和工作重点。“八八战略”的一项重要内容是：“进一步发挥浙江的山海资源优势，大力发展海洋经济，推动欠发达地区跨越式发展，努力使海洋经济和欠发达地区的发展成为我省经济新的增长点。”① 二十年来，浙江一张蓝图绘到底，坚定不移推进“八八战略”，深入实施“山海协作工程”，坚持生态、民生导向，通过政府鼓励、引导，使发达地区与欠发达地区优势互补，缩小地区差距，最终实现区域协调发展，走出一条具有普遍意义的山区县高质量发展共同富裕之路。

党的十八大以来，习近平总书记多次到浙江，就全面推进乡村振兴、城乡协调发展等作出重要指示要求。2020年，习近平总书记在浙江考察时指出：“区域协调发展同城乡协调发展紧密相关。要以深入实施乡村振兴战略为抓手，深化‘千村示范、万村整治’工程和美丽乡村、美丽城镇建

① 吴佳珅，吕苏娟．通衢之州续写山海协作新篇[N]．浙江日报，2017－10－09．

设。"事实表明，二十年来欠发达地区的发展历程，也正是城与乡、山与海全面统筹的城乡区域协调发展历程。[①]

针对山区26县造血能力不足的短板，浙江积极创新驱动产能，加大投资力度，到2022年，山区26县固定资产投资3442.1亿元，比上年增长16.4%，其中高新技术产业投资制造业投资增长64.6%，远高于全省；通过深化协作创新，经济强县帮助山区26县建立20多个"山海协作"实训基地，实现产业链上下游对接以及平台共享。各区县通过发挥自身优势，有效推动了浙江区域协调发展水平，为浙江现代化先行打下区域优势。

进入21世纪，随着经济格局的变化、科学技术的进步，海洋资源的战略意义日益突出。习近平同志前瞻性地看到海洋资源优势，提出"浙江是海洋资源大省，拥有海域面积26万平方千米，是陆域面积的2.6倍"。在全面系统深入阐述浙江发展海洋经济的基础上，浙江省委结合自身情况，运用马克思主义基本原理，创造性地制定了《浙江海洋经济强省建设规划纲要》等政策，为解决海洋经济区域发展不平衡等问题提供了政策保障。多年来，浙江一以贯之践行习近平同志绘就的海洋经济发展蓝图，坚持向海发展，向海要资源、要空间、要潜力、要增长点，推动实现海洋经济的蓝色崛起。二十年来，浙江海洋强省建设取得丰硕成果。海洋产业生产总值从2002年的580亿元增长到2022年的10355亿元，年均增长15.5%，海洋经济综合实力跃升至全国第四位。《浙江省海洋经济发展"十四五"规划》提出以"一环"引领、"一城"驱动、"四带"支撑、"多联"融合，并提出了海洋强省的发展目标——到2025年，海洋强省建设深入推进，全方位形成参与国际海洋竞争与合作的新优势；到2035年，基本建成海洋强省。

为统筹区域发展，除了"山海协作工程"，习近平同志还在浙江工作期间提出"欠发达乡镇奔小康工程""百亿帮扶致富工程"两项工程，这些工程都以促进区域间的合作共赢为目的，为浙江构建以项目合作为中

---

① 项永丹．美丽城镇建设助力共同富裕[N]．光明日报,2021－12－15.

心、以产业梯度转移和要素合理配置为主线的区域协作发展平台奠定基础。通过实施“欠发达乡镇奔小康工程”，浙江推进了农民下山易地脱贫、转移就业、发展特色产业。通过实施“百亿帮扶致富工程”，浙江大幅改善欠发达地区的基础设施，从而优化区域内投资环境和群众生活环境。“三大工程”相辅相成，是“八八战略”实施以来浙江推动区域间资源互补、协调发展，促进山区县发展和低收入农民增收的重要措施。

当前，浙江仍存在发展不平衡不充分问题，因此有必要继续加快推进城乡区域协调发展，为省域现代化先行提供高质量发展新动力的战略路径选择。2021 年 6 月，浙江出台《支持山区 26 县跨越式高质量发展意见》，围绕优化县域空间发展格局、支持重大项目建设、支持双向飞地建设、给予加快发展指标奖励和倾斜、创新土地利用政策、支持矿业发展和矿地综合利用 7 个方面①，通过优化重大生产力、重大基础设施和公共资源布局，促进人口集聚、产业协同、要素流动，推动山区 26 县高质量发展。党的二十大报告强调要“着力推进城乡融合和区域协调发展”“鼓励东部地区加快推进现代化”。下一步，浙江要持续推进“山海协作”迭代完善，继续把握好加快经济发展与保护环境的关系，继续把握好经济发展与社会发展的关系，继续把握好坚持自主发展与争取外部支持的关系，并进一步健全生态产品价值实现机制，加快构建山区共同富裕现代化发展基本形态，为浙江现代化先行打下区域优势。

三、共建共享机制更为完善，为省域现代化先行创造物质条件

共建共享是浙江发展模式的基本经验和特色，也是浙江现代化先行的关键。“一个好的社会，既要充满活力，又要和谐有序。”2015 年 5 月，习近平总书记在浙江调研时强调，社会建设要以共建共享为基本原则，在体制机制、制度政策上系统谋划，从保障和改善民生做起，坚持群众想什么、我们就干什么，既尽力而为又量力而行，多一些雪中送炭，使各项工

① 杜志雄，王瑜．打造山区海岛县高质量发展的浙江样板[N]．钱江晚报，2023－09－11.

作都做到愿望和效果相统一。浙江全省上下牢记嘱托，从保障和改善民生做起，扎实推动省域现代化先行工作。

在民生保障方面，浙江坚持为民办实事，浙江各级党委政府一任接着一任干，坚持以民生工程为抓手，优先解决人民群众最关心、最直接、最现实的利益问题，将人民群众真正放在心上。近年来，为了拓宽“弱有众扶”工作内容，浙江不断开展线上线下建设，切实筑牢民生保障底线。线上开始打造高效救助体系，让政策精准找人，让困难群众少跑腿，通过建设贯通26个部门数据的“浙有众扶”推动救助关口前移并及时给予困难群众个性化救助帮扶，自系统运行以来，累计生成“一户一策”帮扶建议45.75万条，推动社会救助精准高效实施。线下建设县级“助联体”服务中心，通过各种资源给予帮扶，满足困难群众个性化服务需求。目前，通过县级“助联体”已联动社会组织2326家，撬动3100多家爱心企业参与救助帮扶，解决困难群众需求32.28万个。除此之外，浙江还创造“物质+服务”救助模式，在绍兴市上虞区，当地统筹志愿者、社区工作者等力量，探索为6000余名高龄失能老人开展“送餐+探访关爱”服务，及时为特殊困难群体解决助餐、就医、理发等方面需求。到2022年，全省最低生活保障年人均标准为13104元，位居全国省区第一；养老服务位居全国前列，连续15年列入省政府为民办实事项目；全省人均预期寿命从2003年75.61岁上升至2022年82.3岁，人群主要健康指标达到高收入国家水平。在健康中国行动考核中连续三年位列全国第一。

在城乡社区建设方面，浙江一直致力于建设党建统领共建共治共享的社区治理共同体，全省行政村从2003年底3.83万个调减到2023年的19737个，城市社区从1941个增加到5527个。每万人拥有社会组织11.2家、拥有持证社工23.9名、专职社区工作者14人，“一老一小”集成服务落地社区、优质共享。不仅如此，浙江还运用“枫桥经验”“后陈经验”等创新经验培育发展急需和紧缺领域的社会组织，以助力3个“一号工程”。除此之外，浙江还兴修公路。习近平同志在浙江工作期间尤其关注交通基础设施服务“三农”的重要作用，强调“全面奔小康，关键在农村；农村奔小康，基础在交通”。[①] 二十年来，浙江按照“因地制宜、分类指导、梯度推进、统筹协调”的原则，全力加快农村公路网络体系建设，重点推进断头路、瓶颈路等外路建设和拓宽改造提升。2022 年，习近平总书记再次作出“稳步推进建设‘四好农村路’，完善农村交通运输体系”的重要指示。为高质量推进新一轮“四好农村路”发展，加快完善现代化农村交通运输体系，省委省政府指示省交通运输厅牵头研究实施意见，为浙江省“四好农村路”2. 0 版建设提供了重要遵循。目前，浙江山区 26 县中，12 个县已经成功创建“四好农村路”示范县，占比 46%。一条条美丽的“四好农村路”，犹如一道道特色鲜明的经济走廊，正让浙江的农业更强、农村更美、农民更富。

在环境保护方面，浙江积极践行“绿水青山就是金山银山的理念”，全面贯彻党中央、国务院关于生态文明建设和生态环境保护的决策部署，以改善环境质量为核心，坚持一张蓝图绘到底，一任接着一任干，持续推进“绿色浙江”“生态浙江”“美丽浙江”建设，连续实施 4 轮“811”专项行动及生态文明示范创建行动计划，全面打好污染防治攻坚战，统筹推进生态文明体制改革，大力推进环境风险防范、生态保护修复、治理能力建设，全省生态环境质量持续改善，公众生态环境满意度持续提升，生态环境保护取得显著成效。近年来，浙江在高质量发展蹄疾步稳的同时，不断发挥生态优势，持续改善生态环境质量，通过“蓝天保卫战”、“五水共治”、“大花园建设”、“碳达峰碳中和”、小城镇环境综合整治等系列组合拳，治水、治气、治土取得显著成效，建成了全国首个生态省，人与自然不断走向和谐。

浙江始终坚持共建共享的理念，向建造美丽浙江的目标不断前进。随着数字化改革的不断深入，浙江在深入民生领域取得了显著成果，在带来便利的政务服务的同时，也推动了治理体系和治理能力现代化的提升。数字化应用场景不断增加，民生领域中群众急难愁盼的问题有了更好的解决

---

① 浙江省公路管理局. 共建诗画浙江 共享美好家园[J]. 中国公路,2018(17).

方案。截至2023年5月，“浙里民生关键小事智能速办”日均办件量3.9万件，相比传统办理渠道，平均节约时间66.3%。通过引入“一网通办”大厅工作台和自助终端设备，政务窗口人员也走近了群众身边。浙江数字政务正以其独特的民生温度和“浙江速度”，为广大群众带来更加便利、高效的政务服务。

浙江坚持经济增长与社会公正相统一的发展理念和发展模式，以共建促共享，以共享促发展。① 一方面，积极保护好发展好人民群众勤劳致富的积极性和创造性，通过完善市场机制，营造公平公正的市场环境，以激发和保持全社会的创造活力，不断“把蛋糕做大”，为共享发展打下良好的基础；另一方面，通过政府宏观调控，大力加强社会建设，积极协调利益关系，化解利益矛盾，切实关心和帮助困难群体，使人民群众共享经济发展和社会进步的成果，从而促进了经济社会的全面协调发展。共享共建机制的完善不仅有利于保障民生，还为浙江现代化先行创造了物质条件。

第三节　体制机制创新引领省域现代化先行的路径和战略举措

党的十八大以来，中国特色社会主义进入新时代，要求社会主义市场经济体制向更高水平迈进。推进中国式现代化是涉及经济社会发展各领域的复杂系统工程，要求统筹谋划各个方面、各个层次、各个要素，推动各项建设相互促进、协同配合。这一阶段的改革更加注重系统观念和顶层设计，加强改革的系统性、整体性、协同性，同时继续鼓励大胆试验、大胆突破，不断把改革开放引向深入。党的二十大和《中华人民共和国国民经济和社会发展第十四个五年规划和2035年远景目标纲要》又进一步提出“构建高水平社会主义市场经济体制”的时代命题。就“八八战略”和浙江省域现代化的关系来说，勇当中国式现代化的先行者、谱写中国式现代

① 何建华．共享发展的浙江经验[J]．中共浙江省委党校学报，2017(3)．

化浙江新篇章，必须用“八八战略”蕴含的现代化思路理念、方法路径，从省域层面统筹推进现代化建设的理论创新、实践创新、制度创新、文化创新，不断拓展中国式现代化省域实践路径。

一、加强党对经济工作的集中统一领导，是实现党对经济工作集中统一领导的根本保证

经济与政治的高度统一是社会主义制度的一个突出特点。这种统一的基础是以人民为中心的发展，在社会主义条件下，无论是经济建设还是政治建设，最终目的都是发展社会生产力，实现共同富裕以满足人民对美好生活的需要。这种统一的核心原则是党对经济工作的领导。“党政军民学，东西南北中，党是领导一切的。”① 加强党对经济领域的集中统一领导是坚持和加强党的全面领导的重要体现。中国共产党领导是中国特色社会主义最本质的特征，是中国特色社会主义制度的最大优势，党是最高政治领导力量。经济工作是党的中心工作，党的领导必然要在这一中心工作中得到充分体现。加强党对经济工作的集中统一领导具有历史逻辑性和现实必然性。党对经济工作的集中统一领导在省域现代化中形成了一系列丰富的实践经验，是增强省域现代化的重要体现。

（一）党对经济工作的集中统一领导是历史逻辑的延伸

习近平总书记强调，党的领导是坚持和发展中国特色社会主义的必由之路。党的领导是做好党和国家各项工作的根本保证，中国共产党领导是历史和人民的选择。新民主主义革命、社会主义革命以及社会主义建设，为实现中华民族伟大复兴提供了更为完善的制度保证、更为坚实的物质基础、更为主动的精神力量。

党的十八大以来，习近平总书记多次强调“中国特色社会主义最本质的特征是中国共产党领导，中国特色社会主义制度的最大优势是中国共产

① 习近平．决胜全面建成小康夺取新时代中国特色社会主义伟大胜利：在中国共产党第十九次全国代表大会上的报告[M]．北京：人民出版社，2017：20.

党领导”“中国共产党是中国特色社会主义事业的领导核心，处在总揽全局、协调各方的地位”“党是总揽全局、协调各方的，经济工作是中心工作，党的领导当然要在中心工作中得到充分体现”。这一系列重大论断不仅深刻揭示了党的领导与中国特色社会主义之间的内在联系，而且凸显出党在领导社会主义经济建设中的核心地位和作用。在习近平新时代中国特色社会主义思想、习近平经济思想和2017年以来历年中央经济工作会议提出的做好经济工作的规律性认识中，坚持党的领导不仅始终居于首位，而且是党的中心工作——经济工作必须坚持的首要原则和根本保障。搞好经济建设，推动经济体制改革向纵深发展，关键在党对经济工作的领导。党的十九大、十九届六中全会提出的“十个明确”“十四个坚持”“十三个方面成就”，都把坚持党对一切工作的领导特别是党对经济工作的集中统一领导，作为习近平新时代中国特色社会主义思想的重中之重。

总的说来，新中国成立以来，正是在中国共产党领导下，中国经济建设才取得了举世瞩目的伟大成就，从“一穷二白”跃升为世界第二大经济体，从落后的农业国发展成为世界第一制造大国，创造了世所罕见的经济快速发展奇迹和社会长期稳定奇迹。第一，从中国社会主义经济建设的发展历程来看，无论是在社会主义革命和建设时期、改革开放和社会主义现代化建设新时期还是在中国特色社会主义新时代，党既是社会主义经济建设的领导者和组织者，又为社会主义经济建设提供根本的政治保障。正是因为始终坚持党对经济工作的集中统一领导，才能成功克服经济建设中遇到的一个又一个重大风险挑战，取得举世瞩目的经济发展成就。第二，党不断加强对经济工作的战略谋划。在社会主义革命和建设时期，确立社会主义经济制度，提出建设社会主义现代化国家的目标，初步建立起比较独立和完整的工业体系和国民经济体系；在改革开放和社会主义现代化建设新时期，将工作重心转移到经济建设上来，并始终坚持以经济建设为中心，不断解放和发展社会生产力，聚精会神地进行四个现代化建设；在中国特色社会主义新时代，将经济建设居于“五位一体”中国特色社会主义事业总体布局的首位，创造出经济快速发展奇迹，也为社会长期稳定奇迹奠定了坚实的物质基础，清晰擘画全面建成社会主义现代化强国的时间表、路线图，提出分两个阶段建成社会主义现代化强国，创造了中国式现代化新道路。第三，党不断完善领导经济工作体制机制。主要包括：作为党对经济工作集中统一领导最高决策机构的中央财经委员会，由新中国成立初期的政务院财政经济委员会到中央财经领导小组最终发展为中央财经委员会，具有领导层级越来越高、作用越来越大等特点；作为中共中央、国务院召开的规格最高的中央经济工作会议，从 1994 年开始每年召开一次；专门总结和部署经济工作的中共中央政治局会议，由过去的每年两次增加到每年三次。

习近平总书记在 2013 年 12 月 10 日中央经济工作会议上指出："加强党对经济工作的领导，有利于集思广益、凝聚共识，有利于调动各方、形成合力。"围绕贯彻落实党中央关于加强党对经济工作的统一领导，党中央及其有关部门从建立领导小组到专项小组、从开展集体学习到工作会议，定期研究分析经济社会形势，对涉及经济社会发展的相关工作进行顶层设计、总体布局。各级党委"加强对本地区经济工作的领导，把握客观规律，结合地方实际，把中央决策部署落到实处"①，就贯彻落实中的重要问题及其探索创造的重要经验及时向党的上级组织报告，有效地协调解决了各部门纵向问题与各地方横向问题，有力地推动了经济现代化各项决策的落实。尤其新时代以来，先后颁布了《中共中央关于深化党和国家机构改革的决定》和《深化党和国家机构改革方案》，对完善党和国家机构职能体系作出了具体部署，进一步完善了党领导经济工作的一系列组织结构和管理体制，为新发展阶段顺利开展经济现代化建设提供了组织保障。

（二）党的领导在经济工作中得到充分体现

经济建设是党的中心工作。首先，要坚持以经济建设为中心不动摇。这是坚持党的基本路线一百年不动摇的根本要求，也是解决当代中国一切

① 中共中央文献研究室．习近平关于社会主义经济建设论述摘编[M]．北京：中央文献出版社，2017：315.

问题的根本要求。“党是总揽全局、协调各方的，经济工作是中心工作，党的领导当然要在中心工作中得到充分体现，抓住了中心工作这个牛鼻子，其他工作就可以更好展开。”加强党对经济工作的领导，全面提高党领导经济工作水平，是我们政治制度的优势。为使中国经济这艘巨轮保持正确航向，必须维护党中央权威和集中统一领导，必须把思想和行动统一到党中央对经济工作的重大决策和部署上来，增强对经济工作的主动性、自觉性和创造性。其次，坚持和完善党领导经济工作的体制机制，为推动各方面共同做好经济工作提供重要保证。党的十八大以来，党领导经济工作的制度化建设不断加强，把领导经济工作的立足点转到实现经济高质量发展上来，对推动经济发展起到重要指导作用，有力保证党对经济工作的领导落到实处，保证我国经济沿着正确方向发展。最后，要把全面从严治党要求体现在党领导经济工作之中，将正风肃纪反腐与深化改革、完善制度、促进治理、推动发展贯通起来，确保党中央重大决策部署贯彻落实到位，为经济社会发展提供坚强政治保证。

习近平同志在浙江工作期间，多次强调党委要掌握经济工作主动权，统揽经济工作大局，积极推动“腾笼换鸟、凤凰涅槃”。同时他还指出，各级党委要切实履行好把握方向、谋划全局、提出战略、制定政策、推动立法和营造良好环境六方面的职责，既不能越俎代庖，也不能缺位失职。时任浙江省委书记的习近平根据党的十五大和党的十六大关于“基本实现现代化”和“率先基本实现现代化”精神，在中共浙江省委十一届二次全会上作出了《关于认真贯彻落实党的十六大精神，加快全面建设小康社会，提前基本实现现代化的决定》。由此，“提前基本实现现代化”，成为浙江谋划发展战略的基本出发点和落脚点。为了落实“提前基本实现现代化”，习近平高度重视加强党对经济工作的领导，主持制定了省委关于进一步完善社会主义市场经济体制的一系列决定和改革方案。2003 年 5 月召开的浙江省经济体制改革工作汇报会上，习近平对当时浙江改革提出了“四个推进”的要求：一是从微观层面向政府管理体制、社会保障体系等宏观层面推进；二是从经济领域向科教文卫等社会领域和政治领域联动推进；三是从内部自主性改革向建立符合世贸规则和国际惯例的管理体制推进；四是从城乡各自推进向统筹城乡经济社会发展整体推进。这些重要论述，反映了浙江经济工作向更深层推进的时代要求，表明了习近平对浙江经济工作有了较为全面、深入、系统的认识和思考，为浙江经济发展提供了答案。

（三）提高党领导省域经济工作能力和水平

习近平总书记强调，要深化对我国经济发展规律的认识，掌握科学的经济分析方法，认识经济运动过程，把握经济发展规律，提高把握和运用市场经济规律、自然规律、社会发展规律的能力，深入研究我国经济面临的新情况新问题，揭示新特点新规律，增强作决策、做工作、抓管控的原则性、系统性、预见性和创造性，用辩证思维不断提炼和总结我国经济发展实践的规律性成果，提高领导我国经济发展能力和水平。

根据党的十六大和党的十六届四中全会提出的加强党的执政能力建设的战略任务精神，习近平在 2004 年 10 月召开的浙江省委十一届七次会议上指出，改革开放以来，浙江经济社会发展所取得的最根本的巨大成就在于围绕中心，强化核心，充分发挥党在经济工作中的领导核心作用。浙江省委在全面部署“八八战略”的同时，提出了切实加强党的执政能力建设意见，就巩固党的执政能力所具备的八个基础、八种本领作出重大部署。这一重大部署，着眼于浙江实践，从体制机制上保证了党委在领导经济工作中的核心作用，为浙江加强党对经济工作的领导奠定了坚实基础。

二、坚持公有制为主体、多种所有制经济高质量发展，提升财富创造动能

我国基本经济制度是中国特色社会主义制度的重要支柱。公有制经济和非公有制经济都是社会主义市场经济的重要组成部分，都是我国经济社会发展的重要基础。实现公有制为主体、多种所有制经济共同发展，是中国特色社会主义制度的内在要求，也是完善社会主义市场经济体制的必然要求。两者不是对立的，不是相互排斥的，而是有机统一的、相辅相成

的。任何想把公有制经济否定掉或想把非公有制经济否定掉的观点和做法都是不切实际的，都是不符合最广大人民根本利益的。

党的十九届四中全会指出，“公有制为主体、多种所有制经济共同发展，按劳分配为主体、多种分配方式并存，社会主义市场经济体制等社会主义基本经济制度，既体现了社会主义制度优越性，又同我国社会主义初级阶段社会生产力发展水平相适应，是党和人民的伟大创造”。这是我国必须长期坚持的基本经济制度，也是我国在构建高水平社会主义市场经济体制中推进中国式现代化的显著优势。公有制经济是全体人民的宝贵财富，是保证我国各族人民共享发展成果的制度性保证，也是巩固党的执政地位、坚持我国社会主义制度的重要保证。必须毫不动摇巩固和发展公有制经济，坚持公有制主体地位，发挥国有经济主导作用，深化国有企业改革，发展混合所有制经济，培育具有全球竞争力的世界一流企业，不断增强国有经济竞争力、创新力、控制力、影响力、抗风险能力。习近平总书记指出：“我国国有企业为我国经济社会发展、科技进步、国防建设、民生改善作出了历史性贡献，功勋卓著，功不可没。”国有企业和国有经济必须不断发展壮大，把国有企业做强做优做大，同时要把加强党的领导和完善公司治理统一起来，建设中国特色现代国有企业制度。我国非公有制经济是改革开放以来在社会主义经济条件下建立起来的，它是社会主义市场经济的重要组成部分，是稳定经济的重要基础，是经济持续健康发展的重要力量。

习近平总书记指出：“非公有制经济在我国经济社会发展中的地位和作用没有变，我们毫不动摇鼓励、支持、引导非公有制经济发展的方针政策没有变，我们致力于为非公有制经济发展营造良好环境和提供更多机会的方针政策没有变。”民营经济是非公有制经济的主要经济组织形式，是我国经济制度的内在要素，民营企业和民营企业家是我们自己人。在全面建设社会主义现代化国家的新征程中，我国要发展民营经济、要优化民营经济发展环境，依法平等保护民营企业产权和企业家权益，鼓励有条件的民营企业建立现代企业制度，让民营经济创造力充分迸发。习近平同志在浙江工作期间，始终坚持“两个毫不动摇”，推动国有经济的发展不断壮大，不断上规模、上水平，推进国有经济和民营经济发展相得益彰。面对“成长的烦恼”和“制约的疼痛”，习近平同志紧密结合浙江实际，就浙江经济发展作出了一系列重大决策部署。20年来，浙江不断完善基本经济制度，以改革推动国有企业大发展，以改革再创民营经济新优势。在国有企业改革方面，大手笔组建交投集团、机场集团、海港集团等，混合所有制改革取得实质性进展，在国有资产管理体制改革方面取得重大进展。

民营经济是浙江经济的主体，实现民营经济新飞跃是产业升级的关键，是省域现代化发展的重心所在。在民营经济发展方面，以上市和跨国并购企业推动民营企业建立现代企业制度，实施小微企业小巨人培育行动、凤凰行动、提质行动，弘扬新时代浙商精神，加大民营企业产权保护力度，加快建设产业创新服务综合体，鼓励更多社会主体投身创新企业。当前，浙江紧紧抓住新一轮科技革命和产业革命的机遇，以供给侧结构性改革为主线，深入实施“八八战略”，深化“腾笼换鸟、凤凰涅槃”，加快建设实体经济、科技创新、现代金融、人力资源协同发展的产业体系，加快形成质量高、效率优、创新强、体制活、协调性好的、具有鲜明浙江特点的现代化经济体系。首先，要着力推动产业转型升级，为高质量发展建设共同富裕示范区，争创社会主义现代化先行省建设奠定坚实基础。引导民营企业推进制度、技术和管理创新，进一步打造“浙商”品牌。深化实施小微企业三年成长计划，深入实施企业上市和并购重组“凤凰行动”计划等，推进小微企业园建设，进一步推动小微企业集聚发展、规范发展、提升发展、绿色发展。其次，全面实施创新驱动战略，强化现代化经济体系战略支撑。创新是引领发展的第一动力。习近平总书记强调指出，如果科技创新搞不上去，发展动力就不可能实现转换。推动浙江高质量发展，必须紧紧抓住科技创新“牛鼻子”，聚焦产业创新主战场，强化现代化经济体系战略支撑。一是加大新经济新动能培育力度。深入实施数字经济“一号工程”，争创国家数字经济示范省，推动经济、社会、政府的数字化转型。二是完善创业创新生态系统。大力发展科技金融，完善科技服务体系，加快建成一批产业创新服务综合体、制造业创新中心，强化知识产权创造、保护、运用，加快打造“产学研用金、才政介美云”十联动的创业创新生态系统。最后，要加快推动大平台建设，打造高质量发展的坚实支撑。一是加快推进产业平台整合提升。以高新技术为载体，打造有产业特色的特色小镇，提升开发区的联动发展水平。二是积极推动科技创新重大平台建设。加快和引进大院名所，推动之江实验室和创新载体建设，加快科创走廊、科创高地建设。建设战略性大平台、先行区、产业园和电子商务核心功能区。三是全力建设高能级开放平台。

在谋划和实施“八八战略”的过程中，习近平同志一再强调，浙江发展“不能再走老路”，无论是署名“哲欣”（寓意“浙江创新”）在《浙江日报》连续刊发“之江新语”，还是以“推进浙江新发展的思考与实践”的副标题揭示《干在实处，走在前列》一书的主旨，都足以说明，实现“新发展”是贯穿“八八战略”的主线。“八八战略”实施的一整套战略举措以及习近平同志概括提炼的一系列新理念新思路，都与党的十八大以来提出创新、协调、绿色、开放、共享五大理念形成了高度的契合。就此而言，“八八战略”实际上开启了浙江省域现代化建设摆脱粗放型增长，朝着高质量发展迈进的进程。

三、深化市场制度改革创新，激发市场活力

社会主义市场经济体制，是社会主义基本经济制度的重要组成部分，也是中国特色社会主义经济的鲜明特色。中国特色社会主义基本经济制度是改革开放后一系列经济社会变革后的结构与总成。社会主义市场经济制度的形成，是中国共产党人在马克思主义基本原理的指导下实现的社会主义经济理论与伟大中国改革开放实践相结合的成果。[①] 而构建高水平社会主义市场经济体制不仅是党的十九届五中全会确立的“十四五”规划与2035 年社会主义现代化远景目标中的重要任务，而且是我国经济进入新发

① 许经勇．改革开放以来中国经济制度变迁回顾与思考[J]．西部论坛，2021(1)．

展阶段、构建新发展格局、实现高质量经济发展的内在必然要求，也是提升浙江省域现代化的内在必然要求。[①]

浙江是中国革命红船起航地、改革开放先行地、习近平新时代中国特色社会主义思想重要萌发地。习近平同志在浙江工作期间，制定了“八八战略”这一引领浙江发展的总纲领，提出了许多具有前瞻性、科学性的改革思想观点和战略决策，擘画了新世纪浙江改革路线图，形成了一系列影响深远的改革理论和实践成果，为党的十八大以来习近平总书记关于全面深化改革的重要思想的形成提供了重要的理论和实践基础。浙江历届省委坚持以“八八战略”为总纲，高举改革大旗，一任接着一任干，一张蓝图绘到底。新一届省委全面贯彻落实中央全面深化改革决策部署，坚持改革强省工作导向，以数字化改革为牵引，推动重点领域改革，自觉争当新时代全面深化改革的排头兵，推动浙江干在实处、走在前列、勇立潮头。先后提出了“绿水青山就是金山银山”“腾笼换鸟、凤凰涅槃”等科学论断，作出了平安浙江、法治浙江、数字浙江、文化大省、生态省建设、山海协作及加强党的执政建设等重要部署，推动浙江经济社会发展取得前所未有的巨大成就。2023 年 9 月 20—21 日，习近平总书记在浙江考察期间，提出了“在推进共同富裕中先行示范”的要求，体现出党中央对中国式现代化浙江新篇章寄予了很高的期望，这不仅是新发展阶段浙江的重大历史机遇和重大政治任务，更是党中央对浙江奋力谱写中国式现代化浙江新篇章的时代重托。习近平新时代中国特色社会主义思想在浙江的萌发与实践开出了鲜艳的理论之花，结出了丰硕的实践之果，是一部中国特色社会主义理论的鲜活教科书。

党的十八届三中全会明确，“经济体制改革仍然是全面深化改革的重点，经济体制改革的核心问题仍然是处理好政府和市场关系”，而处理好政府与市场关系的核心要义，是“使市场在资源配置中起决定性作用和更

① 林志友，李子忻．构建高水平社会主义市场经济体制的三维论析[J]．经济学家，2021(9)．

好发挥政府作用”[①]。理论和实践都证明，“市场配置资源是最有效率的形式。市场决定资源配置是市场经济的一般规律，市场经济本质上就是市场决定资源配置的经济。健全社会主义市场经济体制必须遵循这条规律，着力解决市场体系不完善、政府干预过多和监管不到位问题”[②]。要积极稳妥地从广度和深度上推进市场化改革，减少政府对资源的直接配置和微观经济活动的直接干预，把政府不该管的事交给市场，让市场机制发挥有效调节作用，推动资源配置实现效益最大化和效率最大化。但市场在资源配置中起决定性作用，并不等于起全部作用。我国实行的是社会主义市场经济体制，党和政府在社会主义市场机制中发挥着重要作用，为此，要切实转变政府职能，创新行政管理方式，健全宏观调控市场的体系，促进社会公平正义和社会稳定，促进共同富裕，弥补市场失灵。因此，“在市场作用和政府作用的问题上，要讲辩证法、两点论。使市场在资源配置中起决定性作用和更好发挥政府作用，二者是有机统一的，不是相互否定的，不能把二者割裂开来、对立起来，既不能用市场在资源配置中的决定性作用取代甚至否定政府作用，也不能用更好发挥政府作用取代甚至否定使市场在资源配置中起决定性作用。要用好‘看不见的手’和‘看得见的手’，推动有效市场和有为政府更好结合”[③]。充分释放有效市场与有为政府有机结合的制度势能可从两方面加以理解：从有效市场层面看，充分尊重市场在资源配置中的决定性地位，通过向市场放权与赋能激发市场主体的积极性，以实现资源配置最优化和市场经济效益最大化，为中国式现代化提供强劲动力；从有为政府层面看，注重发挥政府在维护经济秩序、调节市场失灵、稳定经济发展、有效调配资源、参与区域竞争方面的重要作用，通过战略规划、政策供给、公共物品供给、产业结构调整、优化营商环境等活动，积极推动中国式现代化。因此，中国式现代化，最核心的制度改革

① 习近平．习近平著作选读（第1卷）[M]．北京：人民出版社，2023：163.

② 习近平．习近平谈治国理政[M]．北京：外文出版社，2014：77.

③ 中共中央宣传部，国家发展和改革委员会．习近平经济思想学习纲要[M]．北京：人民出版社，学习出版社，2022：79－80.

创新在于建立“市场作用和政府作用有机统一、相互补充、相互协调、相互促进的格局”①。这无疑需要一个长期的试错性的探索过程，地方性的探索实践经验显得尤为重要，“八八战略”实践在这方面同样提供了重要的启示。

“发展出题目，改革做文章。”改革是习近平同志在浙江工作期间一系列重大战略决策的主线。习近平同志针对浙江发展的时代特点和宏观背景，对新世纪浙江深化改革进行了深邃思考，将改革的理念、方法、要求贯穿实施“八八战略”全领域、全方位、全过程，提出了许多具有深远意义的重要改革思想观点，开展了重大改革理论创新和实践创新，为今天浙江全面深化改革的“四梁八柱”提供了基本架构和发展逻辑，激发了浙江不断改革创新的动力。习近平同志在总结浙江改革的历史经验时曾经指出，“浙江的活力就在于改革，就在于率先建立了能够调动千百万人积极性的、激发千百万人的创造力的体制机制”②。党的十八大后，习近平总书记针对“怎么推进改革”，强调要树立问题导向，指出“改革是由问题倒逼而产生，又在不断解决问题中而深化”，经济体制改革的“核心问题是处理好政府和市场的关系，使市场在资源配置中起决定性作用和更好发挥政府作用”③。他还指出，要注重“推动顶层设计和基层探索良性互动、有机结合”的改革方法，强调“打通改革推进的‘最后一公里’”的效果导向，提出全面深化改革要处理好整体推进与重点突破等“五大关系”，提出要在法治轨道上推进改革。

浙江是中国市场化改革的先行省份，也是市场经济最为发达的省份之一，迄今为止，浙江省域现代化的种种先行优势，归根结底都源自改革伊始的市场化、民营化体制机制创新的先发优势。习近平同志把改革纳入了指引浙江发展的总纲领之中，主持制定了省委关于进一步完善社会主义市

---

① 习近平．习近平关于社会主义经济建设论述摘编[M]．北京：中央文献出版社，2017：58.

② 习近平．干在实处 走在前列：推进浙江新发展的思考与实践[M]．北京：中共中央党校出版社，2006：85.

③ 中共中央关于全面深化改革若干重大问题的决定[M]．北京：人民出版社，2013：6.

场经济体制的决定，出台了一系列重大改革方案。在重点推进经济体制改革的同时，习近平同志注重统筹推进各领域改革，以“八八战略”为总纲，在推进法治浙江、文化大省、平安浙江、生态省建设和加强党的执政能力建设中，不断深化民主、法制、文化、社会、生态文明和党的建设体制机制改革，开辟了浙江改革的全新境界。

习近平同志亲自擘画改革路线图，推进各领域改革取得显著成效，特别是为党的十八大以来浙江改革全面发力、多点开花、纵深推进奠定了坚实基础，为浙江全面建成小康社会注入了强大动力。坚持不懈深化改革，是浙江经济社会得以持续健康快速发展的动力源泉，也是浙江始终葆有活力、走在前列的关键所在。沿着习近平同志指引的改革路子，浙江一任接着一任干，持之以恒深化各领域改革，取得了显著成效。再创民营经济新优势、深化资源要素配置市场化改革、新型城市化建设、扩权强县和强镇扩权以及“最多跑一次”改革、国家监察体制改革、河长制、特色小镇、“四张清单一张网”等一大批做法和经验向全国推广，为全国相关领域改革作出了示范、提供了经验。改革使浙江经济社会活力不断增强、体制机制优势不断显现，在浙江“两个高水平”建设中的强大制度红利不断释放。2022 年，浙江省数字经济核心产业增加值占 GDP 比重达 11.6%，产业数字化指数居全国第一。三次产业占比从 1978 年的 38.1:43.3:18.6，调整为 2022 年的 3.0:42.7:54.3，呈现了现代化经济体系建设的良好态势。为此，浙江省域现代化要继续“围绕数字经济治理，深化深层次改革攻坚，充分激发市场活力和内生动力，更好激活各类要素潜能，形成更多具有全局性意义的制度创新成果”①。

习近平总书记关于改革的这些重要论述，深刻回答了浙江制度改革的认识论和方法论问题，集中体现了习近平同志鲜明的马克思主义立场观点方法，为浙江改革指明了前进方向、提供了根本遵循。

---

① 易炼红．勇当先行者、谱写新篇章！省委书记易炼红谈深入学习贯彻习近平总书记考察浙江重要讲话精神[N]．浙江日报，2023－10－30．

四、推进收入分配制度改革，促进共同富裕实现

马克思主义政治经济学认为，分配决定于生产，又反作用于生产，“而最能促进生产的是能使一切社会成员尽可能全面地发展、保持和施展自己能力的那种分配方式”。我国社会也历来有“不患寡而患不均”的观念，在不断做大“蛋糕”的同时把“蛋糕”分好，是促进社会公平正义、使人民群众共享改革发展成果的必然要求。要在激励和创新三次分配的具体形式上下功夫，充分发挥浙江市场主体的优势和条件，构建先富带后富的体制机制，为省域现代化的共同富裕提供先行之路。

从我国生产力和生产关系的实际出发，我们确立了按劳分配为主体、多种分配方式并存的分配制度，形成了我国的基本分配制度。实践证明，这一制度安排有利于调动各方面积极性，有利于实现效率和公平有机统一，但由于种种原因，目前我国收入分配中还存在一些突出的问题，城乡区域发展差距和居民收入分配差距依然较大，收入分配秩序不规范，隐性收入、非法收入问题比较突出，部分群众生活比较困难。当前，我国已经进入全面建成社会主义现代化强国的新征程，按照党的二十大在完善分配制度中提出的要“构建初次分配、再分配、第三次分配协调配套的制度体系”，有助于形成更合理有效的分配制度，报告首次提出“规范财富积累机制”，是对增强财富分配公平性，缩小财富分配差距提出的新举措。在实施就业优先战略中，提出要“完善重点群体就业支持体系”“统筹城乡就业政策体系”“健全终身职业技能培训制度”等举措，这些举措抓住了稳就业的关键，将有力促进高质量充分就业，使人人有机会通过辛勤劳动实现自身发展，实现增收致富。在健全社会保障体系中，提出了“健全覆盖全民、统筹城乡、公平统一、安全规范、可持续的多层次社会保障体系”，其中“安全规范”是对社会保障体系建设提出安全规范的新要求，体现了底线意识、长远眼光，将进一步促进织密社会保障安全网。在推进健康中国建设中，报告首次提出“建立生育支持政策体系，降低生育、养育、教育成本”等举措，把保障人民健康放在优先发展的战略位置，切实

为人民群众提供全方位、全周期的健康服务，更好地保障人民健康。收入分配制度改革是解决收入差距过大的重要手段，是实现共同富裕的关键问题。习近平同志在浙江工作期间指出，“在改革发展的进程中，社会成员之间存在一定的收入差距是难以避免的，但应在合理的、群众可以接受的范围之内。如果社会成员收入差距悬殊、而又长期得不到解决，不仅会挫伤人们的积极性，而且会影响社会安定团结”[①]。为此，要正确处理效率与公平的关系。习近平同志指出，效率优先、兼顾公平是社会主义初级阶段的长期方针。

首先是初次分配。作为收入分配中最为基础性的分配环节，决定了社会中收入分配的基本格局。因此，要维护收入公平从而缩小贫富差距，就要特别注意发挥政府和市场在这个环节中的作用，特别是市场的主体地位作用和政府维护初次分配中的公平正义性作用，实现初次分配中公平与效率的有机结合。

市场经济将在初次分配中提供制度活力。必须坚持市场在初次分配中对资源分配的决定性作用。作为市场经济机制的一部分，初次分配也需要尊重市场规律，从而令资源的稀缺性和参与生产的贡献差异性仍然能够被准确衡量，这将确保一切创造财富的源泉得到充分涌流，从而为收入分配打下良好的物质基础。[②] 除此之外还需要贯彻和完善按劳分配制度。一是要继续不断巩固公有制经济的主体地位。二是要扩大劳动分配在初次分配中所占的比重，促进劳动报酬与劳动生产率一同正向增长。按劳分配制度本身即是社会主义生产资料公有制的体现，同时也将充分激发劳动者的积极性与创造性，最终显著缩小收入分配差距。[③] 三是政府必须充分发挥自身维护社会收入分配和市场经济公平正义的作用。应当置于首位的是保护

① 习近平．干在实处 走在前列:推进浙江新发展的思考与实践[M]．北京:中共中央党校出版社,2006:55.

② 周文,肖玉飞．共同富裕:基于中国式现代化道路与基本经济制度视角[J]．兰州大学学报(社会科学版),2021(6).

③ 吴文新,程恩富．新时代的共同富裕:实现的前提与四维逻辑[J]．上海经济研究,2021(11).

各类产权的合法权益不被侵害，另外需要考虑如何保护初次分配中处于弱势的主体的应得权益。

其次是二次分配。二次分配中，政府应当对初次分配后形成的收入分配格局进行必要的调节，从而维护收入分配的社会公平，这将对缩小收入分配差距起到至关重要的作用。而在这一环节中，政府应当加大在税收调节、转移支付、社会保障以及实现基本公共服务均等化这四个方面的投入。

在二次分配中，政府要履行好再分配调节功能。要健全以税收、社会保障、转移支付等为主要手段的再分配调节机制，处理好政府、企业、居民三者分配关系，通过加大再分配调节力度，适当提高居民收入比重，合理降低政府和企业收入比重。政府需要建立起完善的所得税和财富税体系，分别从收入这一流量层面和财富这一存量层面调节居民收入分配差距。也需要尽快建立起符合当前经济特点的财产税制度，包括更为完善的遗产税和房产税体系，从而在收入分配的代际效应和不动产的资产收入上缩小收入分配差距。[①] 政府要建立起有效的转移支付机制，进而缩小地区收入分配差距。通过建立起地区间、城乡间转移支付机制和针对贫困人口的转移支付机制，可以利用先进地区的资金优势帮扶经济发展落后地区尽快发展和让贫困地区生活困难人口享有基本的公共服务，这便成为减小区域发展不平衡、化解城乡二元矛盾的重要举措。[②] 政府还要尽快健全完善社会保障体系，构筑起牢固的社会保险网。作为最为重要的调节社会收入分配差距的制度，社会保障体系在整个社会中起到至关重要的社会保险网作用，能够避免社会中的公民因为各种原因导致的失业和意外而丧失基本生活保障，兜底机制已成为实现共同富裕的重要环节。“八八战略”实施以来，浙江突破瓶颈，富裕程度逐步提高，发展均衡性不断提升，城乡贫富差距进一步缩小，为高质量发展打下了坚实基础。浙江探索建立的以专

① 绍宾，张玲欣．我国税收调节收入分配差距的主要障碍及完善[J]．税务研究，2021(4)．

② 陈宗胜．综合运用经济发展、体制改革及分配举措推进共同富裕[J]．经济学动态，2021(10)．

项扶贫、行业扶贫、社会扶贫相结合的“三位一体”大扶贫格局，走出了有浙江特色的快速脱贫奔小康的扶贫开发之路，推动浙江取得以高水平全面建成小康社会的优异成绩，为共同富裕的省域现代化提供了物质条件。

最后是三次分配。作为三次分配的主体，社会应当建设有利于成员参与慈善的价值理念、组织机构和监督机制。三次分配主要是由社会成员出于道德内在要求自发自愿地参与，是有能力和有资源的组织和个体主动积极地对陷入困窘境况的其他社会成员进行救助的行为。[①] 相较于传统意义上的初次分配与再次分配的主要主体分别为市场与政府，三次分配的主体是经济社会中的高收入个体，这些个体可以是企业、个人、家族或者其他社会组织。[②] 必须指出的是，鼓励三次分配并不是要“杀富济贫”，三次分配一定是完全建立在自愿自觉基础上的，这一环节是具备自发性的，因此积极推动三次分配的顺利进行离不开良好的社会引导。

实现三次分配环节的良好发展，离不开积极培育社会慈善环境，建立健全进行三次分配回报社会的激励机制。这就要求社会形成有利于慈善的社会价值理念，使社会上形成一股对慈善的向心力，最终鼓励更多人积极参与到三次分配中来，形成积极向善和互帮互助的社会价值理念。同时也要发挥现代传媒技术对社会舆论的引导作用，引导公众舆论对三次分配过程的关注和重视，鼓励和赞扬热心参与三次分配的组织和个体。另外，要想鼓励社会高收入群体自愿自觉参加三次分配过程，成为重新分配社会财富的源泉，建立起相配套的税收激励制度是必不可少的。为此，构建有效促进社会各类群体尤其是高收入群体积极参与慈善的奖励和宣传机制，引导高收入群体积极从事慈善事业。建立有助于第三次分配充分发挥作用的体制机制和政策体系。这种慈善和道德行为，不仅有助于提高个人和组织的社会责任感及公众形象，而且也有助于促进整个社会的公平、福利与和谐，有利于增强社会凝聚力和向心力，使社会主义荣辱观在全社会得到大

---

① 韩喜平，何况．中国共产党百年分配制度变革及其人民立场［J］．经济纵横，2021(5)．

② 蒋永穆，谢强．扎实推动共同富裕：逻辑理路与实现路径［J］．经济纵横，2021(4)．

力弘扬，切实提高省域现代化的道德水平和文明程度。

浙江省委、省政府忠实践行“八八战略”，带领全省人民始终保持干在实处、走在前列、勇立潮头的昂扬姿态，高水平全面建成小康社会，高质量发展建设共同富裕示范区，推动经济高质量发展实现质的巨变，在奋进中国式现代化新征程上勇当先行者、谱写新篇章，为率先建成社会主义省域现代化奠定坚实基础。

第三章　发挥区位优势推动省域现代化先行

第一节　实现省域现代化需要发挥区位优势

"八八战略"是推进省域实现高质量现代化与共同富裕的总纲领，为浙江发展提供源源不断的内生发展动力。时任浙江省委书记习近平在"八八战略"中指出，"进一步发挥浙江的区位优势，主动接轨上海、积极参与长江三角洲地区合作与交流，不断提高对内对外开放水平"，更提出"立足全局发展浙江，跳出浙江发展浙江"。

一、发挥区位优势是省域现代化先行的内在要求

从区位优势来看，浙江主动接轨上海，积极推进浙江消费市场快速扩大、外贸规模快速增长、电子商务迅猛发展，逐步形成了内外联动的双向互动格局。

聚焦高质量、一体化，打造长三角创新发展增长极、长三角世界级城市群金南翼、长三角幸福美丽大花园和长三角改革开放引领区。推动大湾区建设和长三角一体化发展战略深度融合，建设引领未来的现代化大湾区。

（一）全方位融入长三角是推动省域现代化的内在要求

浙江作为一个资源小省，经济增长空间有限，迫使浙江必须将国际国内两个市场、省内和省外、发达和欠发达地区的发展作为一个整体来考

虑。因此，在浙江经济社会进入新阶段时期，浙江省基于自身区位优势，提出主动接轨上海，积极推进参与长三角区域、长江经济带的交流与合作。接轨上海，融入长三角就是接轨机遇，接轨发展，接轨国际化和现代化。习近平也把主动接轨上海，统筹国内国外开放大局作为“八八战略”的重要抓手，并指出：要紧紧抓住接轨上海、参与长三角经济合作与发展机遇，把浙江省的区位优势转化为对外开放优势……①

区位是省域现代化的基础条件。浙江的区位优势体现在四个方面。一是浙江是沿海省份，参与国家的对外开放，在吸收和引进外资，“走出去”发展方面具有明显优势。二是浙江地处中国最具发展活力的长江三角洲南翼。近年来，党和政府实施长三角一体化发展战略，利用长三角的市场和资源优势，促进长三角地区人才、劳动力、技术和资本流动，提高生产要素的配置效率和收益率，促进产业结构调整、经济增长和国民收入提高。未来，现代化建设的进程中，浙江既要发挥中流砥柱作用，也要主动参与长三角一体化建设，在开放发展过程中作出更大的贡献、谋求更突出的地位，不负中央对浙江“走在前列”的重托。三是浙江临近上海。浙江经济最发达的区域分布于杭州湾一带，与上海有着经济和文化上的紧密联系。上海作为长三角的龙头，对于浙江而言与浙江形成优势互补、合力分工、错位发展，将给浙江省域现代化提供诸多发展机遇。四是浙江环杭州湾区域经济发达，拥有优异的港口条件，尤其是宁波、舟山地区已经是太平洋上最为繁忙的海上运输通道、衔接太平洋航线和长江黄金水道。正是这样的区位发展优势，需要浙江将更加主动对接上海、江苏、安徽，更好融入长三角一体化发展作为重要的政策指引明确下来，为省域现代化注入更加强劲的动力。

（二）扩大对外开放也是推动省域现代化的内在要求

改革开放四十多年是浙江充分利用区位优势大力发展外向型经济的四

---

① 习近平．干在实处 走在前列：推进浙江新发展的思考与实践[M]．北京：中共中央党校出版社，2006：83.

十多年，浙江发展成为最富活力、外向型经济最发达的省份之一。扩大对外开放合作必然也成为发挥区位优势推动省域现代化的内在要求。以开放促改革、以开放促创新，形成多层次、全方位的开放经济发展格局，不仅带动浙江经济结构的转变，培育一大批民营企业，还促进城乡经济协调发展和共同富裕，为省域现代化夯实了经济基础。1979 年 6 月 1 日，国务院批准宁波港正式对外开放，自此浙江对外开放经济拉开序幕。截止到 2021 年，宁波舟山港已经发展成为全球重要的综合运输体系枢纽，货物吞吐量连续第 13 年保持全球第一，成为连通我国与世界的重要通道。2005 年，浙江进出口规模突破 1000 亿美元。2007 年，全省出口额首次突破 2000 亿美元大关，首次超越上海，位居全国出口额排名第三。2021 年，全省进出口规模首次突破 4 万亿元人民币，位居全国第三。2021 年，实际利用外资 183.4 亿美元，规模再创新高。对外开放也带动浙江经济总量节节攀升，实力不断增强，居民收入快速增长。如图 3－1 所示，浙江城镇常住居民人均可支配收入、农村常住居民人均可支配收入与浙江货物进出口总额呈现相同增长态势。

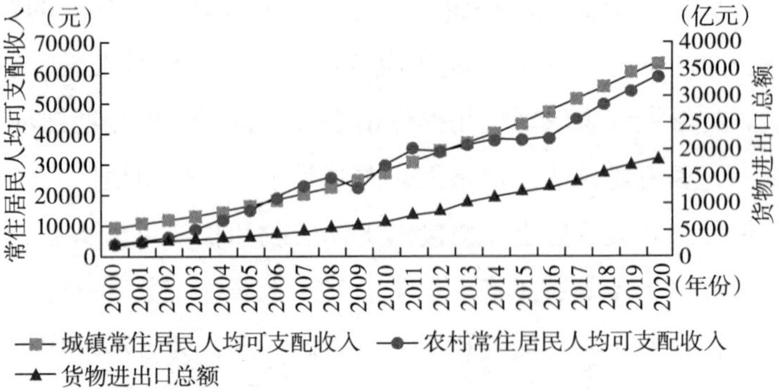

图 3－1　2000—2020 年浙江省货物进出口总额与常住居民人均可支配收入增长趋势

资料来源：历年《浙江统计年鉴》。

二、发挥区位优势推动省域现代化先行的内涵和意义

（一）发挥区位优势蕴含着“跳出浙江发展浙江”的省域现代化智慧

浙江位于海岸线滨海居中位置，拥有宁波港等深水港，区位优势明显。既便于对外交往，又能向内延伸、发挥辐射带动作用。习近平同志在浙江工作期间面对浙江产业发展的困境就不失时机地提出了“跳出浙江发展浙江”“跳出浙江谋求新发展”等思路和要求，主动推动浙江省内企业不断走出浙江、走向全国、走向世界，深度参与全球价值链分工，并向微笑曲线两端迈进，实现经济的转型升级，并用“地瓜理论”非常生动形象地描述了“跳出浙江发展浙江”的现象，“地瓜的藤蔓向四面八方延伸，为的是汲取更多的阳光、雨露和养分，但它的块茎始终是在根基部，藤蔓的延伸扩展最终为的是块茎能长得更加粗壮硕大”“企业走出去，是在更大的范围内配置资源、在更大的空间实现更大发展的需要，是‘跳出浙江发展浙江、立足全国发展浙江’的需要”。改革开放以来，浙江充分发挥区位优势，抓住对外开放发展的机遇，不断提高对内对外开放水平。一方面大力发展交通，利用区位优势加速长三角城市群一体化；另一方面又扩大对外贸易规模，拓展国际发展新空间。近十年来，浙江抓住“一带一路”发展机遇，促进对内对外深度合作与全面开放，推动区域协调发展迈向更高水平更高质量。实施“一号开放工程”发展高水平的国际贸易和投资，高水平建设中国（浙江）自由贸易试验区、宁波“一带一路”建设综合试验区、国际新金融服务中心，以电子世界贸易平台（eWTP）为依托，打造全球数字贸易中心。

（二）发挥区位优势，推进长三角一体化战略，确保省域现代化协调

浙江省具有基本公共服务高质量发展、高标准均等、高水平均衡等基础条件和优势，“十三五”时期各项基本公共服务标准化、均等化水平走

在全国前列。浙江充分发挥区位优势，对外以长三角高质量一体化发展为战略引领，增加优质公共服务供给，扩大配置范围，不断保障和改善民生，使改革发展成果更加普惠便利，让长三角居民在一体化发展中有更多获得感、幸福感、安全感，从更大空间、更深合作和更大流动性的角度确保省域现代化建设；对内加快形成“一湾引领、四极辐射、山海互济、全域美丽”的省域空间发展总体格局，继续在推进区域协调发展、城乡融合发展和优化收入分配格局三个方面发力，坚持在发展中保障和改善民生，缩小基本公共服务的区域、城乡、群体间差距。通过率先实现基本公共服务更加普惠均等可及，切实提高人民群众对高质量发展和现代化建设的感受度和认同感。

（三）发挥区位优势，打造“一带一路”枢纽，增强现代化建设全球贡献

共建“一带一路”倡议提出构建人类命运共同体，摒弃发达国家在现代化进程中所经历的侵略性路径。中国式现代化坚持和平发展之路，且为世界其他国家现代化建设提供借鉴。当前世界正处于百年未有之大变局，不稳定不确定因素有所上升，中国应当发挥大国角色，更加主动地参与到国际热点难点问题的解决中去，在应对全球问题上发挥更大的作用。不仅如此，中国作为世界第二大经济体，扩大对外开放，推动国际贸易合作，促进世界经济开放发展，积极帮助发展落后经济体，都有利于世界经济的发展和现代化建设。浙江作为沿海开放地区，以“一带一路”建设为引领，扩大对外开放，加快世界一流的货物流通枢纽、要素流通枢纽、产能合作枢纽、人文交流枢纽建设，打造全球新型经济贸易网络，为浙江经济与世界经济深度融合创造条件，也为全球现代化建设贡献浙江实践经验。

三、发挥区位优势推动省域现代化先行的机遇和挑战

（一）发挥区位优势推动省域现代化先行的机遇

一是长三角一体化助力省域现代化建设。以长三角高质量一体化发展

为战略引领，可以从更大空间、更深合作和更大流动性的角度来推进省域现代化建设，推动经济高质量发展。但是，一些省际毗邻区由于地理位置偏远，距离中心城市较远，经济与社会发展同中心城市存在一定差距。随着长三角一体化进程加快，浙江同沪苏皖之间的省际毗邻区面临着新的发展机遇。在长三角一体化发展上升为国家战略的背景下，省际边界毗邻区域成为区域融合的重点区域，在区域合作发展的推动下，其地理区位正在从劣势转化为优势，由本来的“洼地”转变为“高地”。二是新一轮开放机遇的制度创新机遇。浙江推进“地瓜经济”提能升级“一号开放工程”，实施更大范围、更宽领域、更深层次的对外开放。浙江明确提出要建设开放自由产业体系，营造具有区域带动力的创新型产业生态和法治化、国际化、便利化营商环境。借助这一制度开放创新机遇，浙江省在经贸互通、创业创新、文教互联等诸多领域开展实质性的交流合作项目和平台建设，获得新一轮全方位开放的发展先机。三是数字贸易新业态新模式和贸易网络发展的机遇。数字化改革是浙江发展的总抓手，也是未来的制高点，撬动浙江经济社会向一个更高层次水平发展。2021 年浙江开始大力实施数字经济“一号工程”2.0，着力发展产业数字化、数字产业化、治理数字化，为浙江经济发展带来新活力。浙江也不断深化数字贸易和规则标准领域的国际交流与合作，推动数字贸易中心建设，打造数字变革新高地。这为浙江发挥沿海开放发展的区位优势提供了新机遇，有利于浙江企业对外投资，加强全球产业链供应链合作，开辟新市场、利用新资源，同时反哺浙江经济发展，实现互利共赢发展和现代化建设。

（二）发挥区位优势推动省域现代化先行的挑战

浙江在实施长三角一体化战略，推动省域现代化先行的过程中也存在一些问题：一是在促进区域协调发展的战略布局下，各地依然存在条块分割、体制机制仍然不够健全等问题，促开放、促发展的支持力度不足。二是科技创新能力不强，半导体等关键核心技术“卡脖子”问题比较突出。三是商贸流通企业普遍小而散，具备全国乃至全球影响力的品牌型、龙头型企业数量不多，对浙货拓展内外市场的支撑力偏弱。四是对外贸易发展仍面临“大而不强”问题。高科技产品出口比例不高，产品竞争力较弱，上下游紧密配合协调的国际生产网络未建立，抵御国际市场风险能力偏弱。同时，数字化、智慧化等新技术应用有待深化，数字消费生态有待进一步形成。五是“双碳”发展背景下，浙江省产业结构、能源结构都面临着较大的碳排放压力。六是新增城市人口增加了对城市服务业需求，健康、教育等公共服务配套设施和体系的建设还不完善，配套服务发展不充分，不能满足人民群众的服务需求。另外，浙江省情社情民情舆情激荡交织、各类矛盾易发多发先发，风险社会特征更加明显。

第二节　发挥区位优势推动省域现代化先行的实践基础

一、全域对接长三角一体化，创新引领全国经济发展

（一）实施主动对接上海战略，经济保持高质量发展态势

21 世纪初，全国各地开放还存在着“远交近攻”的现象，周边地区、邻近地区常常互为对手，不仅不开放，还出台不少“以邻为壑”的限制性政策。曾经浙江省内也有意见提出要防止温台企业外迁，建议在嘉善开辟“投资飞地”，将浙江企业锁在省内。习近平同志到浙江工作后，很快提出主动接轨上海、推动长三角地区一体化战略。2003 年 3 月 21 日，在沪浙两省市经济社会发展情况交流会上，习近平同志发表讲话，指出主动接轨上海，参与长江三角洲地区经济合作与发展，是一个庞大的社会系统工程。浙江要着眼于“虚心学习、主动接轨、真诚合作、互利共赢”，以提高区域经济综合实力和国际竞争力为着力点，以市场机制为主导，注重发挥比较优势，以更加积极的姿态，加强与沪苏的经济合作与交流，进一步提高浙江省的对外开放水平，充分发挥浙江省在长江三角洲地区的应有作用，共同推进长江三角洲地区经济体化，努力在互动共进中实现沪苏浙三

省市发展的共赢。[①] 此后，浙江主动服务借力大上海，全面深化各领域合作，城市综合实力、创新能力和国际影响力迈上新台阶。浙江的经济基础无论总量、人均量，还是发展质量均处于较高水平。2021 年，浙江省 GDP 达 73516 亿元，占全国 GDP 总量的 6.43%。2011—2021 年，地区生产总值年均增速达到 8.72%，经济保持持续快速增长。2021 年，人均 GDP 达 113032 元，是全国平均水平的 1.4 倍，比世界银行确定的高收入经济体标准线高出 0.48 万美元。雄厚的经济基础不仅是经济现代化的前提，而且为吸纳就业、提高工资收入、增加科研投入、发展社会事业等提供了有力支撑。2013—2020 年，浙江省城镇登记失业率均低于 3.0%，为富民增收提供了保障。同时，实体经济持续蓬勃发展，市场主体活力增强。

（二）加大一体化政策支持力度，形成开放和融合发展新优势

推动长三角一体化，推动浙江省域现代化建设需要充分认识区位优势、挖掘潜在优势，将浙江区位优势转变为开放优势、竞争优势和发展优势。浙江省在推动长三角一体化建设的过程中，以长三角高质量一体化发展为战略引领，促进省际边界毗邻区域为区域融合发展重点区域。如以大湾区建设为主平台，高水平建设“四区三廊”。在省际毗邻区采取跨界合作方式，从规划管理、机构设置、产业协调、设施互联和要素保障等方面加大政策支持力度，促进省级协调、省市联动和县级互动与融合。近年来，积极搭建跨区域产业合作平台，培育世界级先进制造业集群，加快发展现代服务业，提升浙江打造强劲活跃增长极中的战略地位和特色优势。目前，通过制造业产业基础再造和产业链提升工程，先进制造业集群建设得到快速发展。规模以上工业内部产业结构变化较为明显，其中高新技术产业和装备制造业逐渐占据了主要地位，2021 年高新技术产业、装备制造业增加值分别增至 12669 亿元、9072 亿元，比上年分别增长 14.0%、17.6%（见表 3－1）。

---

① 习近平．干在实处 走在前列：推进浙江新发展的思考与实践[M]．北京：中共中央党校出版社，2006(12)：90－92.

表 3-1　2021 年规模以上工业分产业增加值及增速

产业	增加值（亿元）	比上年增长（%）
规模以上工业增加值	20248	12.9
高技术产业	3202	17.1
高新技术产业	12669	14.0
装备制造业	9072	17.6
战略性新兴产业	6750	17.0
数字经济核心产业制造业	3095	20.0
节能环保制造业	2539	13.2
健康产品制造业	995	14.6
时尚制造业	1661	9.2
高端装备制造业	5023	14.2
文化制造业	598	9.5

资料来源：浙江省统计局。

高能级建设大都市区，共同推进长三角城乡区域融合发展。浙江省以杭州、宁波、温州、金义四大都市区建设为突破口，主动融入上海大都市圈，积极推动与苏皖闽赣等升级毗邻区域协同发展，打造一批产城深度融合创新功能区。明确合理分工，推动资源共享，设施互通，产业共兴，真正实现浙江区域发展全覆盖，打造长三角城市群金南翼，更好与上海都市圈等世界级都市圈共同合作，提高浙江全域经济发展竞争力。

（三）高标准建设大通道，形成综合交通枢纽城市格局

长三角是中国实力最强的经济中心，浙江地处长三角南翼，也是亚太地区的重要门户。浙江融入长三角区域经济一体化，不仅与上海、江苏、安徽形成有序分工的区域经济发展格局，还能向内辐射内陆，带动整个长江经济带的发展，向外拓展海洋发展空间。义甬舟开放大通道集成了江、海、河、铁路、公路、航空等多种运输通道，它已经成为运行高效、灵活便捷的多式联运综合枢纽，在中外商贸物流、国际高端要素资源集聚方面发挥重要作用。全省初步形成以杭州、宁波、温州、金义四大都市区为核心，嘉兴、湖州、衢州、绍兴、台州、丽水、舟山为节点的综合交通枢纽

城市格局，集聚辐射能级显著提升。目前，宁波舟山港—浙赣湘（渝川）集装箱海铁公多式联运、顺丰航空集装器空陆联运、台州湾区公铁水多式联运等项目列入国家多式联运示范工程。2020 年完成集装箱海铁联运量 100 万标箱，"十三五"期间年均增长 42.5%，江海联运、集装箱海河联运取得突破发展，分别达到 3 亿吨、25 万标箱。宁波舟山港开通国内首条双层集装箱海铁联运班列，海铁联运线路达到 16 条，义乌班列成为全国业务量最大的海铁联运班列；宁波舟山港"一带一路"沿线国家航线增至 88 条，国际全货机航线增至 22 条；中欧班列实现常态化运行，运输线路增至 11 条，辐射服务 37 个国家和地区。[①] 我国内陆腹地外贸物资也都通过宁波舟山港及中欧班列运往世界各地。图 3－2 显示"义新欧"货运班列从 2014 年的 1 列提升到 2021 年的 1904 列，有力地促进了浙江与中亚、欧洲国家和地区的经贸往来。

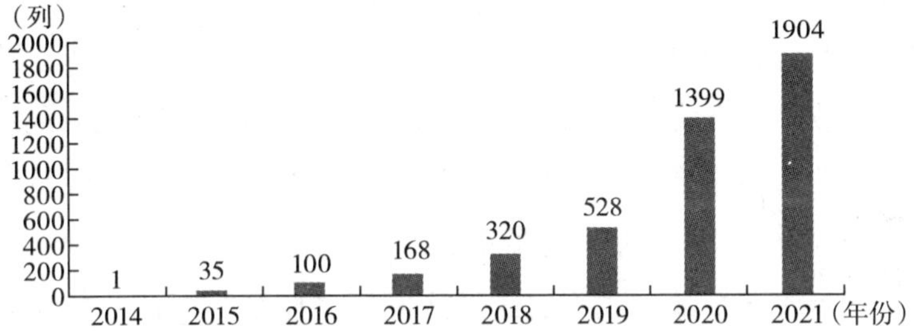

图 3－2　2014—2021 年"义新欧"货运班列开行列数

资料来源：历年《浙江国民经济和社会发展统计公报》。

二、立足自身禀赋，形成优势互补东西互动协调发展格局

立足全局发展浙江，跳出浙江发展浙江，要做好对口支援和国内合作交流工作，落实好推进西部大开发、振兴东北地区等老工业基地、促进中部地区崛起、鼓励东部地区加快发展等战略部署。

① 《浙江省现代物流业发展"十四五"规划》浙发改规划〔2021〕82 号[EB/OL].[2024－10－07]. http://fzggw.zj.gov.cn/art/2021/3/27/art_1229123366_2268850.html.

（一）加强省际经济交流与合作，促进区域资源协调发展

进入21世纪，浙江经济发展水平在全国处于领先位置，其先发优势与其他地区经济形成了级差。但是，随着经济的快速发展，生产要素的供求也有所变化，引起要素价格变动，进而影响国内区域间比较优势的变化。如浙江人均收入远远高出中西部地区，成为全国工资水平较高的地区，虽然由于劳动力资源的全国流动，在一定程度上抑制了普通劳动力价格的上涨，但随着西部大开发与中部崛起，造成部分劳动力回流，像温州、台州、绍兴等地，皮革、服装等传统行业工人工资纷纷上涨，这使得浙江的劳动力价格优势与劳动力密集型产业的竞争优势不断减弱，甚至转化为相对劣势。为保持竞争优势，浙江不少劳动力密集型企业向中西部地区迁移。如温州奥康集团皮鞋联合相关企业进军重庆，投资10亿元打造“西部鞋都”。浙江省地少人多，工业化与城市化的快速推进加剧了用地紧张。如2003年，温州全部用地指标仅16500亩，而用地需求超过10万亩，土地供求极为紧张，地价持续上扬，中小企业用地更是一亩难求。资本的逐利性推动企业开始向全国生产经营布局，通过对资产、土地、品牌、商业网络等要素的重组来推进产品结构与地区结构调整。另外，经济的发展也使得浙江自然资源缺乏的“资源小省”问题不断凸显，石油、煤炭、电力、铁、铜等资源短缺，成为浙江经济发展的瓶颈。浙江一些企业受资源与能源制约，只好转往能源与矿产资源较丰富的云南、江西、四川等地求发展。浙江企业以资本、经营人才、一般生产技术的优势对省外投资，与其他地区的劳动力资源、土地等自然资源的优势结合，从而提升新的竞争优势。投资地与投资接收地经济通过要素合作，可以达到“双赢”。

在转移期间，“八八战略”强调“浙江人经济”的概念。“跳出浙江发展浙江”的理念，使浙江得以从更大的空间中整合资源，推进区域协调发展，为浙江发展打开了一个新空间，培育了浙江参与国际竞争与合作的新优势。2004年5月，习近平同志率浙江党政代表团奔赴四川、重庆和湖北学习考察，进一步推动省际经济技术交流与合作。在考察期间，浙江与重庆、湖北举行经贸合作项目签约仪式，共签约合作项目279个，合同总

额 546 亿元，浙江方投资 509 亿元。围绕东西部产业链部署创新链，围绕创新链完善数字链、资金链、政策链，优化创新生态园，推动东西科技合作向研发与技术转移合作。

（二）做好对口帮扶，拓展合作深度和广度

习近平同志把“山海协作”的理念延伸到参与和服务全国统筹协作发展的大局之中，强调这“不仅是浙江的政治责任，也是浙江的发展机遇”，并身体力行做好与对口帮扶和对口支援地区的深入对接工作。浙江主动对接新疆、西藏、青海、四川、贵州、重庆、湖北、吉林和新疆生产建设兵团等部分地区的对口帮扶、对口支援、对口协作、对口合作工作，加快形成经济发展新动能。习近平总书记在“八八战略”中强调加强与中西部地区的联系，积极参与西部大开发。2003 年，习近平同志率浙江党政代表团考察新疆时说，大批浙江企业投身新疆，既是支持新疆当地经济建设，企业自身也开拓了市场、赢得了商机、获得了发展。推进两省区的经济合作与交流，促进资源合理配置和流动，可将新疆的资源优势变为经济发展优势，也可为浙江经济持续发展提供更加广阔的市场空间。

三、以“一带一路”建设为引领，构建对外开放新格局

（一）有序推进对外贸易投资，逐步形成双向互动投资格局

浙江紧抓开放发展的时代机遇，加快推进浙江交通枢纽建设，构筑海路统筹、东西互济、面向全球的开放大通道，促进浙江省企业加快海外投资进程，不断拓展国际市场新空间。由表 3 – 2 可知，从贸易投资规模看，截至 2021 年，浙江省全年货物进出口总额增长至 41429 亿元，同比上年增长 22.4%。其中出口产品中机电和高新技术产品出口比重过半，出口结构持续优化；2014—2015 年对外投资短期内快速增长，2016 年对外投资首次下降，2018 年对外投资恢复增长。由表 3 – 3 可知，2011 年，全省经审批核准或备案的境外企业和机构共计 5132 家，累计中方投资备案额 106.1 亿美元。据统计，2021 年全省经过备案和核准的境外企业机构数量增加至

673家，同比上年增长6.7%；新批准的外商直接投资项目达到了3547个，同比上年增加726个；合同利用外资金额385亿元，同比上年增长9.7个百分点。从国际投资格局看，基本形成“引进来”和“走出去”双向格局。原本引进外商直接投资远远超过对外直接投资的非对称局面大有改观。2021年全省实际使用外资达到183亿美元，同比上年增长16.2%，其中制造业实际使用外资达到45亿美元。这一局面体现了浙江企业在全球范围内优化配置资源的能力大大提升。从投资分布看，2010年，对外投资项目覆盖138个国家和地区，2019年则已经覆盖到148个国家和地区，投资分布日益广泛，实现了对全球六大洲重点区域的全覆盖（见图3-3、图3-4）。对外投资区域呈多元化趋势，在发展中国家和发达国家投资区位选择上更加理性，非洲、南美洲等新兴市场国家的境外投资项目逐渐增加。

表3-2　浙江省对外经济合作状况相关指标（2017—2021年）

指标	2017年	2018年	2019年	2020年	2021年
货物进出口总额（亿元）	25605	28512	30838	33838	41429
实际利用外资金额（亿元）	179	186	136	158	183
外商直接投资项目（个）	3030	3529	3580	2821	3547
合同利用外资金额（亿元）	347	431	436	351	385

资料来源：浙江省统计局。

表3-3　2011—2018年浙江省对外投资情况统计表

年份	累计企业和机构数（家）	累计投资额（亿美元）	对外承包工程和劳务合作营业额（万美元）	对外承包工程和劳务合作年底在外人数（人）	境外企业中方投资额（万美元）	累计“一带一路”沿线中方投资额（万美元）
2011	5132	106.1	302693	17836	344551	—
2012	5827	149.00	382974	27149	389236	—
2013	6444	203.70	440266	27923	551648	—
2014	7012	261.85	533922	31279	581489	—
2015	7816	417.19	618719	32234	1398828	—
2016	8654	610.34	683295	33921	1689363	74.7
2017	9188	707.17	728427	27873	964207	191.9

续表

年份	累计企业和机构数（家）	累计投资额（亿美元）	对外承包工程和劳务合作营业额（万美元）	对外承包工程和劳务合作年底在外人数（人）	境外企业中方投资额（万美元）	累计“一带一路”沿线中方投资额（万美元）
2018	9899	902.75	756048	33594	1838091	233.79*

注：“*”表示截止到2019年1月数据。

资料来源：根据《浙江商务年鉴》整理。

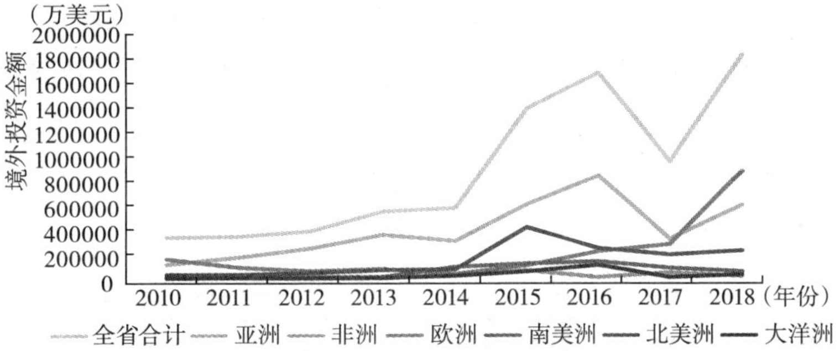

图3－3　2010—2018年浙江省境外投资金额各大洲变化趋势

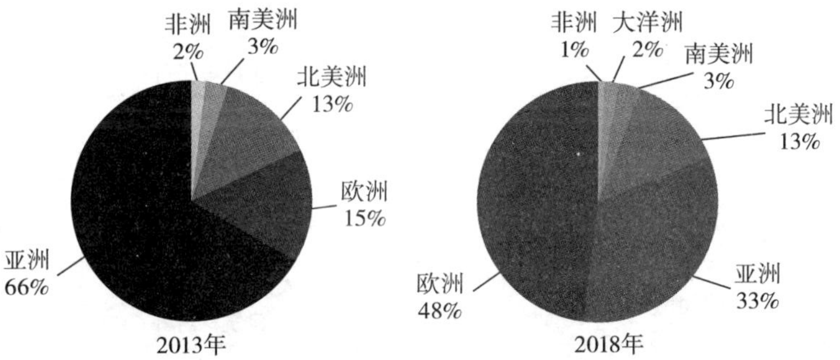

图3－4　2013年与2018年浙江省境外投资各大洲分布

（二）主动参与“一带一路”建设，拓展对外投资新空间

浙江在“海上丝绸之路”中的历史地位显著，作为沿线经济发达省份，浙江与“一带一路”沿线国家关系紧密、经贸往来频繁。十年来，浙江抓住“一带一路”的建设机遇，充分发挥其市场网络、跨境电商、天下浙商的优势，找准参与“一带一路”建设的突破口和切入口，深度参与国际分工和合作，成为国家“一带一路”建设的主力省份。围绕打造“一带

一路”重要枢纽的目标，提出加快建设国际现代物流枢纽、国际贸易创新合作高地等措施。通过搭建国际产能合作平台，创新国际合作机制，不断拓展产业合作领域，激发产业创新发展活力，推动企业对外投资，实现“弯道超车式”国际化发展。自2015年开始，浙江省全面启动国际产业合作园建设工作，截至2018年底，浙江正式形成了以两国共建、省级创建等多种模式的19家国际产业合作园。通过园区，不仅引进了美国通用、荷兰锂能沃克斯等一批规模大、辐射带动强的重大外资项目，还引进了一批最具潜力、最尖端科技的特殊技术和工艺项目，形成强大的产业集群效应。通过实施“凤凰行动”，支持企业主动实施跨国并购，获取技术、市场、品牌等战略性资源，提升企业技术实力，形成一批技术含量高、发展质量好、产业带动强的全球领先企业（见表3-4）。

表3-4　浙江12家境外经贸合作区分布统计表

地区	国家	园区名称	实施领域	建设年份
东南亚	泰国	泰中罗勇工业园	汽配、机械、建材、家电和电子等	2006
东南亚	越南	越南龙江工业园	纺织服装、建材化工、机械电子等	2008
东南亚	文莱	文莱大摩拉岛石油炼化工业园	化工等重工业园区	2013
北欧亚	俄罗斯	俄罗斯乌苏里斯克经贸合作区	轻工、家电、木业等	2006
中亚	乌兹别克斯坦	乌兹别克斯坦“鹏盛”工业园	农用机械、轻纺、建筑材料等	2009
东欧	塞尔维亚	塞尔维亚贝尔麦克商贸物流园	商贸、物流等	2014
中亚	乌兹别克斯坦	乌兹别克斯坦农林科技农业产业园	种植、农产品加工	2012
东欧	捷克	捷克（浙江）经贸合作区	商贸物流	2016
东南亚	越南	百隆（越南）纺织园区	轻纺产业	2012
北美	美国	杭州硅谷协同创新中心	科技研发	2018
东南亚	柬埔寨	中柬国际农业合作示范园区	种植、深加工	2015
北美	墨西哥	墨西哥北美华富山工业园	加工制造	2016

资料来源：根据中国商务部及各经贸合作区官网资料整理。

（三）大力推进自贸区等开放平台建设，提升对外开放水平

2017 年 4 月，中国（浙江）自贸试验区成立，2020 年 9 月，国务院批复同意浙江自贸试验区扩区。经过多年发展，浙江自贸试验区包括了舟山片区、宁波片区、杭州片区、金义片区共四个片区，面积扩大至 239.45 平方千米。各个片区功能定位清晰、特色突出、优势互补、相互促进。2021 年中澳现代产业园（舟山）浙江中荷（嘉善）产业合作园、浙江中韩（衢州）产业合作园等一批国际产业合作园相继成立，成批次引进发达国家高端项目。图 3－5 显示浙江自贸试验区新增注册企业从 2017 年的 4167 家增加到 2021 年的 42629 家，越来越多的企业选择进驻到新的开放经济平台。"17＋1"经贸合作示范区、境外经贸合作区成为促进我国与世界其他国家和地区贸易往来、投资合作和信息交流的重要平台，有力地推动了双循环经济大发展。

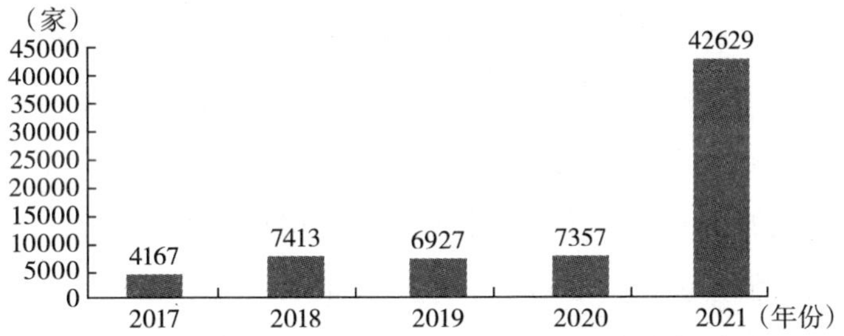

图 3－5　2017—2021 年浙江自贸试验区新增注册企业

资料来源：历年《浙江国民经济和社会发展统计公报》。

（四）大力推动数字贸易服务，打造全球数字贸易先行区

浙江省是数字经济的先发地，早在 2003 年，时任浙江省委书记习近平就作出了建设数字浙江的决策部署。浙江省牢牢抓住新一轮科技革命与产业变革的重大历史机遇，将发展数字经济作为一号工程，立志打造全球数字贸易中心，并于 2020 年 10 月发布《浙江省数字贸易先行示范区建设方案》，进一步巩固先发优势。2021 年，浙江省数字贸易进出口额为 5279 亿

元。数字服务贸易快速增长。根据《数字服务贸易统计口径表》，2021 年浙江省数字服务贸易进出口 1975.57 亿元，同比增长 12.47%，其中，出口 1025.1 亿元，增长 6.43%，进口 950.47 亿元，同比增长 19.8%，数字服务进出口基本保持平衡。浙江跨境电商在疫情下逆势增长。2021 年浙江实现跨境网络零售（B2C）出口 2430.2 亿元。杭州是全国首个跨境电子商务综合试验区，宁波网购保税进口和海外仓出口规模居全国首位，金华（义乌）邮政和快递业务量居全国城市第一，综试区成为推动浙江跨境电商发展的主引擎。

（五）迭代升级贸易新模式新业态，拓展多元化国际市场

2020 年，浙江省率先基本实现跨境电子商务综合试验区全省域覆盖。"十三五"时期，全省跨境电商规模实现翻两番，跨境网络零售进出口额五年累计 4253 亿元。其中，出口 3131.9 亿元，进口 1121.1 亿元。创新试点市场采购贸易方式，探索市场采购贸易方式新体制和新机制。如采购贸易进口和外贸经营者在市场采购集聚区内属地采购申报、异地通关放行。这一新模式取得丰硕成果，全省市场采购贸易方式出口从 2015 年的 1768.2 亿元增长到 2020 年的 2977.6 亿元，年均增长 11%，跃居全省第二大贸易方式。加大力度扶持外贸服务主体，培育一批辐射能力强、功能完善的外贸综合服务企业，带动中小微生产企业出口。深化服务贸易创新发展试点，推动服务外包转型升级。

第三节　发挥区位优势推动省域现代化先行的主要任务与战略举措

一、深化长三角一体化发展，高水平推进"四大"建设

2017 年，浙江省第十四次党代会作出高质量推进大湾区、大花园、大通道、大都市区四大建设的决策部署。2020 年 1 月，浙江省发布《浙江省

推进长江三角洲区域一体化发展行动方案》。方案提出将结合浙江实际，坚持全域融合、战略协同、重点突破、合力推进，形成示范区先行探索、中心区先融入、多板块协同联动、全省域集成推进的一体化发展格局。高水平、高品质、高标准、高能级建设大湾区、大花园、大通道、大都市区，高层次扩大对外开放、高起点发展数字经济、高质量发展民营经济、高普惠共享公共服务，建立长三角统一开放大市场。

其具体措施为：构建长三角产业创新协同体系，高水平建设大湾区。以环杭州湾经济区为核心，加快集聚高端创新要素，大力发展高端产业，加强科技体制改革和创新体系建设合作，建设一批高能级创新合作平台，打造全国发展强劲活跃增长极的主载体和长三角高质量一体化发展的领航地。重点是全面对接上海全球科创中心建设，加快建设之江实验室、西湖大学等协同建设长三角重大创新平台。同时共同提升长三角 G60 科创走廊合作水平，加快推进杭州城西、宁波甬江、嘉兴 G60 等科创大走廊建设。建立科技创新资源开放共享机制，打造科创要素对接服务平台和生态环境。围绕新一代信息技术、高端装备技术、生命健康、节能环保、新材料、智能交通等产业领域，打造长三角世界级制造业集群；推进重大产业平台建设。聚焦数字经济领域新产业平台，重点关注集成电路、5G、北斗等领域，通过建设标志性项目、打造行业领军企业、搭建未来产业集群，建设高水平未来产业先导区。建设国家级重大平台。推动国家人工智能创新发展试验区建设，推进国家芯火双创基地建设，做强集成电路产业链。打造全国工业互联网之都和互联网研发应用基地，建设工业互联网国家示范区。加强文化产业联动发展，打造长三角文化产业发展高地；围绕服务业平台经济、分享经济等新业态，打造长三角现代化服务业。依托国家级、省级产业发展平台，打造跨区域合作产业发展平台。高品质建设大花园，共同加强长三角生态环境联保共治。全面践行“两山”理念，以大花园为基础底色，坚持生态优先、绿色发展，大力推进生态文明建设，加强跨区域跨流域生态屏障、生态廊道联合共建和环境污染联防联治，合力打造生态美丽长三角。重点是严守生态保护红线，全力保护重点生态空间和生态系统。共同推动长三角绿色生态屏障建设，推进污染的联防联治机制，协同创新生态环境联保共治机制，合力建设长三角生态文化旅游圈等。高标准建设大通道，共同构筑长三角基础设施互联互通网络。加快推进联结长三角、辐射全国、通达国际的大通道大枢纽建设，高标准建成长三角区域便捷畅通的智慧交通和综合物流体系、互济互保能源供应体系、安全高效水利保障体系。高能级建设大都市区，共同打造长三角城市群金南翼。主动融入上海大都市圈，推动杭州、宁波、温州、金义四大都市区联动发展，打造世界级都市区，参与全球竞争主阵地。促进非平衡发展和一体化发展深度融合，提高区域经济抵御冲击能力和经济自主修复能力，有效化解外部风险，增强经济韧性，建设浙江现代化发展引领极、长三角高质量发展示范区。

二、统筹对内对外开放，构筑国内国际双循环战略枢纽

（一）打造高质量贸易物流枢纽，提升全球资源通达服务能力

高层次扩大对外开放就要实现国内外基础设施“硬联通”，建成国内外贸易物流枢纽，形成全球货物与服务通达的新局面，不断提升全球资源配置能力。义甬舟开放大通道以宁波、金华—义乌两大都市区为极核，以宁波舟山港和义乌国际陆港为依托，东向依港出海、西向依陆出境，对内辐射拓展内陆腹地，对外连通“一带一路”国家和地区，形成连通国内国际双循环的战略格局。

一是加大宁波舟山港建设，打造货物流通世界领先港。加大宁波—舟山和金华—义乌两大枢纽港建设，增强“两核”辐射带动能力，以多式联运物流为基础，打造辐射“丝绸之路经济带”、陆海统筹的货运枢纽。继续开辟舟山港集装箱航运新通道，将更多的国家和地区、更多的港口连接起来，开辟国际贸易新通道。继续拓展陆铁海联运新通道，将更多的内陆城市与舟山港连通起来，将货物运输延伸到东南亚、大洋洲、中亚、南亚、北亚以及中东欧国家和地区，形成辐射“一带一路”节点城市的货运枢纽。

二是拓展“义新欧”班列运行服务，发挥“义新欧”战略通道作用。

开通更多方向的国际货运点对点直达班列线路，辐射更多的欧亚大陆国家和城市。根据客户个性化需求，开设更多的定制专列，优化货运服务，提升货运质量和效率，将“义新欧”打造成为连通浙江省与“一带一路”国家和地区的精品专列。积极扩大进口，依托进口肉类、冰鲜水产品指定监管场地，开通“义新欧”定制冷藏班列。

三是大力支持“金华—万象”中老铁路国际货运班列发展，打造“浙江制造”输出东南亚国家的新通道。支持“金华—万象”中老铁路国际货运常态化开行，抓住 RCEP 带来的贸易发展新契机，开辟连接浙江省内其他城市的新线路，拓展列车货源，开发新服务，开拓新业务，打造浙江出口辐射泰国、缅甸、老挝、马来西亚和柬埔寨等国的新通道。

四是加快国际航空货运发展，打造面向全球的航空服务网和快递邮政网。加大杭州机场、宁波机场、温州机场、义乌机场、嘉兴机场和衢州机场等建设，增强浙江国际航空货运通道能力，打造全球可达的航空货运网络。加大杭州全国航空物流中心和全球“邮快跨”集散中心建设，打造连通国内外的航运枢纽。开通更多面向“一带一路”国家和地区的国际全货机航线，创建陆空齐全、纵向分工、横向错位的货运通道，将浙江物流延伸到“义新欧”班列以外的“一带一路”国家和地区。

五是大力发展海外智慧物流平台。鼓励浙江重点外贸企业在全球贸易中转的重要节点加快智慧海外仓布局。支持一批信息化水平高、能够提供多元化服务、具有本地化经营特色的海外仓发展。大力支持海外智慧物流平台发展，构建覆盖全球、协同发展的数字物流服务网络。

（二）打造高层次对外投资策源地，构建互利共赢的国际产业链供应链体系

一是大力支持本土民营企业国际化发展。推动“浙江制造”“浙江技术”和“浙江服务”“走出去”，打造一批创新能力强、具有世界级影响力的跨国公司。要支持浙江企业全力开拓海外市场、利用海外关键资源，反哺浙江企业总部经济发展。要鼓励浙江企业优化海外布局，将部分生产制造功能迁移海外，同时通过兼并和收购，获取优质资源，在推动企业转

型升级过程中更好地融入全球经济一体化发展。要鼓励浙江企业加大在“一带一路”国家和地区的投资力度，不断拓展海外“朋友圈”，积极构建连通国内市场与国际市场的商品、物资、要素和信息流通循环体系。

二是以重大对外投资项目为抓手，打造高水平国际产业合作枢纽。积极参与国际产能合作和重大项目开发建设，联合推动建立与“一带一路”沿线重要城市政府、行业协会、龙头企业之间的投资合作机制，强化上下游产业链和关联产业协同发展，整合政策资源和国际经贸合作资源。鼓励浙江企业积极参与国际化创新产业链建设，布局海外重要资源开发项目、新能源建设项目、重要物流项目和核心技术开发项目，打造“以我为主”的高水平国际产业链供应链体系。加快浙江青山集团在印度尼西亚的生产基地投资项目建设，保障国内不锈钢产业的镍铁资源供应，促进中国与印度尼西亚两国深层次的经济发展合作。

三是推动境外经贸合作区转型升级。坚持以获取技术、品牌、销售网络等要素资源为导向，加强与东道国规划对接、产业对接、企业对接，获取专利、知识产权和影响力，实现技术跨越、产业升级，实现与当地政府、企业供应，充分调动东道国政府积极性。探索总结境外合作园建设的基本规范、标准和经验，鼓励充分利用当地资源，复制推广设立分园，增强地区辐射带动能力。充分挖掘海外投资的逆向技术创新效应，逐渐由创新模仿转变为自主创新，从低成本投资目标向市场、战略资源投资转变。在欧洲等发达地区，加强产业链招商，鼓励新能源材料、电子信息技术等产业入驻园区，打造境外产业链和服务链，并以园区为载体形成集约式、包容式与可持续的高质量发展模式。深化浙江与印度尼西亚、马来西亚、新加坡、越南、泰国等国的经贸合作，推动“一带一路”中非合作产业园建设，推进重点国际合作项目建设。加大建设泰中罗勇工业园、印尼纬达贝和印尼青山工业园区、迪拜义乌中国小商品城，推进国际产能合作，促进贸易投资双向流动，鼓励支持高校和科研机构、企业等在全球科技前沿地区打造一批海外创新孵化中心。

四是加快推动“17+1”经贸合作示范区建设，推进与友好国家在港航物流、投资贸易、产业科技、人文交流、能源资源等方面的合作，打造"一带一路"建设综合试验区，建成外循环战略门户。进一步拓展中国与中东欧国家合作的广度和深度，打造中东欧对华贸易、投资、人文交流"三个首选之地"。

（三）打造高层次对外贸易新平台，拓展对外经贸合作空间

浙江省打造连通国内外市场的贸易枢纽，打破跨地区商品、要素与信息流动的壁垒，激发市场活力。一是加快浙江自贸试验区建设，打造对外开放新高地和"重要窗口"。推动舟山、宁波、杭州、义乌四大片区联动发展，形成自贸区带动周边辐射区共同发展的新格局。大力发展油气自贸区、数字自贸区、枢纽自贸区。加快建设以油气为核心的大宗商品储备基地、交易中心，打造世界一流的石化产业集群。加快数字自贸区建设，打造数字贸易枢纽，为中国与世界其他国家经贸合作打开新通道。建设高质量的数字贸易综合服务平台，推动跨境电商、直播电商等贸易新业态新模式发展。加快国际航运与内陆国际物流枢纽港建设，打造枢纽自贸区。

二是大力推进互联互通的数字贸易枢纽建设，全力打造数字贸易中心。推动数字贸易示范区、数字物流先行区等重要数字平台建设。大力挖掘外贸增长空间，推动外贸企业、生产性企业、供应链企业拓展跨境电商业务，把产品制造优势与市场优势结合起来，拓展品牌和市场渠道。加快eWTP（世界电子贸易平台）建设和推广，推动中国在数字贸易领域与世界其他国家和地区的合作和对话，通过数字化技术和数字基础设施建设更具包容性和创新性的贸易平台。推动eWTP与更多国家和地区的中小企业合作，通过电商将各地的优质产品向全球消费者推广，构建起传统行业企业与全球消费者的电商直接通道。加大eWTP全球公共服务平台建设，推动跨境包裹仓储、物流、报关、清关等的全流程数字化发展，与各方共同打造一站式国际贸易服务与超级物流枢纽。

三是加快"一带一路"数字枢纽港建设，打造数字经济合作高地。加快杭州"数字丝绸之路"经济合作示范区建设，推动浙江省与"一带一路"国家和地区在数字贸易、数字基础设施建设、大数据利用和智慧城市

建设等领域的合作。加快德清"联合国全球地理信息知识与创新中心"建设，将其打造成全球地理信息汇集和共享的数据信息平台，深化我国与联合国在全球地理信息领域的合作。推动长三角"一带一路"数字经济联盟建设和"全国一体化大数据中心长三角国家枢纽节点"建设，创建国家算力网络中心节点。

三、畅通要素市场流动，打造全球高端要素创新策源地

（一）推进市场化改革，更大激活市场活力

一是进一步破除区域分割和地方保护等不合理限制。在不直接涉及公共安全和人民群众生命健康的领域，推进"一照多址""一证多址"等改革。清理对企业跨区域经营、迁移设置的不合理条件，全面取消没有法律法规依据的要求企业在特定区域注册的规定。探索企业生产经营高频办理的许可证件、资质资格等跨区域互认通用。全面清理涉及地方保护的各类优惠政策，着力破除招标投标、政府采购等领域对外地企业设置的隐性门槛和壁垒。

二是健全更加开放透明、规范高效的市场主体准入和退出机制。持续深化"证照分离"改革，进一步畅通行业准营、退出等全流程通道。加快提升市场主体登记规范化水平，优化前置审批和企业登记办理流程。制定出台上海浦东、长三角区域协同创新放宽市场准入特别措施。完善市场准入效能评估指标，稳步开展市场准入效能评估。探索实行企业休眠制度。完善市场主体退出机制，优化简易注销和普通注销办理程序，建立市场主体强制退出制度。推行破产预重整制度，建立破产重整税费优惠和信贷支持机制。健全司法重整的府院联动机制，提高市场重组、出清的质量和效率。

（二）完善技术要素交易市场，优化资源市场化配置机制

一是完善技术要素市场化配置机制。完善以企业需求为导向、重大应用场景为驱动的科技项目形成机制，提升企业等技术需求方在项目凝练和

设计中的参与度。完善技术类无形资产挂牌交易、公开拍卖与成交信息公示制度，通过市场发现科技成果价值。支持高校院所以科研成果作价入股，健全科技成果评价机制。完善科研人员职务发明成果权益分享机制，赋予科研人员职务成果所有权和不低于十年的长期使用权，完善价值实现机制。完善金融支持创新体系，发挥创投资本先导作用，建立健全科技成果常态化路演制度，推广科技成果市场化定价机制。

二是构建辐射全国、链接全球的技术交易体系。打造网上技术市场3.0版和“浙江拍”品牌，加快建设与网上技术市场功能互补的线下实体技术市场，提升科技成果转移转化效率。加快布局海外技术转移网络节点，共建国际技术转移中心及创新合作中心，加强与国内外重要技术交易节点的互联互通，促进技术要素跨国界、跨区域流动。引育国际技术经理人、国际技术转移机构，构建专业化技术市场服务体系。深入实施首台（套）、首批（次）、首版（次）提升工程，推进新技术新产品新业态示范应用。构建各类创新主体协同，线上线下结合，覆盖全省、服务长三角、辐射全国、链接全球的技术交易体系。

（三）畅通资本、人才要素流动，打造高端要素集聚高地

一是畅通资本要素循环。对接上海国际金融中心建设，深入推进特色化金融业发展布局，高水平建设数字金融先行省和钱塘江金融港湾，提升金融市场服务平台能级和金融机构竞争力，吸引银政保等金融要素资源集聚，加快打造国际一流的金融科技创新高地、国内一流的财富管理高地、跨境资金流动便利化的全球投资避风港。推动金融机构融资扩面增量，提升对民营经济贷款、企业信用贷款比例。积极推动优势企业多渠道上市。支持主业突出的成熟型企业到主板（中小板）上市，成长性强的创新创业企业到创业板上市，支持符合国家战略、突破关键核心技术、具有核心竞争能力的科技型企业到科创板上市。支持符合境外上市条件的优质企业到境外上市，鼓励优质红筹企业回归A股上市，支持符合条件的上市公司分拆子公司在境内外上市。

二是打造具有国际竞争力的人才高地。加大国际人才招引政策支持力

度，健全人才培养、选拔评价、激励保障机制。推动国际人才认定、服务监管部门信息互换互认。在风险可控领域探索建立国际职业资格证书认可清单制度，加强执业行为监管，加大国际化高端技能人才的培养和使用力度。推进人才社区建设，提高国际人才综合服务水平。打破户籍、身份、学历、人事关系等制约，加强人才国际交流合作，促进人才跨地区、跨行业、跨领域顺畅流动。

三是打造面向全球的外商投资新高地。深入实施外资准入前国民待遇加负面清单管理制度，落实好全国和自由贸易试验区外资准入负面清单。完善外商投资促进机制，进一步做好安商稳商、招商引资工作。健全外商投资企业投诉工作机制，保障外商投资合法权益。加强国际对接合作，打造面向全球的综合服务平台，推动对外投资提质增效。

四、推进更高水平协调开放，发展更高层次开放经济

（一）全力推动浙江本土民营跨国公司培育，支持和引导高质量“走出去”

加大力度推进本土民营跨国公司培育行动计划，引导和支持民营跨国公司培育国际经济合作和竞争新优势，深入参与国际分工与合作，重塑对外投资新格局。

一是坚持问题导向、目标导向和需求导向培育民营跨国新主体。重点围绕云计算、大数据、人工智能、数字安防、电子商务等数字经济领域及生物医药、高端医疗器械等生物医疗领域摸清省内竞争力强、品牌影响力大、全球布局力强、占领价值链制高点的公司，据此设计跨国公司培育分布图，确定优先培育主体。

二是高质量开展对外投资合作，引导构建海外布局新态势。鼓励企业开展高质量跨国并购，获取海外稀缺资源、高端要素；支持企业根据产品、行业、区域特点，制定有针对性的品牌战略，培育具有国际竞争力的“浙江品牌”。鼓励和支持企业发挥自身技术、行业优势，以专利技术、高端服务等多种方式开展跨国并购和承接投融资、工程建设、运营服务等项目。

三是开展跨国经营人才引进和培育。依托浙江省境外投资协会等商协会平台建立健全培训机制，联合国际知名院校、专业机构，开展跨国经营人才专业知识和实践技能培训，加强本土人才国际化能力建设。编制重点人才引进需求清单和计划。对标国内国际一线城市人才引进政策和做法，创新人才薪酬、子女教育、住房福利等政策，加大人才吸引力度。搭建民营企业与海归企业国际化人才合作引进和培养平台，组团赴海外招聘人才，支持和帮助民营企业进行全球人才招聘，对高层次人才引进给予一定的资金补贴。

（二）加快国际合作平台建设，增强国际竞争合作新优势

一是设立跨国并购重组服务平台。支持高标准规划建设集信息、项目、资本、人才、服务和空间于一体的跨国并购重组服务区，有效服务企业境内外并购重组。大力推动健康医疗、5G、人工智能、大数据、跨境电商、数字经济等高技术产业和新兴产业的跨国并购，形成“以我为主导”的全球研发创新体系和供应链体系。在传统产业领域，更要注重基于产业链的海外并购，使得企业朝着更加健康、理性的方向发展。

二是加强境外投资中介服务机构建设。健全境外投资政策和服务体系，发挥境外投资服务联盟作用，深入开展“丝路护航”行动。推动资产评估、法律服务、会计服务等生产性服务业国际化发展，加大对境外投资合作的信用保险支持力度。创新发展对外承包工程，鼓励联盟拓市和投建营一体化，积极参与第三方市场合作，带动装备、技术、标准和服务“走出去”。鼓励本土咨询机构与国际机构联合为企业提供信息咨询和风险保障服务；加强国际税收政策辅导、外汇政策咨询和服务，帮助企业做好税收风险识别、预警和税收优惠待遇落实，指导企业充分利用跨境资金池和跨境投融资便利化政策，提高跨境资金使用效率，规避汇率风险，切实降低财务成本。充分发挥进出口商会等服务机构的协调和指导作用，为企业提供国际市场信息，促进中外企业信息交流和项目对接，协助企业开拓国际市场、应对国际纠纷、促进国内国际标准制定。

三是加强金融创新，提升金融服务水平。推动政银保企合作、产融合作，加大对境外投资信贷支持力度。完善与政策性金融机构、商业银行的定期对接机制，加强企业跨国并购稀缺资源、高端要素的金融支持，为企业重点合作项目提供充足的金融支持。鼓励企业用好境内外资本市场筹集资金开展跨国经营。支持符合条件的企业和金融机构在境内外金融市场发行股票、债券募集所需资金。加强与境外金融机构的金融监管合作，及时进行跨境金融信息交流互换、技术协助等规范数字技术应用带来的跨境金融服务开放，及时完善和优化跨境金融服务监管政策。创新并购融资产品，针对重组兼并的企业，通过贷款期限、还款方式等综合金融服务创新，降低企业融资成本。

四是建立企业海外知识产权纠纷应对指导机制。依托现有的技术资源、人才队伍等优势，建立与国家知识产权指导中心的资源共享、信息报送、协调联动和培训指导机制，提高浙江企业知识产权风险防控意识和纠纷应对能力。

（三）打造多元开放经贸和人文合作平台

一是建立健全对外文化交流合作机制。创新对外传播、文化交流、文化贸易方式，加强经常性对外交流。深化发展国际友好交流城市，深入挖掘友城资源，拓展合作的深度和广度。加强政策支持、信息服务和平台建设，打造和输出一批现当代文学艺术、出版、影视、戏曲、动漫游戏、数字内容、创意设计等文化精品。支持重点文化企业参与国际展会，开拓海外文化市场。加快建设具有国际水平的音乐厅、美术馆、书画院，培育引进国际一流演艺经纪公司，策划举办一批具有国际影响的音乐节、舞蹈节、电视节、旅游节等重大文化活动。大力支持国际人文交流体验周、“一带一路”人文交流青年论坛、“一带一路”国家和地区展、亚洲文明交流与互鉴高端论坛、国际经贸代表团浙江行、浙江省国际友城媒体合作传播论坛等活动的发展，加强与联合国教科文组织、国际知名智库等机构对接，建设具有重要影响的非政府国际文化交流平台。

二是打造高水平的国际经贸合作与交流平台。大力支持中国—中东欧国家博览会暨国际消费品博览会、中国浙江投资贸易洽谈会等的开展，将其打造成为每年一次的浙江对外经贸交流活动的盛会。大力发展浙江国际进口商品海淘汇，汇聚世界各地优质商品，引进国际著名品牌，推动国际精品进口，打造高品质美好生活。大力支持浙江全球数字贸易博览会的开展，将其打造成以数字贸易为主题的国家级国际性展会，增进各国和地区在数字贸易领域的合作与交流。大力支持浙江—非洲共建“一带一路”“经贸合作对接会”“中东欧博览会”“中国（浙江）—南非（东开普省）经贸交流论坛”等经贸活动发展，推动浙江与这些国家和地区在港口物流、跨境电商、投资促进、数字经济、智慧城市和人文旅游等领域的交流与合作。

三是搭建海外华商贸易投资平台。依托浙江丰富的海外华侨资源，聚焦战略性新兴产业、传统产业高端化和高成长性服务业，引导世界华商参与“一带一路”建设，吸引侨商参与、促进沿线重要基础设施、产业园区等合作项目建设。着力拓展侨务引资引智，主动对接重点侨商，邀请侨商来浙江考察投资，加速推进世界华商回归，引进高端企业和高新技术项目。

四是积极争取国际组织总部落户。争取联合国相关机构和有关国际组织入驻浙江或设立办事处等机构。积极竞争新兴领域的国际组织总部，以“两山”理论的发源地和国家绿色金融改革创新试验区之一的城市影响力，争取气候变化领域的国际组织总部入驻。利用杭州作为电子商务之都，争取国家层面创设电子商务领域的国际组织落户。

五是深化国际教育合作。开展新一轮市校合作，推进市政府与浙江大学、中国美院的国际合作办学。大力支持“一带一路‘丝路学院’”建设。支持民办西湖大学等国际一流研究型高校建设。积极推进“一带一路”重要城市建立高等教育交流机制和平台。推进“一带一路”教育合作办学创新，探索境外办学和援外培训新模式，推进有合作基础、具备相同专业背景的学校组建联盟，延展教育务实合作平台。

六是实施医疗服务国际化行动计划。依托现有省、市重点医院，鼓励和支持民营医疗机构参与，引入国际知名医疗服务机构和国际化医院管理团队，合作建设国际性医院，做好与国际医疗保险机构费用结算等服务工作。深化中西医临床医疗领域合作，促进公共卫生领域的国际化合作。发挥杭州、丽水等地人文环境优势，推动国际疗修养产业发展。

（四）加快贸易领域规则、管理和标准国际化

发展更高层次的开放型经济，创新贸易政策措施，对标国际先进规则和标准，挖掘政策潜力，释放政策效应。

一是持续提升贸易便利化水平。建立健全长三角区域内直属海关一体协同工作机制，深化货物转运、查验、保税监管等领域一体化改革。深化国际贸易“单一窗口”建设，推动“单一窗口”服务功能由口岸通关向口岸物流、贸易服务等全链条拓展。推进铁路、公路、水路、航空等环节信息对接共享，提升多式联运便利化水平。优化海关查验作业模式，巩固和扩大真空包装等高新技术货物一体化布控查验模式试点。推广出口信贷、信用保险等政策应用。深化货运领域“放管服”改革，优化许可办理手续及流程，推广电子运输证，实现长三角货运企业、人员资质资格互查互认。

二是深化服务贸易创新发展试点。持续深入推进杭州、宁波国家服务业综合改革试点工作，在全省范围内推广成功试点经验；推动服务业重点领域改革，分类放宽服务业准入限制，促进浙江省服务业规模和结构调整优化。加强外贸服务体系建设，充分发挥出口信贷和出口信用保险作用，扩大政策性出口信用保险覆盖面。推动服务外包转型升级，建设中国服务外包示范城市，高水平办好中国国际服务外包交易博览会。

三是探索贸易纠纷解决应对机制。探索建立中国式 337 调查①、技术性贸易壁垒等贸易摩擦应对工作机制。深化对外经贸法律服务，建立了精准贸易救济工作体系。建立跨境电子商务法律调解机制，探索新型国际仲裁和纠纷解决机制。落实实体清单等出口管制制度，切实维护产业安全。

---

① 377 调查，是指美国国际贸易委员会根据美国《1930 年关税法》第 337 节及相关修正案进行调查。

高质量利用双、多边自由贸易协定，针对 RCEP 展开研究分析，开展专项培训，健全经济联系网络，探索打造 RCEP 地方开放型经济合作试验区，并加强与美国、德国、日本等的经贸往来，不断深化浙非双边合作机制。

四是完善新型国际贸易流量、存量统计监测指标体系。探索建立全口径、多方式、多维度统计监测模式，形成适应新型贸易特征的数据统计制度。对商品交易、物流、通关、金融支付等进行数据处理和分析研判，定期发布相关数据统计分析报告，为企业、政府提供决策咨询服务。

五是探索贸易新业态新模式的规则制定。依托贸易新业态新模式创新能力强的优势，以模式创新促进规则孵化、以规则创新促进模式发展，形成模式创新与规则创新“双轮驱动”的规则孵化机制。建设跨部门、跨学科、跨领域高层次研究机构，加强新型贸易领域贸易规则等重大课题系统性、基础性研究，形成一批重大改革举措建议和重大支撑需求项目实施方案。依托数字贸易服务发展，探索数字经济领域国际规则。

第四章　产业高质量发展推动省域现代化先行

第一节　产业高质量发展与省域现代化的逻辑关系

一、产业高质量发展的内涵与特征

产业高质量发展是中国式现代化的重要组成部分，是工业体系健全发展的第一要务。不同的视角，产业高质量发展的内涵不同。从发展变革看，产业高质量发展是产业质量变革、效率变革和动力变革的统一，是产业发展质量型、效益型和创新型内在规定的体现。于发展模式而言，产业高质量发展是由传统的粗放式、外延式发展向现代的集约式、内涵式发展转变。产业高质量发展更注重产业组织合理、产业集群推进、产业转型升级、产业核心竞争力增强，各类产业逐渐形成产业链、创新链、供应链、人才链、政策链等协同发展的“市场命运共同体”。从发展方向说，产业高质量发展需要从原有规模速度竞争向质量效益竞争方向转变，即原有的追求规模扩张或数量增长的模式已不能适应新发展阶段产业面临的风险和挑战，不断提升产业效益和高质量发展是新时代产业变革和转型的主题。

结合浙江省实际，从创新驱动发展模式理解，产业高质量发展的内涵可以从以下方面深刻认识：第一，创新是产业高质量发展的第一动力，是产业现代化提升的战略支撑。当前，浙江省产业创新能力还未完全适应高质量发展要求，产业体系尤其是战略性新兴产业、未来产业等还存在短板和弱项，高质量创新型科研机构、管理和经营人才短缺。过去五年，尽管浙江省在国家实验室、大科学装置和省实验室等科创高地构建取得重大发展，但具有全球影响力的科创高地、创新策源地、世界重要人才中心和创新高地等着力点仍须加快建设步伐。

第二，深入推进“两链”融合。创新链产业链深度融合是产业高质量发展的前提，先进制造业与现代服务业深度融合是产业高质量发展的基础。产业链与创新链的融合不仅是落实国家一系列大力推动产业链和创新链融合的政策，也对提升浙江省产业自主创新能力和核心技术攻关具有重要的现实意义与战略价值。

第三，推动“两业”深入融合。先进制造业和现代服务业是增强制造业核心竞争力、培育现代产业体系、实现产业高质量发展的重要途径，是做强做优生产性服务业，培育服务业新形态的模式需要。当前，浙江省“两业”融合发展的范围、程度皆不够深入，支撑引领产业高质量发展的作用还十分有限。在中国式现代化省域实践的关键当口，深刻把握产业融合的规律和趋势，围绕“两业”重点行业和领域，积极探索融合发展路径，对实现制造业高质量发展和服务业提质增效升级具有重要意义。

二、产业高质量发展为省域现代化提供战略支撑

习近平总书记《在十八届中央政治局第九次集体学习时的讲话》明确指出，中国式现代化是工业化、信息化、城镇化、农业现代化叠加发展的“并联式”现代化。可以看出，中国式现代化是具有鲜明工业指向的现代化，促进产业高质量发展是实现中国式现代化的关键支撑。工业化是现代化的必由之路，顺应我国工业化发展规律，因势利导对产业转型升级、产业高质量发展进行统筹极为重要。在以产业高质量发展推进中国式现代化的进程中，建设浙江特色现代化产业体系是省域现代化得以实践的基础，原因有以下两方面：

第一，探索“三链融通”的产业高质量发展模式是新发展阶段产业体系现代化先行的主题。“三链融通”即产业链、创新链和政策链的融通是新发展阶段构建使命导向的产业高质量发展模式的重要内容，也是产业体

系现代化先行的主题要求。新发展阶段，实现产业创新驱动发展是美国“小院高墙”科技封锁战略背景下的新要求、新挑战，是产业体系现代化建设的基础和条件。当前，全球产业链的竞争是国际资源竞争的主题，而科技水平、成本高低等对产业链具有直接影响，这种压力和挑战需要转换为产业体系现代化水平提升的机遇，也是“三链融通”导向性要求。“要以培养具有核心竞争力的主导产业为主攻方向，围绕产业链部署创新链，发展科技含量高、市场竞争力强、带动作用大、经济效益好的战略性新兴产业，把科技创新真正落到产业发展上。”构建产业高质量发展体制机制切实打通产业链、创新链、政策链，发挥“有形的手”与“无形的手”双配合，合理分配政府、市场、企业、社会等各方面资源，实现浙江省“三链融通”的运作机制。充分发挥浙江省先进制造业龙头企业、头部企业、科技领军企业、省制造业创新中心、国家实验室、新型研发机构催化剂、黏合器和创新引擎作用，完善省域现代化和产业现代化体系导向并重、以重大应用场景为驱动、以创新成果高质量转化为目标的科技项目形成机制，建立浙江省产业链、创新链、政策链融通机制，强化产业化导向和关键核心技术攻关形成机制，是新发展阶段产业体系现代化的重要内容，更是产业高质量发展的必然要求。

第二，产业科技先行现代化是构建省域现代化的重要目标。省域现代化是中国式现代化在浙江省的具体实现，是根据浙江省发展实际、环境、条件变化，特别是基于浙江省比较优势变化，审时度势推进中国式现代化的重要实践。当前，跟跑、并跑、领跑构成“三跑并存”格局对我国产业高质量发展引发新的挑战和要求，而中国式现代化的省域实践同样受“三跑并存”的影响。浙江省致力于打造人工智能、网络通信、工业互联网、高端软件、集成电路、区块链等战略性产业，这是建设浙江特色现代化产业体系的重要内容，同时也是实现浙江省科技创新量质齐升的关键。全方位、全链条推进质量强省，加强数字关键核心技术攻关等产业高质量发展目标的实现需要产业科技先行现代化。当前，浙江省区域创新能力已上升到全国第 4 位，且十大省实验室和十大省技术创新中心已完成布局，全社会研发投入强度提高了0.58个百分点，这表明浙江省创新能力得到大幅提升，但这与产业科技现代化提升、现代化产业体系建构的要求还有差距。省域现代化先行的重要内容是产业科技先行现代化，产业科技先行现代化需要正确面对“三跑并存”引发的关键环节卡脖子问题。从资源配置方式看，政府可以根据“跟跑、并跑、领跑”的不同领域，构建不同的创新组织模式和运行机制。针对“跟跑”领域的产业，构建龙头企业基于架构创新与数字技术平台主导的创新模式；针对“并跑、领跑”领域产业，重视产业前端的从0到1的科技成果转化和从1到N的科技成果产业化两个方面，构建以“基础研究型”新型研发机构、头部企业或“产业引领型”研发机构为主导的产业科技先行现代化体制机制。这是贯彻落实习近平新时代中国特色社会主义思想和党的二十大精神的重大举措，也是中国式现代化浙江实践的重要方面。

三、“八八战略”引领省域现代化下产业高质量发展的内在要求

习近平总书记于2023年9月20—21日在浙江考察时指出：“持续推动‘八八战略’走深走实，始终干在实处、走在前列、勇立潮头，奋力谱写中国式现代化浙江新篇章。”可见，在“八八战略”的引领下，践行中国式现代化省域实践是浙江省产业高质量发展的战略指引；中国式现代化省域实践是高标准确保浙江实现产业高质量发展的目标任务，是进一步遵循和贯彻“八八战略”的内在要求。作为“八八战略”统筹产业发展的一项重要内容，“加快先进制造业基地建设，走新型工业化道路”精准把握了产业发展演进规律和信息化机遇，描绘了浙江省促进产业结构优化、产业转型升级的方向。浙江省在认真贯彻“八八战略”精神的同时，结合浙江省区位优势和体制机制优势，加大举措、力度发展浙江省产业。

创新驱动助力打造全球先进制造业基地。“十四五”时期是我国新兴产业发展的关键时期，加快做大做强新兴产业及关键核心技术攻关是推动新兴产业发展的重要力量，是提升我国产业链在全球链条中竞争力的重要

抓手。浙江省积极布局，多措并举加快发展智能制造，提升产业高质量发展。第一，大力推进科技创新。浙江省加强顶层设计和指导，围绕“互联网+”科创高地、生命健康科创高地、新材料科创高地实施重大科研平台设施建设工程，推进研发型企业建设如新增创新型领军企业、高新技术企业和科技型中小企业。第二，加大科技人才布局力度。浙江省力争打造科技强省、人才强省建设，围绕着科技、人才等要素提出重大科创平台提能造峰、关键核心技术攻坚突破、创新链产业链深度融合、战略人才力量集聚提质、全域创新能级跨越提升、开放创新生态深化打造等六大行动，这是创新驱动战略重要实践。第三，多市联动，提升全域创新能级。浙江省11个市各有产业特色与专长，为实现区域与区域间“1+1>2”的协同效应，浙江省实施科技特派员，一廊引领、多廊融通等制度，打造各具特色的科创高地，提高区域创新能级。可见，创新深化是浙江省域现代化下产业高质量发展的战略核心。浙江省在“八八战略”指引下，不断强化顶层设计和引导，致力于打造全球先进制造业基地，助力省域产业高质量发展。

坚定不移践行“八八战略”，夯实产业基础。浙江省以“八八战略”作为新时代新征程的重要载体和抓手，多措并举不断夯实产业基础。第一，完善智能制造相关标准和服务。浙江省制定实施了《中国制造2025浙江行动纲要》《浙江省工业信息工程产业技术创新综合试点方案》等，相关政策或方案为制造业的智能转型保驾护航。第二，开展智能制造试点示范项目。浙江省在工信部、财政部等国家有关部委大力支持下，组织有发展潜力的企业实施国家级试点示范项目，并积极开展省级智能制造示范区，引导企业在设计、研发、制造、管理、销售等环节提升智能化水平。第三，整合创新资源。成立之江实验室、新型研发机构等研发机构，增大政府、产学研平台和企业的研发供给，提高政、产、学、研、用参与主体协作水平。此外，大力培育新一代信息技术、高端装备、新能源、新材料等战略性新兴产业和未来产业，多角度、多维度夯实产业基础，在“八八战略”真理光芒的普照下，产业基础再造和产业链提升取得重大进展。

全力推动数字经济积厚成势，助推现代产业体系建设。浙江省忠实践行“八八战略”，党的十八大以来，浙江省以习近平总书记关于数字经济重要论述为宗旨，全力推动全省数字经济发展。第一，加快布局数字基础设施，提升数字产业占比。浙江省大力实施数字经济“一号发展工程”，推进5G建设和应用，并在工业互联网、医疗健康等重点领域加以应用，提升数字产业规模。第二，加强数字关键核心技术攻关。以数字经济为核心，依托“尖峰、尖兵、领航、领雁”等计划，做大数字安防、集成电路等产业，促进数字经济核心产业集群化发展。第三，推进数字经济和实体经济深度融合。浙江省重视新一代数字技术与制造业融合发展，如积极培育“1+N”工业互联网平台体系、推广“上云用数赋智”集成应用、建设数字化车间、推进产业集群新智造试点工作等构建新智造体系，把发展的着力点放在实体经济上，致力于实体经济打造为“产业大脑+未来工厂”模式，积极打造先进产业群、千亿级特色产业集群、百亿级新星产业集群，实现产业高质量发展。

综上，浙江省忠实践行“八八战略”，奋力推进中国式现代化省域先行下实现产业高质量发展。以“八八战略”为理论指引，以产业高质量发展为实践，浙江省“干在实处、勇立潮头”，实现省域现代化先行。

第二节　产业高质量发展推动省域现代化的实践基础

浙江始终坚持以“八八战略”为总纲，做到一张蓝图绘到底。历届浙江省委在“八八战略”的引领下，一任接着一任干，持续深入实施“八八战略”，在产业高质量发展推动省域现代化先行等方面积极探索，在科技创新驱动和数字经济赋能等方面取得了显著成就，彰显了“八八战略”的理论价值和实践力量。

一、深化“亩均论英雄”改革，传统产业持续转型升级

习近平总书记为传统制造业转型升级指明方向和路径，“传统制造业

是现代化产业体系的基底，要加快数字化转型，推广先进适用技术，着力提升高端化、智能化、绿色化水平”。作为浙江经济的基本盘，多年来，浙江始终坚持推动传统产业改造提升，全力塑造传统制造业的浙江优势。浙江传统制造业转型升级态势愈发明显，并且成为全国唯一的国家传统制造业改造升级示范区，为中国传统产业转型升级的路径探索提供了浙江实践和引领示范作用，为浙江省域现代化先行提供了坚实的产业基础。

为推动传统产业转型升级，过去二十年，浙江历届省委省政府始终抓住调整经济结构这一经济发展的主线，在转变发展方式方面进行了一系列重大部署。

以“腾笼换鸟、凤凰涅槃”为关键招数，坚持不懈实施“亩均论英雄”改革，正向激励和反向倒逼双管齐下，推动产业高端化、发展高端化。早在2004年，时任浙江省委书记的习近平同志就在全省经济工作会议上明确指出，要破解浙江发展瓶颈，必须切实转变经济发展方式，实施“腾笼换鸟”。2017—2018年，浙江省人民政府先后印发了《浙江省全面改造提升传统制造业行动计划（2017—2020年）》《浙江省加快传统制造业改造提升行动计划（2018—2022年）》，将传统产业改造提升工作列为全省重点工作任务，并明确聚焦于纺织、服装、皮革、化工等10个领域，以消费品制造业领域、原材料制造业领域、机械装备及零部件制造业领域为重点发展方向，通过创新升级路径、整合优化路径、强链补链路径、有序退出路径4条路径，力争通过数字化转型工程、绿色化转型工程、品质化转型工程、资本化转型工程和集群化转型工程实现传统制造业在国际产业分工和价值链中的地位显著提升，重点传统制造业发展质量和效益总体达到国内先进水平、研发投入和研发产出水平明显提高、“两化”融合水平全国领先、绿色制造水平明显提升，建成全国传统制造业转型升级示范区。

2018年起，浙江出台了“进一步深化‘亩均论英雄’改革工作要点”“浙江省亩均效益领跑者行动工作方案”等系列文件。指出要围绕碳达峰碳中和等重大任务，以数字化改革为牵引，精准开展亩均效益综合评价，促进资源要素优化配置，引导资源要素向优质领域、优质企业集中，进一步增创“市场有效、政府有为、企业有利、百姓受益”的体制机制新优势。在优化亩均效益综合评价体系、优化资源要素差别化配置、加快促进企业提质增效三方面部署了重点任务，从数据交换共享、数字赋能、组织实施等方面加强了进一步深化“亩均论英雄”改革的工作保障。

2021 年，出台了《浙江省新一轮制造业“腾笼换鸟、凤凰涅槃”攻坚行动方案（2021—2023 年）》，围绕深化数字化改革和“亩均论英雄”改革、坚定不移推进能耗“双控”、加快产业结构调整等方面作出了部署。力求通过坚定实施淘汰落后攻坚行动、创新强工攻坚行动、招大引强攻坚行动、质量提升攻坚行动四大任务，通过加大财税政策和金融支持力度、强化工业用地集约利用、优化能耗碳耗资源配置等手段加强政策保障，全力推动碳达峰碳中和系统性变革，推动制造业质量变革、效率变革、动力变革，促使浙江制造业高端化、数字化、绿色化发展处于全国领先地位。

2022 年，出台了《2022 年传统制造业改造提升工作要点》，提出要加快全省传统制造业转型升级发展，全力建设国家传统制造业改造升级示范区。将深入实施数字化转型工程、服务化转型工程、集群化转型工程、品质化转型工程、绿色化转型工程和产业链提升工程列为重点任务，力争促进浙江省传统制造业发展质量、竞争能力、现代化水平居全国前列，改造提升示范引领作用进一步增强。

浙江传统产业体系比较完整，专业市场较为发达，产业规模持续扩大，空间集聚效应明显，为省域现代化提供了良好的工业基础。

改革开放以来，浙江传统制造业快速发展，目前已经形成了门类相对齐全、较为完备的工业体系，建成了一批全国知名大型专业市场。2022 年，浙江传统制造业涵盖 337 个小类行业。其中，轻工业较为发达，已经建成完善的产业链体系，纺织服装等行业的产业链规模和服务质量都达到了国内一流水准。重工业体系较为完整，涵盖了 41 个行业大类，202 个行业中类，648 个行业小类。纺织、服装、家具等轻工业在传统产业中的占比逐渐下降，化工、非金属矿物制品等重工业占比逐渐上升。义乌中国小商品城、海宁皮革城等专业市场辐射力强，262 家商品市场年成交额超十亿元，41家年成交额超百亿元、2家年成交额超千亿元。此外，有33家商品市场入选中国社会科学院发布的“2022年中国商品市场综合百强榜单”，6家商品市场入选“中国商品市场十大数字化领跑者榜单”。2022年，全省各类商品交易市场成交额达2.1万亿元[①]。

作为浙江的支柱产业，传统产业规模持续扩大，在稳增长、稳外贸、稳就业等方面发挥重要作用。2022年，纺织、服装、皮革、造纸、化工、化纤、橡胶塑料制品、非金属矿物制品、有色金属加工、农副食品加工、家具及竹木制品、文体用品、金属制品、泵阀轴承、汽车零部件、低压电气、家用电器17个传统制造业的增加值总额为1.77万亿元，占GDP的比重为22.8%，占全省规模以上企业的59.1%，占制造业的比重为63.4%。此外，传统制造业出口交货值、销售产值、平均用工人数分别占全省规模以上企业的60.7%、62.1%和65.4%。2018—2022年，传统制造业企业数由3.0万家增加至3.9万家，年均增长率为6.8%，增加值由9150.1亿元提高至12943.9亿元，年均增长率为9.1%，营业收入由46510.5亿元提高至67127.3亿元，年均增长率为9.6%，平均用工人数由460.3万人增加至484.2万人，年均增长率为9.6%。

浙江省块状经济在产业集聚方面表现突出，形成了服装鞋帽制造业、塑料制品业、金属制品业等多个产业集群。集群内的企业通过共享资源、降低成本、提高效率等方式，实现了快速发展。通过集聚大量的相关企业，这些产业形成了完整的产业链和供应链，提高了生产效率和产品质量，通过积极引进新技术、新设备、新工艺，推动了相关产业的升级和转型，提高了产业的竞争力和可持续发展能力。例如，绍兴、宁波等多个地区形成了以纺织业为主的产业集群；温州、台州等多个地区形成了以电气机械及器材制造业为主的产业集群，其中，柯桥区的纺织、海宁的皮革、嘉兴的茧丝绸、镇海区的化工、安吉县的家具竹木、宁海县的文体用品、慈溪市的汽车零部件和家用电器等都是行业翘楚。2022年，75个县区的传

① 如未特殊说明，本节所用数据均来源于浙江省统计局。

统制造业总产值超过百亿元，占全省县区总数的83.3%，18个县区总产值超千亿元，占全省县区总数的20.0%。总产值规模前五的县区占比合计超过50%的产业有化工产业、化纤产业、家用电器产业、皮革产业和纺织产业，占比分别为70.9%、62%、61.5%、52.8%和51.5%，总产值规模最大县区占比超过20%的产业有汽车零部件产业、家用电器产业、化工产业，占比分别为25.0%、24.9%、24.5%。

浙江传统产业不断改造提升，产业结构持续优化，劳动效率大幅提高，建成了全国唯一的传统制造业改造升级示范区。

浙江省的传统产业通过引进新技术、新设备、新工艺等方式，加快了产业转型升级的步伐，形成了显著优势和坚实基础，通过产业集聚和产业链整合，形成了多个产业集群，实现了产业链的协同发展，通过积极推动"走出去"战略，拓展国际市场，为传统产业的升级和发展提供了更广阔的空间。大量传统产业企业实现了从传统制造向智能制造、服务型制造的转变，提高了生产效率和产品质量，在全球价值链的地位明显提升，通过共享资源、降低成本、提高效率等方式实现了互利共赢，通过不断加强品牌建设、提高产品质量和服务水平等方式提高了市场占有率和竞争力，品牌建设取得显著成效。

数字赋能传统产业转型，制造业数字化、网络化、智能化水平提升。2021年，规模以上传统制造业企业信息化投入109.9亿元，占营业收入的比重为0.176%，每百名员工拥有计算机27.0台，购销存管理环节企业信息化普及率为58.6%，生产制造管理环节和物流配送管理环节信息化的普及率分别43.4%和16.3%，高新技术产业增加值比重为52.0%，相较于2018年均有所提升。汽车零部件、纺织、皮革等细分行业的研发费用占营业收入的比例和新产品产值率逐年提高。2018—2022年传统制造业全员劳动生产率由19.8万元/人增加至26.7万元/人，年均增长率为10.5%。

浙江传统产业在创新能力提升方面取得了显著的效果，通过加大技术研发投入、加强产学研合作、加强人才培养和引进等措施，提高了企业的技术水平和创新能力，为产业的升级和转型提供了有力支持。传统产业不断扩大研发投入，2022 年浙江传统制造业的研发费用为 1736.9 亿元，占制造业的比重为 55.8%，相较于 2019 年投入的 999.2 亿元显著提升，年均增长率高达 20.2%，生产技术持续更新换代，提高了生产效率和产品质量，同时也为产业的升级和转型提供了技术支持。许多企业通过加强技术研发和创新，提高了产品的技术含量和附加值。此外，在产学研合作方面也取得了显著进展。许多企业与高校、科研机构等建立了紧密的合作关系，共同开展技术研发和创新，不仅提高了企业的技术创新能力，也为高校和科研机构提供了实践平台，实现了产学研的良性互动。通过积极引进高层次人才和创新团队，加强职业教育和培训，提高员工的技能水平和综合素质，为企业技术创新提供了有力的人才保障。

传统产业结构持续优化，高污染、高耗能、低附加值的部分逐渐减少，而高新技术产业、战略性新兴产业等高附加值、高技术含量的产业得到了快速发展。积极利用推广清洁生产、节能减排等技术，加强环保治理和资源循环利用，提高了资源利用效率，降低传统产业的能耗和排放，绿色发展成效显著，实现了经济效益和环境效益的双赢。基础工业、重工业、高技术产业、战略性型新产业等产业的比重持续上升。2018—2022 年，原材料制造行业增加值占规模以上传统制造业的比重由 23.0% 增长至 25.7%，消费品制造行业增加值比重为由 18.3% 增长至 23.0%，规模以上装备制造业占比上升至 48.3%，年均增长 10.4%。2022 年重工业比重为 69.6%，比 2004 年上升了 15.6 个百分点。排名前五的行业已经由纺织、服装、皮革、塑料等转变为电气机械、计算机通信电子、化学原料（8.6%）、通用设备和汽车。

二、强化创新驱动，创新实力稳居第一方阵

“浙江要在以科技创新塑造发展新优势上走在前列”，是习近平总书记 2023 年 9 月在浙江考察时提出的最新要求。早在 20 年前，时任浙江省委书记习近平同志在“八八战略”重大部署中就明确强调，要积极推进科教兴省、人才强省，在“八八战略”的引领下，浙江省委、省政府深刻理解

和把握科技创新是推进中国式现代化的核心支撑，率先探索创新驱动引领经济高质量发展的路径，带动全省科技综合实力、区域创新能力和公众科学素质显著提升，为浙江省域现代化先行提供了强劲动力。

自进入21世纪以来，浙江省委、省政府在科技创新工作方面作出了一系列重大决策部署。2006年，全省自主创新大会时提出要用15年时间成为创新型省份和基本建成科技强省的战略目标，明确提出到2022年研发投入强度提高到2.5%以上、科技进步贡献率达到65%以上等目标。2013年，省委十三届三次全会讨论了全面实施创新驱动发展战略、加快建设创新型省份等重大问题，并作出了《全面实施创新驱动发展战略加快建设创新型省份的决定》，明确提出了实施创新驱动发展战略的总体要求、目标任务和工作举措，提出要坚持以优化产业结构为主攻方向，以企业为主体，以创新平台为载体，以人才为根本，坚持以深化改革开放促创新。2017年，省第十四次党代会提出在工作中要突出改革强省、创新强省、开放强省、人才强省，使创新真正成为浙江发展最鲜明的时代特征，在全球视野推动科技创新、大力推进杭州城西科创大走廊等科创平台建设、瞄准科技前沿抢占产业发展制高点、发挥好高校的重要支撑作用等方面提出了深入实施创新驱动发展战略的任务。

2021年，制定了《浙江省中长期科技创新战略规划》，提出中长期科技创新目标：到2025年成为全国有影响力的科技创新中心，到2030年成为长三角创新发展新一极，到2035年成为“中国创新之窗”，并指出要通过打造企业创新联合体、构建重大科技基础设施群等途径打造战略科技力量，在加强前沿基础研究、强化三大领域科技引领、强化四大优势产业关键技术攻关等方面增强高质量科技供给，通过建设高能级创新载体、培育创新型企业、打造创新型产业集群等方面提升企业创新能力，通过完善技术要素市场配置机制、建设全球技术转移枢纽等方面促进科技成果产业化，通过科技引领绿色低碳发展等推进创新驱动美丽幸福浙江建设，通过培育世界级创新型湾区、加强全省域创新协同联动等方面构筑全域创新共同体，通过引育国际高端创新人才、造就青年科技人才队伍等方面建成全球创新人才蓄水池，通过推进科技创新体制改革、强化知识产权高效运用和保护等打造最优科技创新生态。

2023 年，全省创新深化大会提出要努力探索新型举国体制浙江路径，加快打造高水平创新型省份，持续推动以科技创新为核心的全面创新，奋力在以科技创新塑造发展新优势上走在前列。未来要着眼新起点新优势，在创新深化上再出实招真招硬招，以关键共性技术、颠覆性技术等技术创新为突破口，以“315”科技创新体系建设工程“六大行动”为重要抓手，进一步明确目标任务，塑造教育科技人才高校贯通新优势、科创体系新优势、企业主体活力新优势、产业创新新优势、创新生态新优势，始终保持推进创新深化的战略定力。此外，为加快建设高水平创新型省份和科技强省，提升企业科技创新能力，充分发挥科技创新在推动高质量发展和加快现代化建设进程中的重要战略支撑作用，浙江省政府还出台了《浙江省“315”科技创新体系建设工程实施方案（2023—2027 年）的通知》《关于强化企业科技创新主体地位加快科技企业高质量发展的实施意见（2023—2027 年)》《推动高质量发展建设共同富裕示范区科技创新行动方案》等一系列政策。

通过全省上下的共同努力，浙江省科技创新实现了质的飞跃和系统能力的整体提升，已经迈入创新型省份行列。2022 年浙江区域创新能力排在全国第 4 位，企业技术创新能力和知识创造居全国第 3 位，创新绩效和创新环境居全国第 4 位，创新能力稳居第一方阵①。在创新潜力方面，浙江创新发展速度跃居第 1 位。在创新实力方面，浙江拥有的科技投入、专利数量等创新资源居第 3 位。在创新效率方面，浙江单位创新投入产生的论文或专利数量排第 5 位。在一些基础指标方面，发明专利授权数和科技企业孵化器孵化基金总额较上年分别增长 21. 49% 和 112. 43% ，全国排名第 1；政府研发投入和教育经费支出增长率分别为 21. 69% 和 13. 09，全国排名第 2。

① 中国科技发展战略研究小组. 中国区域创新能力评价报告 2022[M]. 北京:科学技术文献出版社,2022.

浙江省不断整合科技创新力量和优势资源，研发投入保持较快增长，经费结构持续合理。浙江初步形成了以之江、西湖、甬江等十大省实验室为龙头，以高水平研究型大学为基础研究的主力军和重大科技突破的生力军，以一流科研院所、重点新型研发机构、省技术创新中心和科技领军企业为重点，以量大面广的高新技术企业、科技型中小企业为主力军的科技力量体系。共布局建设省级重点企业研究院252家、省级企业研究院1387家，涌现出阿里巴巴、海康威视、贝达药业等一大批领军型科技企业，万向研究院、吉利汽车研究院、阿里达摩院、华为浙江研究院等一批领军型企业科研机构迅速发展壮大；全省独角兽企业达24家、估值达3057.33亿美元，分别居全国第4位和第2位。以引进大院名校共建创新载体为核心的资源集聚模式日趋成熟，累计引进共建高层次创新载体近1000家，完善清华长三角研究院、中科院宁波材料所等创新载体支持机制，新引进培育西湖大学、北航杭州创新研究院、中科院浙江肿瘤与基础医学研究所、天津大学浙江研究院等一批尖精特新型研发机构。

2003—2022年全省R&D经费投入和R&D投入强度呈高速增长趋势，上年R&D经费投入为2416.77亿元，同比增长12.01%，是样本期初的31倍，R&D经费占全省生产总值占比由0.80%增长到3.11%①，显著高于全国平均水平，标志着科技强省建设取得重大突破（见图4－1）。2022年全省研究与试验发展人员数为64.23万人，是2003年的13倍，年均增长14.43%。具体地，2022年规模以上工业研发费用达3159.31亿元，占营业收入的比重为2.93%，其中有R&D活动的企业数为24871个，R&D经费支出1768.06亿元，R&D人员投入51.92万人。高新技术企业3.6万家；科技型中小企业9.8万家。在研发经费来源方面，企业研发经费投入占比由2003年的74.20%增长到88.03%，进一步强化了企业在创新中的主体地位。政府研发经费投入持续增长，表现出良好的引导作用，研究机构和高等院校的创新活力被充分激发。基础研究投入大幅增加，R&D经费

① 2022年全国研究与试验发展（R&D）经费投入与国内生产总值之比为2.54%。

从2015年的26.6亿元增加到2020年的60.31亿元，年均增长17.8%，R&D经费占比从2.63%提升至3.24%；R&D人员从2015年的0.81万人年增加到2020年的1.58万人年，年均增长14.3%。

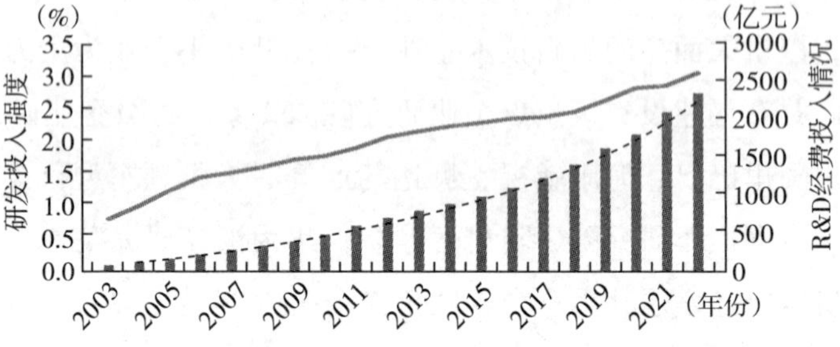

图4-1 2003—2022年浙江研发投入增长趋势

资料来源：浙江省统计局。

区域创新体系形成浙江特色，创新产出实现较快增长。浙江已经获批国家创新型城市6个，国家创新型县（市）5个，分别居全国第2位和第1位。以创新型市县为支撑的区域创新模式日益完善，正在持续建设具有浙江特色的以创新型省份、创新型城市、创新型县（市）和科技园区为重要引擎的全域创新体系。此外，浙江拥有杭州、宁波温州2个国家自主创新示范区，国家高新区8家，省级高新区34家，省级创建高新区29家，形成了“国家高新区—省级高新区—省级创建高新区”梯次发展格局。以企业为主体、以市场为导向、产学研深度融合的技术创新体系特色明显，推动“科技成果交易中心”和“网上技术市场3.0版”建设，成立省知识产权交易中心，形成55家实体技术市场和135个网上技术市场的体系架构。以“浙江拍”为特色的科技成果交易机制享誉全国，“十三五”以来累计拍卖成交金额19.2亿元、技术交易总额3445.5亿元。

二十年间，专利授权数量从14402项增加至443985项，年均增长率为19.78%，其中发明专利申请数从398项增加至61286项，年均增长率30.36%，2022年发明专利占授权专利总量的13.80%，技术创新数量和质量都有大幅提升（见图4-2）。2022年规模以上工业企业新产品销售收入达到41281.82亿元，同比增长11.9%。高新技术产业增加值为14291.36亿元，占规模以上工业增加值的比重为65.26%，研发费用和新产品产值占比分别高达86.7%和84.8%，投资同比增长22.9%，高于全省固定资产投资，已经成为主导产业。

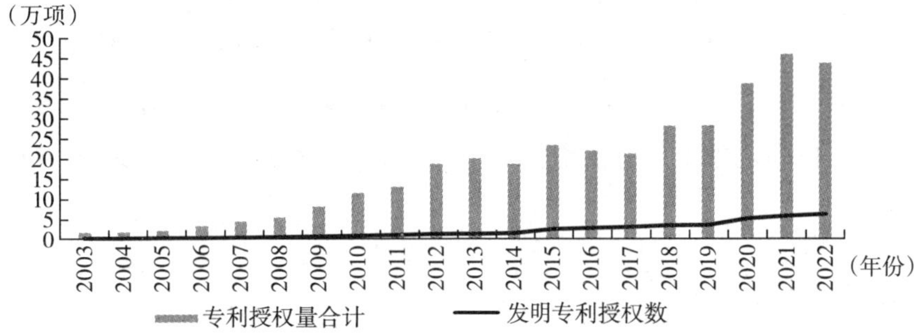

图4-2　2003—2022年浙江专利授权增长趋势

资料来源：浙江省统计局。

创新驱动产业高质量发展，推动省域现代化先行。省域现代化先行也是习近平总书记和党中央对浙江的殷切期望，产业高质量发展为省域现代化先行提供战略支撑。在“八八战略”的引领下，浙江始终坚持创新在现代化全局中的核心地位，不断开辟发展新领域新赛道，着力提升区域创新体系整体效能，推动实现动力变革和动能转换。二十年间，浙江聚焦工业经济、数字经济、民营经济三条主跑道，努力推动制造业高端化、智能化、绿色化、融合化、集群化发展，先进制造业基地建设不断开创新局面，块状特色产业完成脱胎换骨的蜕变。

创新为浙江产业转型升级和高质量发展赋予了新的动能，推动三次产业结构不断优化、产业效益和效率持续提升。迅速提升的创新能力带动浙江经济结构的持续调整优化，推动了产业供给侧的改革。2022年，浙江第二产业和第三产业增加值占全省生产总值的比重高达97%，第三产业占比为54.3%，以新产业、新业态、新模式为主要特征的“三新”经济增加值占GDP比重达到28.1%。二十年间，三次产业结构的变动趋势与全社会研发投入强度的变动趋势高度一致（见图4-3）。第二产业的增加值从

5126.27亿元增长到33205.17亿元，年均增长率达到了10.33%，其中，工业增加值从4501.61亿元增长到28871.28亿元，年均增长率为10.28%。2022年工业新产品产值率为42.2%，新产品产值增长12.3%，对工业总产值增长的贡献率为67.9%。数字经济核心产业制造业增加值增长10.7%，高技术产业增加值增长11.5%，战略性新兴产业增加值增长10.0%，分别拉动规模以上工业增加值增长1.7、1.9和3.1个百分点。第三产业的增加值从3909.25亿元增长到42185.42亿元，年均增长率达到了13.34%，拉动全省生产总值增长1.5%，对经济增长的贡献率为50.4%。

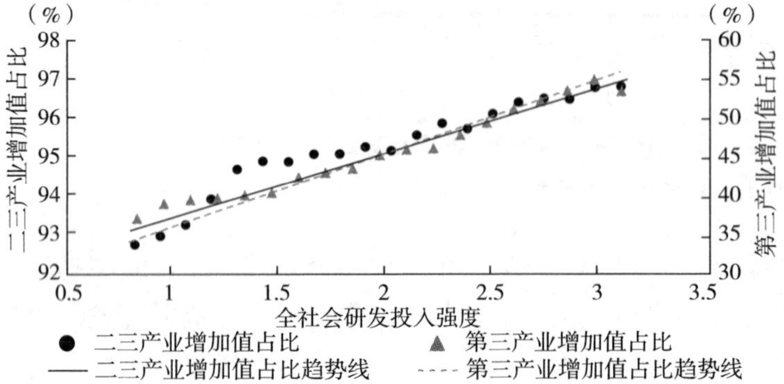

图4-3　创新驱动产业结构升级

资料来源：浙江省统计局。

创新驱动产业质量变革、效率变革、动力变革，浙江产业基础持续实现高级化，产业链持续实现现代化，逐渐形成更高效率和更高质量的投入产出关系（见图4-4），工业等产业部门的生产效率和效益显著提升（见图4-5），现代产业体系整体竞争力不断提升。2022年人均生产总值为118496元，是2003年的5.85倍，年均增长率达到9.75%，全年全员劳动生产率为19.9万元/人。二十年间，三次产业的劳动生产率均实现了大幅度提升，分别从0.87万元/人、4.27万元/人和4.39万元/人增加到11.45万元/人、19.24万元/人和21.57万元/人，年均增长率分别达到14.54%、8.25%和8.75%。农业现代化效果显现，到2022年，累计创建省级现代农业园区90个，全省农作物耕种收综合机械化水平76.5%以上。2022年规模以上工业亩均税收和亩均增加值分别为34.8万元/亩和176.9万元/亩，同比分别增长8.75%和13.11%。2020年全省规上服务业企业营业收入、营业利润分别为2015年的2.3倍、2.0倍。

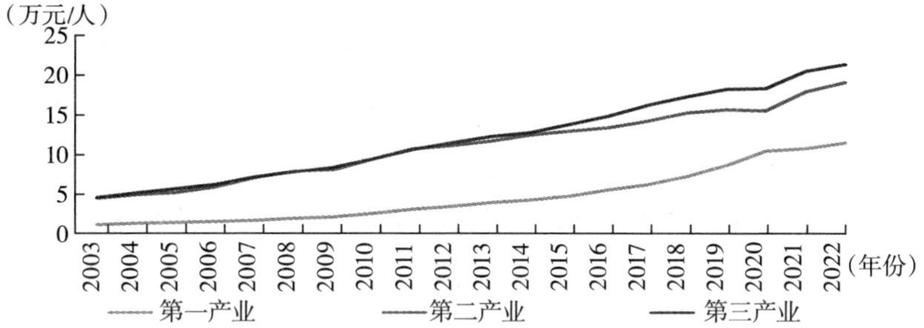

图4-4　创新投入驱动三次产业效率提升

资料来源：浙江省统计局。

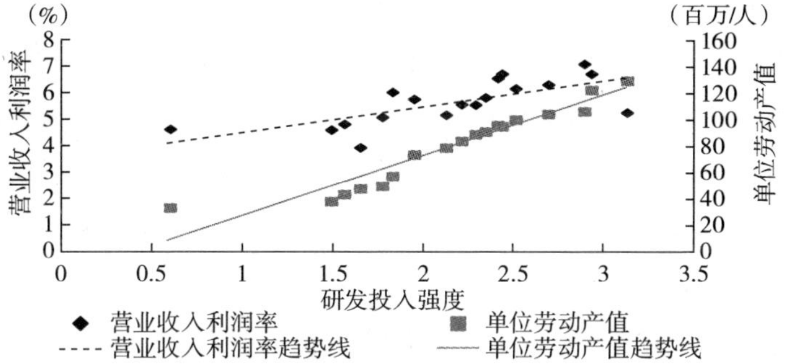

图4-5　创新投入驱动工业提质增效

资料来源：浙江省统计局。

三、前瞻性布局，数字经济走在全国前列

习近平总书记在浙江考察时指出，浙江要深化国家数字经济创新发展试验区建设，打造一批具有国际竞争力的战略性新兴产业集群和数字产业集群。数字经济是世界潮流、时代机遇，是新时代的一场新经济革命。深刻理解和把握数字化改革是推动构建新发展格局、建设现代化经济体系、构筑国家竞争新优势的重要引擎，是实现中国式现代化的强劲动能。2003年1月，在浙江省十届人大一次会议上，时任省委书记习近平同志以极具

前瞻性的战略眼光提出“数字浙江”建设。过去20年，浙江坚定把握新一轮科技革命和产业变革的历史机遇，坚持以数字化改革撬动各领域改革，以信息化和工业化深度融合为主线，遵循产业发展与转型升级规律，从机器换人到企业上云再到工业互联网，最后到“产业大脑+未来工厂”，梯度推进、层层深化，走出了一条具有浙江特色的数字化转型之路，举全省之力推动浙江数字经济走在全国前列，为浙江省域现代化先行创建了的新赛道。

（一）浙江在数字经济发展新路径方面进行了一系列的探索

从数字浙江先发，到推进两化深度融合、大力发展以互联网为核心的信息经济，再到打造数字经济“一号工程”，浙江积极抢占数字经济竞争制高点，不断激发高质量发展新动能。作为全国数字经济发展的先行省，近年来，浙江深入实施数字经济“一号工程”，2024年又提出要以更大力度实施数字经济创新提质“一号发展工程”。以数字经济赋能“两个先行”，对于奋力谱写中国式现代化浙江篇章具有重要意义和深远影响。尤其是获批建设首批国家数字经济创新发展试验区后，浙江坚持以数字化改革为引领，以领航者和弄潮儿的姿态，持续深化“三区三中心”建设，奋力打造数字变革高地。

2003年浙江省十届人大一次会议上，时任浙江省委书记、代省长习近平同志提出“数字浙江是全面推进我省国民经济和社会信息化、以信息化带动工业化的基础性工程”。同年，浙江省政府出台《数字浙江建设规划纲要》，明确提出要以信息化带动工业化，以工业化促进信息化，实施走新型工业化道路的发展战略，使信息化、工业化、城市化、市场化和国际化的进程有机结合，这为浙江数字经济发展提供了系统性指导。

2013年，出台《浙江省人民政府关于加快发展信息经济的指导意见》，提出“七中心一示范区”建设，这是全国省级层面首个加快发展信息经济的政策文件。同年，工信部正式批复浙江建设全国唯一的信息化和工业化深度融合国家示范区。2014年，浙江省政府召开全省信息经济发展大会，将发展信息经济列为七大万亿产业之首。首届世界互联网大会在嘉兴乌镇召开，标志着互联网大会使浙江信息经济开始具备全球影响力。

2014—2016 年，浙江先后出台《浙江省信息经济发展规划（2014—2020 年）》《浙江省国家信息经济示范区建设实施方案）（中国制造 2025 浙江行动纲要》《浙江省“互联网 +”行动计划）《浙江省促进大数据发展实施计划》等系列文件，提出建设“数据强省”，将浙江打造为“互联网 +”世界科技创新高地。2016 年月，在第三届世界互联网大会召开前夕，国家正式批复浙江成为金国唯一个国家信息经济示范区。

2021 年，出台了《浙江省数字经济发展“十四五”规划》，提出要深入实施数字经济“一号工程”，坚持发展和规范并重，加快推进数字产业化、产业数字化、治理数字化、数据价值化协同发展，着力完善数字经济发展生态和数字基础设施，加快形成以数字化改革为引领的“三区三中心”发展格局，努力建成全球数字变革高地，为高质量发展建设共同富裕示范区、建设社会主义现代化先行省作出更大贡献。

2023 年，浙江在深入实施数字经济“一号工程”的基础上提出新目标，数字经济创新提质“一号发展工程”，提出要激发新活力、增添新动力、抢占新赛道，把先发优势转变为带头领跑的持久优势，打造强劲活跃的新增长极，加快构建以数字经济为核心的现代化经济体系，加快建设数字经济高质量发展强省，为走出一条高水平数字发展道路提供浙江范例。

（二）数字经济已成为浙江经济社会高质量发展的“金名片”

浙江数字经济规模迅速扩张，数字化改革取得开创性成效，已经成为推动经济发展的重要动力。全省数字经济增加值持续增长，占 GDP 的比重不断提高，表明数字经济已成为浙江省经济发展的重要支柱。浙江深入实施数字经济“一号工程”的决策部署，全面推进数字产业化、产业数字化、治理数字化协同发展，成为全国数字经济发展最前沿地区之一。

浙江省的数字产业化发展现状呈现出蓬勃发展的态势，根据《浙江省数字经济发展综合评价办法（试行）》计算，2021 年全省数字经济发展指数为 112.8%。其中，基础设施、数字产业化、产业数字化、新业态新模式和政府与社会数字化发展指数分别为 124.5%、107.2%、100.7%、

108.3%和129.9%[①]。2022年数字经济核心产业增加值为8977亿元，数字经济核心产业制造业增加值增长10.7%，比上年增长6.3%，占GDP的比重为11.6%。2017—2022年全省数字经济总量由1.96万亿元增加至3.93万亿元，年均增长率达到14.9%，位居全国省（区）第一，数字经济核心产业制造业增加值3532亿元，相较于上年增长10.7%。此外，浙江省在数字产业集群建设方面取得了显著进展。包括数字安防和网络通信、集成电路、高端软件、智能计算、智能光伏、数字内容等在内的多个千亿级数字产业集群在数字经济核心产业中主导地位明显，为浙江省的数字产业化发展提供了有力支撑。

浙江数字科创动能更加强劲，数字基础设施能力不断优化升级，于2016年获批全国第一个信息经济示范区，2019年获批建设全国首批国家数字经济创新发展试验区。杭州城西科创大走廊成为数字经济创新策源地，是浙江省创新发展的重大战略平台，已经形成了多个产业集群，产业集聚效应明显。国家实验室、大科学装置实现零的突破，数字科技创新战略力量培育成效突出，部分数字技术实现从跟跑向并跑的跨越。2021年，数字经济核心产业R&D经费支出占营业收入的比重为2.01%，每万人拥有有效发明专利13.6件，新产品产值率达57.6%，亩均税收21.9万元，劳动生产率43.1万元/人。截至2021年，全省有数字经济高新技术企业1.1万家、科技型中小企业1.8万家，实施215项数字经济重大科技攻关项目，突破形成138项进口替代成果。

浙江数字基础设施能力不断优化升级。在数字基础设施建设方面投入了大量资源，建设了高速宽带网络、5G网络、云计算中心等基础设施，为各行业提供了更加高效、灵活和可靠的计算服务，率先实现乡镇以上地区全覆盖、行政村5G网络“村村通”，为数字经济的快速发展提供了有力支撑。“十三五”期间，浙江共建成5G基站6.3万个，数据中心193个。截至2021年底，浙江固定互联网普及率为47.4户/百人，5G套餐用户数普

① 资料来源：浙江省经济信息中心。

及率为47.8户/百人，付费数字电视普及率（含IPTV）达191户/百户，城域网出口带宽达74.6Tbps，固定宽带端口平均速率达259.8Mbps，每平方千米拥有移动电话基站数量达5.9个。浙江数字经济新业态新模式发展引领全国，跨境电商、移动支付、在线经济等新业态新模式国内领先，网络零售额、跨境电商零售进出口额分别占全国的比例约为1/5和1/6。

数字经济已经成为构建现代化经济体系的重要引擎，对于推动经济高质量发展、优化资源配置、推动创新驱动发展等方面都具有重要意义。数字经济具有“高创新性、强渗透性、广覆盖性”，不仅是新的经济增长点，而且是改造提升传统产业的支点。在产业数字化转型方面，浙江持续推动数字经济与先进制造业、现代服务业、现代农业深度融合。浙江首创“产业大脑+未来工厂”融合发展新模式，把数字化转型的试验场“搬”进了车间、农田，以产业大脑来助力行业中的企业转型。目前，产业大脑的能力中心已有400多个组件应用于浙江企业实际的生产经营中，96个细分行业产业大脑已服务全省企业7万余家，52家未来工厂生产效率接近全省规上工业企业平均值的6倍。从全省11.5万家“四上”企业信息化调查情况来看，2021年企业信息化投入为599.6亿元，占营业收入的比重为0.223%，数字经济核心产业人才占比为44.2%，数字经济投资占全部固定资产投资的比例达到5.3%。全省规模以上工业企业购销存管理环节企业信息化普及率为62.3%，生产制造管理环节和物流配送管理环节信息化的普及率分别为46.3%和16.7%。

第三节　产业高质量发展推动省域现代化的主要任务和战略举措

一、促进创新链产业链融合发展，建设高水平创新型省份

坚持以创新驱动高质量发展，是经济建设向高级形态迈进的必然要求，也是中国式现代化的内在要求。只有立足高水平科技自立自强，提高

传统生产要素的效率，激活数据等新生产要素的潜能，推动质量变革、效率变革、动力变革，才能实现经济发展从要素驱动向创新驱动转变，为现代化建设提供强劲的动能支撑。浙江围绕产业链部署创新链、围绕创新链布局产业链，持续推动创新链产业链融合发展，印发了《关于推动创新链产业链融合发展的若干意见》《浙江省“315”科技创新体系建设工程实施方案（2023—2027年）》等一系列文件，提出未来5年将实施重大科技项目2000个以上，力争制造业项目占比达到80%以上；带动企业等社会资本投入超1000亿元，取得硬核科技成果500项以上。科技创新是项系统工程，关键核心技术的突破与科创平台建设、科技人才引育紧密相关。

（一）加强国家战略部署的引导性

一是加强产业链现代化的顶层设计，有序推进分类施策。根据产业发展需要、产业链创新链融合现状，超前谋划、布局，整合科技创新资源，向“双链”融合角度倾斜。政府要聚焦产业链与创新链融合过程中分散的项目框架和资源，整合分散在不同职能部门中的权限，整体布局谋划。疏通产业链和创新链融合过程中的堵点，提高“双链”融合的效能，建立产业链上下游企业协同合作机制，全链条布局现代化提升。二是以超常规形式组织动员政、产、学、研、用等各方力量，汇聚强大合力。从战略视角，打通体制性的、机制性的、制度性的各个关节，打通产业链与创新链所涉及的基础研究、应用研究和产业组织的堵点，统领创新战略、人才战略和产业链战略，有系统性、联通性的覆盖“双链”融合范畴。产业链、创新链在融合过程中不能“头痛医头，脚痛医脚”，紧抓产业链现代化这条主线，对科研管理体制机制、科研平台、创新基础设施、科研资源配置进行全盘考虑，把握战略重点，建构产业链现代化的战略观。三是加快产业科研平台改革，建立公平开放公共研发平台。科技创新需要人才要素、资金支持等资源实现，产业链与创新链的融合更需要对科研要素进行非常规的集中配置，而科研要素配置的载体主要通过高校、科研院所和企业等科研平台。探索和建立适宜“双链”融合、经费保障充足，符合科研规律的稳定支持，推动建立公平、开放的公共研发平台，为省域现代化提升营造良好的创新环境，提高“双链”融合效率。

（二）发挥骨干企业的“领头雁”作用

一是发挥骨干企业产业链“链长”优势。在现代产业链的共生群落中，链长相当于“头雁”提供联结条件或技术支撑，提升自身技术力量的同时，作为“队长”角色组织关键技术的协同攻关和共性技术研发。骨干企业具有天然的优势，相比其他企业更容易获取核心原材料，且在企业管理能力、营销能力、发展能力、人才储备等方面表现突出，能够带动产业链上其他企业形成协同优势。通过链长的牵引带动，推进创新链、产业链融合，提升产业链整体竞争力。二是形成各类产业链条上企业联动和“雁行”发展模式。以骨干企业为领头雁，以民企、中小微和专精特新企业为两翼的发展模式组成产业集群和产业链生态系统。民企、中小微和专精特新企业亦是“双链”融合的重要组成部分，它们可以充分利用创新平台、共享技术、人才、创新资源等要素，以及来自知名企业、骨干企业产业资源和场景上的赋能，驱动产业链和创新链的融合和产业链现代化。三是强化产业链上骨干企业与政府合作。骨干企业作为共性技术研发与创新的主力军，与政府合作，采取自上而下、自下而上、上下同时推进的模式，加强骨干企业与企业的相互交流，将骨干企业的创新力量与企业相融合，为产业链现代化提供动力。

（三）增加体制机制创新的灵活性

一是构建新型创新体制，为“双链”融合提质增效。新型创新体制的构建，不仅能丰富创新主体的构成、提高创新资源的配置效率、改善对创新主体的激励方式，且重新建构创新制度设计方式。二是构建政产学研用一体化的协同创新体制。完善协同创新体制，对企业、高校、科研院所、政府等参与主体鼓励采取产学研联合组织技术创新项目，充分发挥各自的创新优势。三是完善科技创新成果转化体制机制。完善科技创新成果转化方面的法律法规，尤其是在所有权归属划分、收益如何分配、成果如何转化等方面。同时，重视对科研成果的转化及在企业中的实践应用，给成果转化率高的企业以鼓励，以需求激发创新动力，实现产业链内的循环发展。在进行政策调整时，因时因地精准施策。

（四）树立产业转型赋能的引领性

一是关注供应链安全，提高产业链应对外部风险的能力。在面临关键技术断供背景下，增强产业链韧性是重中之重。目前，以工业互联网赋能产业转型，制定工业互联网平台规范标准、加强关键技术创新、构建多元的投融资体系、提升工业互联网安全水平等。二是产业基础高级化是产业链现代化的核心。产业基础能力对一个国家的产业竞争力的提升非常重要，影响产业的发展和转型升级。三是树立新型行业向价值链高端目标迈进。优化产业链结构，向链条的中高端方向延伸。

（五）拓展应用场景的边界融合性

一是提升智能场景应用，着力提升“双链”融合度。鼓励有条件的企业围绕整个生产过程、设备管理、安全管理、“人工智能＋”、“扩展现实＋”等智能场景，实现整个行业的工艺流程优化、工序动态协同、资源高效配置和智慧决策支持，借鉴智能制造能力成熟的国家标准，开展智能场景、智能工房和智能场点示范，扩大各产业间数字化和智能化的融合边界，提高产业竞争力。二是通过数字化围绕产业链部署创新链。在数字化过程中利用新型数字技术、新型数字业态的兴起，进行创新链部署。借助物联网平台、云计算、大数据、区块链等技术，将创新由点式发展逐渐形成贯穿产业链的链条式发展，扩大创新边界。借助关键工艺技术与数字基础设施的融合推动产业上下游高质量产品供应和更高精密化需求，借助数字化扩大创新在产业链中的作用效益。

二、加快建设全球先进制造业基地，增强制造业核心竞争力

制造业是立国之本、强国之基，先进制造业尤甚。建设全球先进制造业基地是浙江构筑未来发展战略优势和推进省域现代化先行的重要支撑。在浙江工作期间，习近平同志就在“八八战略”中提出要“进一步发挥浙

江的块状特色产业优势，加快先进制造业基地建设，走新型工业化道路”。为加快建设全球先进制造业基地，2020 年以来，浙江连续 3 年高规格召开全省制造业大会，并在 2023 年召开全省加快建设全球先进制造业基地大会，出台了《浙江省全球先进制造业基地建设“十四五”规划》《浙江省先进制造业投资专项行动方案》《关于高质量发展建设全球先进制造业基地的指导意见》《浙江省“415X”先进制造业集群建设行动方案（2023—2027 年）》等系列政策文件，提出要以高端化智能化绿色化国际化为主攻方向，以“415X”先进制造业集群培育工程为重大抓手，聚焦智能物联、新能源汽车、集成电路等 8 个重点产业集群，着力重塑制造业政策体系，到 2025 年全球先进制造业基地建设取得重大进展，到 2035 年基本建成全球先进制造业基地。

（一）实施空间腾换行动，优化制造业发展空间

一是整治低效工业用地。聚焦批而未供、供而未用、用而未尽、建而未投、投而未达等问题，按照供给侧结构性改革要求，以国土空间规划为引领，大力推进低效工业用地改造开发。二是建设高能级产业平台。聚焦应用创新和产业创新，推动“415X”先进制造业集群企业和向省级等产业平台集聚，加快科技载体建设，坚持不懈地招大商、招好商，提高项目落地率。三是推动产业协同布局。围绕全省制造业“双核一带一廊”整体布局，加强不同地区之间的合作，促进资源共享和优势互补，开展制造业高质量发展促进共同富裕示范县结对创建，制定差异化的产业发展策略，优化产业布局。

（二）实施招大做强行动，夯实制造业发展根基

一是谋划招引重大项目。在明确产业发展方向和目标、掌握行业发展的最新动态和趋势的基础上，加强与国内外优秀企业的联系和合作，引导优势企业加强省内布局。二是加快企业设备更新改造。加快出台相关政策，发挥政府引导和支持作用，建立长效机制，鼓励企业加强技术创新和研发，推动设备更新改造，尤其是节能降碳等技术改造。三是加快重大项

目落地建设。加强项目储备和筛选，健全省制造业重大项目调度机制，为重大项目提供资金支持和政策引导，建立完善的项目管理机制，确保项目的顺利推进和实施。四是营造最优营商环境。大力实施营商环境优化提升“一号改革工程”，进一步简政放权，推进审批制度改革，加强政府服务能力建设，打造服务管理融合的数字营商环境，探索精准服务中小微企业模式。

（三）实施企业优强行动，提升制造业效率效益

一是打造世界一流企业。深入实施“雄鹰行动”和“凤凰行动”，引导企业制定长远发展战略、加强科技创新、推进国际化进程，加强企业与社会各界的合作。二是放大专精特新企业队伍优势。实施优质中小企业梯度培育工程，在财政扶持、税收优惠、人才引进等方面提供政策支持，培育一批产业集群“配套专家”企业，深化科技企业“双倍增”行动计划。三是深化“链长 + 链主 + 专精特新”协同。构建链群协同机制，链长发挥协调作用，鼓励链主企业和专精特新企业在技术创新、人才培养方面强化合作，加强重点产业链跟踪研究，提高整个产业链的竞争力和创新能力。四是加快发展服务型制造。开展服务型制造，健全服务型制造发展生态，引领带动个性化定制、共享制造、供应链管理等服务型制造新业态新模式发展，实施制造业设计能力提升专项行动，促进制造业提质增效和转型升级，深入推进先进制造业与现代服务业融合发展试点。五是推动企业国际化发展。深化民营跨国公司“丝路领航”新三年行动计划，引导企业加强国际合作，制定国际化战略，鼓励企业开展跨国投资并购，设立研发中心、区域总部等。

（四）实施品质提升行动，打响“浙江制造”品牌

一是深入开展新一轮质量提升行动。坚持创新驱动发展，增强质量提升内生动力，滚动实施制造业百个特色产业质量提升项目，实施重点产品质量阶梯攀升工程。二是强化“浙江制造”品牌建设。持续深化“浙江制造”品牌培育试点县建设，建立健全品牌培育机制，加强宣传和教育，强化企业品牌意识，实施浙江精品培育行动。三是加快企业标准创新发展。推动企业利用自主创新技术制定标准，建立标准创新型企业梯度培育制度，支持企业参与国际标准制修订，培育企业标准“领跑者”，深化“标准化+”行动。四是加强知识产权保护。完善知识产权保护的制度和机制，建设高价值知识产权培育平台，加快建设重点产业知识产权运营平台、知识产权服务业集聚发展示范区，加强知识产权保护的宣传和教育，提高知识产权“快保护”能力。

（五）实施创新强工行动，增强制造业发展动能

一是强化关键核心技术攻关。制定关键核心技术攻关的总体规划，省市县联动实施“尖兵”“领雁”研发攻关计划项目，加强企业、高校和科研机构的合作，推动科技领军企业、科技“小巨人”企业牵头组建创新联合体。二是实施产业基础再造工程。针对不同领域和环节，采取不同的方法和策略，实施分类指导，建立和完善协同攻关的体制机制，推进核心基础零部件、基础软件、产业技术基础等技术和产品开发，加强重点产品和工艺推广应用，全面提升工业基础能力。三是推动重大科技成果转化。加强科技成果评价改革，建立重大原始创新项目投资基金，支持原始创新项目走向市场，构建“基础研究+技术攻关+成果产业化+科技金融”全过程集群创新生态链，加快提升全要素生产效率。四是建设重大创新载体。明确战略方向和目标，加强顶层设计，强化技术支持和创新服务，打造以杭州城西科创大走廊为引领的创新策源地，加强以国家实验室为龙头的新型实验室体系建设，加快制造业创新中心、产业创新中心、技术创新中心和重点企业研究院建设。

三、推动先进制造业和现代服务业深度融合，提升服务型制造发展水平

推动先进制造业与现代服务业深度融合发展是增强制造业核心竞争力，加快培育现代产业体系，推进省域现代化先行的重要途径。省委省政府出台了《浙江省推动先进制造业和现代服务业深度融合发展的实施意

见》《关于深入推进服务型制造促进制造业高质量发展的实施意见》《关于印发2023年浙江省生产服务业发展工作要点的通知》等一系列政策，提出到2025年，制造业和服务业融合发展水平明显提高，融合发展新业态新模式不断涌现，“两业”融合成为培育经济新动能和推动制造业高质量发展的重要支撑，浙江省“两业”融合工作走在全国前列。累计创建省级服务型制造示范企业（平台、项目）600个，创建服务型制造特色明显的省级生产性服务业功能区20个，力争国家级服务型制造示范企业（平台、项目）达到80个左右，国家级服务型制造示范城市达到5个，服务型制造发展水平继续走在全国前列。

（一）探索重点行业重点领域融合发展新业态新模式

围绕浙江重点发展的战略性产业和特色优势产业领域，通过数字化、柔性化、集成化、共享化、平台化“五化”融合路径，制定有利于制造业和服务业融合发展的政策措施，推动产业链的协同发展，培育二者融合发展新业态新模式。加强制造业和服务业之间的合作与交流，引导制造业企业向附加值高的服务环节延伸、服务业企业向制造领域拓展。重点打造石油化工全产业链融合发展，完善汽车制造和服务全链条体系，加快生命健康制造和服务有机融合，提升装备制造和服务集成化融合水平，搭建消费电子融合发展生态体系，推进轻纺工业和服务深度融合，促进农副产品加工和消费融合，深化现代物流和制造业高效融合，强化电商与制造企业数字化融合，加强研发设计和制造业嵌入式合作等十大“两业”深度融合领域，出台税收优惠、财政补贴、贷款支持等政策支持鼓励各类市场主体在制造业与服务业的融合发展领域积极探索。

（二）加快培育“两业”融合主体

一是激活各类主体参与“两业”融合的动力。支持多形式的“两业”融合试点建设，建立公平竞争的市场环境，推动建立多层次的政府与产业界、科技界合作机制，加强金融和财政政策支持，鼓励高校和企业合作共同培养跨界复合型人才，强化政策宣传和解读，提高企业和公众对“两业”融合的认识和理解。二是培育“两业”融合试点区域。选择具有代表性的区域，尤其是产业发展基础好、组织实施条件优的区域，结合当地产业基础和资源优势制定实施方案，以全省开发区整合提升工作为基础，以开发区和重大平台为主体，开展“两业”融合试点区域建设，定期对试点区域进行评估和总结，调整优化实施方案，培育一批具有较强示范带动作用的试点区域。三是培育“两业”融合企业。鼓励专业化平台型企业不断创新平台业务和运作模式创新，支持制造业和服务业龙头企业以标准化带动产业链上下游企业生产水平提升，加快建设中小企业集群生态，培育一批服务能力强、行业影响大的“两业”融合企业，形成一批可推广的融合发展典型模式。四是打造融合发展生态。支持科研院所、高等院校、职业学校以及科研、咨询等服务机构积极培育新产业新业态，大力发展创新联盟、技术中介等新型创新组织，引导企业跨领域、跨地域、跨行业深度参与产业协同和社会协作，形成一种资源共享、互利共赢的跨界合作、融合发展的生态系统。

（三）推动重点行业发展服务型制造

主要围绕新一代信息技术、高端装备、现代消费与健康、绿色石化与新材料等“415X”先进制造业集群重点行业，以及“衣、食、住、行、康”等重点民生领域的生产环节，不断推动制造企业向高附加值和竞争力的服务环节延伸拓展，更好地满足人民群众对美好生活的需求。鼓励汽车企业创新服务模式由传统出行工具向智能移动空间升级；鼓励装备制造企业提升数字化服务能力，由制造向系统集成和整体解决方案提供商升级；鼓励石化企业绿色发展由化工产品供应商向产品和专业服务解决方案提供商转型；鼓励轻工纺织企业由传统生产销售模式向个性化定制模式、C2M模式等“设计＋营销”一体化模式转型；鼓励现代家居企业构建由不同层级的生态圈构成的产品生态体系；鼓励网络通信设备制造企业依托数字化基础设施整体能力为城市管理、生产制造、民生服务等领域提供一站式数字化解决方案；鼓励医药健康企业提供全方位全生命周期医疗健康等新服务；鼓励食品及农副产品加工企业数智化、标准化、高端化转型，在保障食品安全的同时提升产品价值和品质。

（四）创新服务型制造实践路径

一是引导支持制造企业、服务企业、综合服务平台、专业服务供应商发挥各自优势，从不同角度合力探索创新服务型制造新业态新模式，支持企业加强与国际先进服务型制造理念和模式的对接合作，深度融入全球产业链分工体系。二是引导制造企业向服务型制造转型升级，以互联网思维改造传统制造模式，开展基于互联网的个性化定制、众包设计等新型制造模式，加快实现制造与服务的全方位深度融合发展。三是引导综合服务平台汇聚整合资源要素，打破信息孤岛，健全数据共享和信息协同机制，以公共服务平台、共性技术平台等各类平台为基础，围绕制造能力提供在线发布、订单匹配、生产管理等服务。四是引导专业服务供应商创新服务供给，聚焦“415X”产业集群建设，培育创建生产性服务业功能区，全面提升面向制造业的专业化、社会化和精准化的服务能力。五是培育创建服务型制造示范，建立健全各级服务型制造示范企业梯度培育机制，营造良好发展生态，树立并发挥典型示范作用，探索可行模式。

四、推动数字经济与实体经济深度融合，抢占未来发展制高点

数字经济已经成为经济发展的重要引擎和竞争力的重要体现，是未来经济发展的必争之地。浙江是数字经济先发省，习近平同志在浙江工作期间就前瞻性布局建设“数字浙江”。此后，历届省委省政府高度重视数字经济发展，深入实施数字经济“一号工程”、数字经济创新提质“一号发展工程”，出台了《以“产业大脑＋未来工厂”为引领加快推进制造业数字化转型行动方案》等一系列政策。提出到2025年，产业数字化发展水平持续保持全国前列，建成全国产业数字化转型示范区，“产业大脑＋未来工厂”融合应用成效明显，实现规模以上工业企业数字化改造全覆盖、重点细分行业中小企业数字化改造全覆盖、百亿元以上产业集群工业互联网平台全覆盖，规模以上制造业全员劳动生产率达到35万元/人以上，数字化创新引领作用更加凸显，在质量提升、动能转换结构优化、绿色转型

等方面取得显著成效，数据驱动、软件定义、平台支撑、服务增值、智能主导的现代化产业体系初步形成。

（一）推进“产业大脑+未来工厂”建设

一是政府应加强对“产业大脑+未来工厂”建设的顶层设计，加强财政资金支持、税收优惠、贷款担保等政策支持，引导和支持企业进行数字化转型和智能化升级。二是建设产业大脑。明确产业大脑的建设目标，制定相应的建设方案和实施计划，有序推进企业大脑、行业大脑、产业大脑建设，加快细分行业产业大脑建设应用。三是培育“未来工厂”。结合企业实际情况和市场需求，确定未来工厂的发展方向和重点领域，积极引入先进技术和智能化设备，加快企业网络改造升级和“数字化工厂”技术改造，加强“智能工厂”集成应用，推进“未来工厂”创新突破。四是推进“产业大脑+未来工厂”融合发展。建立完善的“产业大脑+未来工厂”标准规范体系，深化产业数据应用，推动“产业大脑+数字化产业链+数字化供应链+数字化价值链”融合，构建智能制造生态系统，培育新模式新业态。

（二）推进企业数字化转型

一是加快企业数字化“点线面”改造步伐。加强工业机器人、数控机床、智能检测等数字化装备的应用，推广基于平台的工业设计、全生命周期管理等模式，实现规模以上工业企业数字化改造全覆盖，显著提升企业数控化水平，尤其是要创新政策支持中小微制造业企业加快转型。二是增加数字化转型服务供给。加强技术研发和创新，可以提高数字化服务的质量和效率，培养和引进具备数字化技能和素养的服务人才，提高数字化服务人员的专业能力和素质，做大做强工业信息工程服务机构，培育专业化的服务队伍，聚焦中小微企业需求，开发部署高可靠、低成本、易维护的数字化解决方案。三是推动大中小企业融通发展。以行业工业互联网平台为支撑，聚焦“415X”产业集群，推进产业集群数字化，构建虚实结合的产业数字化新生态，发挥骨干企业引领作用，带动产业链中小企业数字化能力，促进产业链上下游协同、大中小企业融通创新。

（三）推进数据价值化，实现要素配置新突破

一是制定明确的数据价值化战略。在数据收集、存储、处理、分析等方面制定明确战略，指导数据价值化的推进，在数据质量管理、数据安全管理和数据流程管理等方面建立完善的数据治理体系。二是推动数据资源高质量供给。深化“一数一源一标准”治理，支持企业开展全流程数据采集，构建企业底层数据标准体系，推动公共数据有序开放，培育产业数据核心数源。三是培育数据要素交易体系。以产业数据为重点推进数据要素市场建设，规范数据资源开发利用模式，建立健全数据资源确权、资产评估等规则和制度，优化数据流通服务生态，构建对接全球数字贸易的数据治理规则。四是拓展数据价值化应用场景。创新商业模式，强化数据应用，将数据转化为实际业务场景中的具体应用，鼓励政府购买数据产品和服务，实施数据创新应用试点项目，推进公共数据授权运营试点，开展公私域数据融合应用试点。

（四）优化数字科技创新体系，提升核心策源力

一是打好关键核心技术攻坚战。强化创新驱动，提高数字技术的自主创新能力和核心竞争力，鼓励企业加大研发投入，加快开发工业视觉检测、云化机器人、虚拟仿真等融合应用技术，组织实施数字经济领域“双尖双领”攻关项目，推行“军令状”“揭榜挂帅”“赛马制”等攻关模式。二是做强数字科创平台。加强数字科创平台的硬件和软件基础设施建设，集中力量建设杭州城西科创大走廊，做强之江、湖畔等省实验室，全力争创智能工厂操作系统国家技术创新中心、先进芯片系统国家产业创新中心等国家级创新平台，发挥国家全面创新改革试验区试点的引领作用，积极谋划与其他一市两省联动，提高数字科创平台的实用性和社会效益。三是优化数字经济创新生态。建立多元化的投融资体系，加强数字基础设施和创新能力建设，深化以“科技大脑 + 未来实验室”为核心的科技创新治理体系，推动数字经济领域产学研用深度融合，加快国家新一代人工智能开

放创新平台和国家科技成果转移转化试验区建设。四是加大力度培育引进数字人才。实施“鲲鹏行动”“启明计划”等重大人才工程，大力引进培育数字经济领域领军型创新创业团队，在物联网、大数据等领域设立省级企业博士后工作站，开展交叉融合学科试点，加快培养数字技术人才。

（五）建设一流数字基础设施

一是构建高速泛在的网络基础设施。加强信息通信基础设施建设，推动移动物联网与工业互联网的融合建设，降低制造业企业互联网专线成本，深化国家（杭州）新型互联网交换中心建设，大幅提高重点区域和园区国际通信服务能力。二是加快卫星互联网基础设施建设。建设卫星互联网地面设施，支持制造业企业部署应用5G新型网络，建设卫星互联网地面接收站、卫星测控中心等基础设施，为卫星互联网提供地面保障和支持。三是建设高效绿色算力基础设施。加强大型数据中心建设，推动乌镇之光（桐乡）超级计算中心、之江实验室智能计算中心建设，打造国家级区域型数据中心集群。四是加快建设工业互联网、车联网等边缘数据中心节点。建设高性能云计算公共服务平台，构建云边协同的算力服务网络。五是打造新兴技术及融合基础设施。打造一批国家级、省级人工智能平台，支持区块链底层平台建设，构建区块链开放生态。六是升级北斗时空智能基础设施。建设北斗时空智能感知网、北斗卫星地面增强网、北斗数据融合平台。七是建设近海岸智慧海洋基础设施体系。在近海岸区域建设海洋感知设施，整合全省海洋数据资源，建设海洋大数据中心，建设智慧海洋管理平台。

第五章　城乡融合发展推动省域现代化先行

城乡融合发展是中国式现代化的内在要求。浙江作为中国式现代化先行区，在探索城乡融合发展路径方面积累了丰富经验，呈现出较高水平的城乡居民收入均衡化、城乡基本公共服务均等化、城乡居民生活质量等值化等格局特征。在此基础上，浙江正在进一步加强关键领域的先行先试，前瞻布局省域城乡发展空间“新蓝图”，加快畅通省域城乡协调发展“要素流”，着力构建省域城乡融合发展“共生链”，全面提升城乡居民生活质量“等值化”，聚力探索实现城乡区域协调发展的路径，创新打造全方位、多层次的城乡融合发展样板，充分发挥示范引领作用。

第一节　实现省域现代化需要城乡融合发展

中国式现代化具有全面性、共享性、公平性特点，不仅仅是城市和工业的现代化，而是城市和农村、工业和农业的全面现代化。“八八战略”提出并实施二十年以来，浙江人均收入水平大幅提升，人民生活日益殷实，社会公平程度大幅度提升，城镇居民与农村居民人均收入比值持续下降。尽管如此，农村地区特别是浙西南地区的农村发展仍然滞后，这是浙江在省域现代化先行道路上必须面对的一个问题。习近平总书记在党的二十大报告中强调，全面建设社会主义现代化国家，最艰巨最繁重的任务仍然在农村。要求“坚持农业农村优先发展，坚持城乡融合发展，畅通城乡要素流动”。

一、城乡融合发展的主要内涵

城乡融合发展是指以城乡生产要素双向自由流动和公共资源合理配置为重点，以工补农、以城带乡，统筹推进城乡基本公共服务普惠共享、城乡基础设施一体发展、城乡产业协同发展、农民收入持续增长，形成工农互促、城乡互补、协调发展、共同繁荣的新型工农城乡关系，加快农业农村现代化和乡村振兴。由此可见，城乡融合发展是一种理念和政策，它强调城市和农村之间在经济、社会和环境等方面的互补性和协调性。这种发展模式旨在通过优化城乡资源配置，加强城乡之间的合作与互动，促进农村地区的现代化和城市化，从而实现城乡共同繁荣和可持续发展。

第一，城乡融合发展的核心是生产要素的双向自由流动。在传统的城乡关系中，城市和农村之间的生产要素流动往往是单向的，即农村的生产要素向城市流动，而城市的资源则很少流向农村。这种不均衡的流动导致农村地区的发展受到限制。城乡融合发展理念强调城市和农村之间建立更加平等、互利的交换关系，促进城乡生产要素的双向流动，从而增加农村发展的活力和动力。

第二，城乡融合发展要求公共资源的合理配置。在城乡发展不平衡的情况下，城市通常会获得更多的公共资源和服务，而农村地区的公共资源配置则相对不足。这种不平等现象不仅会影响农村地区的发展，也会加剧城乡之间的差距。因此，城乡融合发展要求优化公共资源的配置，确保城市和农村地区的基本公共服务得到保障，特别是对于那些处于弱势地位的农村地区和农民群体，要提供更加公平、优质的公共服务。

第三，城乡融合发展注重基础设施的一体化。基础设施是城市和农村发展的重要支撑，城乡基础设施的差距往往是导致发展不平衡的重要原因之一。因此，城乡融合发展要求加强基础设施的规划和建设，实现城市和农村基础设施的一体化发展。这包括交通、通信、水利、能源等领域的设施建设，以及教育、医疗、文化等公共服务领域的投入。通过基础设施的共建共享，可以促进城乡之间的联系和互动，提高农村地区的吸引力和竞争力。

第四，城乡融合发展推动产业的协同发展。产业是经济发展的核心驱动力，城乡之间的产业发展往往存在不平衡的状态。在城乡融合发展的理念下，要推动城市和农村之间的产业协同发展，促进城乡经济的互动和互补。这包括引导城市资本和技术向农村流动，推动农业现代化和乡村旅游等产业的发展；同时也要鼓励城市在环保、生态等方面的发展，推动绿色产业和循环经济的发展。

第五，城乡融合发展关注农民收入持续增长。农民收入是农村经济发展的重要指标之一，也是衡量城乡融合发展成效的重要标准之一。在城乡融合发展的过程中，要重视农民的利益和需求，通过政策支持和引导，促进农民收入的持续增长。这包括加强农业技术创新和现代农业的发展，提高农产品的品质和市场竞争力；同时也要推动农民参与非农产业的发展，拓宽农民的收入来源。

总之，城乡融合发展是一种系统的发展理念和政策体系，旨在促进城市和农村之间的协调发展。它涉及经济、社会、环境等多个领域的发展，需要政府、企业和社会各方的共同努力来实现。只有通过实现城乡之间的平等交换、优化公共资源配置、基础设施一体化、产业协同发展和农民收入持续增长等方面的目标，才能够实现城乡共同繁荣和可持续发展。

二、城乡融合发展是省域现代化的必然要求

实现城乡融合发展是社会主义发展的必然趋势。马克思、恩格斯在《共产党宣言》中指出“资产阶级使农村屈服于城市的统治”。这导致在资本主义社会城乡分割对立、城市剥削农村是一种制度性常态。为此，恩格斯在《共产主义原理》中提出，废除私有制后农业将会“进入繁荣的新时代”，并强调“通过城乡的融合，使社会全体成员的才能得到全面发展”。在社会主义社会，城市和农村之间的差距会逐渐消失，形成一个统一的经济整体。这意味着城乡融合发展是社会主义社会的一个重要特征，是社会

主义发展的必然趋势。

党的二十大擘画了全面建设社会主义现代化国家、以中国式现代化全面推进中华民族伟大复兴的宏伟蓝图。二十大报告阐释了中国式现代化的特征：是人口规模巨大的现代化，是全体人民共同富裕的现代化，是物质文明和精神文明相协调的现代化，是人与自然和谐共生的现代化，是走和平发展道路的现代化。这一论断实际上也为浙江的省域现代化先行道路提供了指引。

人口规模巨大的省域现代化要求城乡融合发展。浙江人口众多且增长迅速，第七次全国人口普查数据显示，浙江人口约为6457万人，在全国31个省（区、市）中，位列第八。若与第六次人口普查时浙江的5443万人相比，第七次人口普查的浙江人口，整整增加了约1014万人。改革开放以来，浙江大量农村富余劳动力和农村人口向城镇转移，向劳动生产率更高的非农产业部门转移，最大限度释放了人口红利，提高了经济发展质量和效益，推动经济持续发展和社会全面进步。农村人口向城镇快速转移，使浙江在城市化方面走在了全国前列，根据最新统计数据，浙江省的城镇化率已达到73.4%，远高于全国平均水平，且这一水平还会不断提高，相关文件预计，到2027年浙江全省常住人口城镇化率将达到76%。

习近平总书记指出，如果城镇化目标正确、方向对头，能走出一条新路，将有利于释放内需巨大潜力，有利于提高劳动生产率，有利于破解城乡二元结构，有利于促进社会公平和共同富裕，而且世界经济和生态环境也将从中收益。推进以人为核心的新型城镇化，促进大量农业劳动力向具有较高劳动生产率的加工制造业部门转移，能够显著提高全社会劳动生产率，大量人口集中在具有较高劳动生产率的城镇，使城镇成为集中释放消费需求的中心，并通过生产消费的相互促进，推动社会扩大再生产，最终促进物质财富的积累。但是，即使浙江的城镇化率超过75%，仍有约1500万人还会生活在农村，这是最大的省情。因此，在已经取得的城乡协调发展基础上，继续通过城乡融合发展推进乡村振兴，深度挖掘乡村资源，使农村的发展条件好起来，发展能力强起来，吸引优势要素资源流向农业农村领域，才能实现浙江经济、政治、文化、社会、生态文明的整体发展。

共同富裕的省域现代化要求城乡融合发展。党的二十大报告指出，中国式现代化是全体人民共同富裕的现代化。实现全体人民共同富裕，最大的问题在于城乡发展仍然失衡、城乡居民收入差距仍然较大。推进城乡融合发展，畅通城乡要素流动，是实现城乡居民共同富裕、城市乡村一起发展的客观要求。改革开放以来特别是党的十八大以来，浙江人均收入水平大幅提升，人民生活日益殷实，社会公平程度大幅度提升，城镇居民与农村居民人均收入比值持续下降。尽管如此，农村地区特别是浙西南地区的农村发展仍然滞后。由于农村发展条件不足，缺乏基础的吸引城市资源的条件和环境，致使城市资源较少流向农村。推进城乡融合发展，应着力去关注农村发展基础和发展活力的培育，增加农村对城市资源的吸纳、统筹能力。要重点支持与农民生产和生活直接相关的以农田水利为重点的农业、农村饮水、农村公路、农村环境治理等基础设施，使农村具备基础的发展能力和投资条件。在此基础上，让市场在资源配置中起“决定性作用”，通过市场手段去配置城乡资源，使城市资源在农村“下得来、留得住、能发展”，通过产业发展带动农村进步，这才是真正意义上的城乡统筹。或者，通过优化城市务工环境，理顺农民工进城就业的体制机制，让农民工平等进入城市就业市场，参与城市产业分工，进而实现自身发展，这也是城乡融合发展的重要形式。

物质文明和精神文明相协调的省域现代化要求城乡融合发展。中国式现代化强调物质文明建设和精神文明建设都搞好、国家物质力量和精神力量都增强、全国各族人民群众物质生活和精神生活都改善。因为城乡发展失衡，乡村资源单向流往城市，导致农村教育文化、家庭养老、社会治理等均出现不同程度的空心化现象。从公共文化服务的角度看，农民急须的科技、信息、文化、教育、医疗卫生、农业生产经营服务等明显供给不足，而这些资源大都集中在城市。农村劳动力外出务工创造了大量的物质财富，但外出务工产生的空心化为乡村精神文明建设带来了隐忧。这也是浙江实现省域现代化道路上必须面对和解决的问题之一。推进城乡融合发展，让青年人留在农村也能得到发展，愿意留在农村，乡村精神文明建设才有可能性。同时，还应根据各区域、各村的具体情况，结合文化特色和群众需要，有针对性地完善相关公共文化服务设施，为乡村群众开展活动提供必要的设施保障。统筹推动文明培育、文明实践、文明创建，推进城乡精神文明建设融合发展。将群众性精神文明创建活动从城市延伸到乡村，以城市优质文化资源支持农村文化建设，推动精神文明创建走深走实。

三、城乡融合发展是实现省域现代化的重要支撑

与西方现代化过程中城乡间的对立、冲突和替代的关系很不相同，中国式现代化是城乡融合的现代化，但城乡融合不是简单的城乡一体化，也不是单纯的城市化或农村化，而是城市和农村在各方面的有机融合和互动发展的过程。这个过程需要改变传统的城乡二元结构，使得城市和农村在经济发展、社会福利、环境保护等方面享有同等权利和机会。因此，城乡融合发展是一个复杂而重要的议题，它关乎社会、经济和环境的可持续发展，以及全面建设社会主义现代化国家的全局。中国共产党的历代领导集体都非常重视正确处理城乡关系，特别是党的十八大以来，以习近平同志为核心的党中央高度重视城乡融合发展。《中共中央 国务院关于建立健全城乡融合发展体制机制和政策体系的意见》为有效破解城乡发展不平衡、农村发展不充分等问题指明了方向，为重塑新型城乡关系，走城乡融合发展之路，促进乡村振兴和农业农村现代化擘画了宏伟蓝图，为实现中国式现代化提供了有力的支撑，这对于浙江的省域现代化先行具有多方面的意义和价值。

首先，它有利于优化资源配置，提高资源利用效率。城乡融合发展意味着城市和农村之间的资源流动更加畅通和公平，可以使得资源得到更加合理的配置和利用，避免资源的浪费和短缺。第一，城乡融合发展可以促进劳动力资源在城乡之间的双向流动。一方面，通过深化户籍改革吸纳农民工进城安居乐业；另一方面，通过提供支持保障措施，鼓励城市人才回

乡创业和投身乡村振兴。第二，城乡融合发展可以促进资本和技术在城乡间的双向流动。城市资本、技术和管理经验进入农村可以推动农业现代化发展；通过为城乡企业和创新者提供共同的发展平台，可以促进城乡间资本和技术的更便捷流动。第三，城乡融合发展可以建立城乡市场对接机制，通过农产品物流体系建设、农村电商等贸易方式的发展，推动农产品进入城市市场，扩大农产品销售渠道，提高农民的收入水平，同时促进农村居民消费能力提升，实现城乡间的产品交流。此外，城乡融合发展有利于实现城乡市场的整合和开放，建立统一的市场规则和制度，推动全国统一大市场建设，进而有助于消除城乡间的贸易壁垒和流通阻碍，促进农产品、劳动力、资金和技术等要素的自由流动，有利于资源在市场机制的作用下，在更大的范围内精准匹配城乡间的需求和供给，并根据需求和供给的变化进行自由流动和优化配置。同时，城乡融合发展和全国统一大市场建设有利于在全国范围内实现提高城乡资源的配置效率，推动城乡经济的协调发展，加快构建以国内大循环为主体、国内国际双循环相互促进的新发展格局。

其次，城乡融合发展有利于促进社会公平和公正。这具体体现在一系列制度供给的完善上，如通过深化农村土地制度改革，坚持农村土地农民集体所有，稳定农村土地承包关系，明确农村土地流转和集体经营性建设用地入市的程序和条件，赋予农民更加充分的财产权益；通过推动金融系统优化资源配置，健全农村金融服务体系，为农民提供更多的融资渠道和金融支持，推动农民增收和乡村振兴；通过加大对农村教育、医疗、养老等公共服务领域的投入，加强农村地区公共服务供给，实现城乡发展均衡和机会公平。此外，城乡融合发展还通过建立合作帮扶机制为发展正义提供了保障，如通过建立经济合作机制，促进城市与农村互利合作，推动城市企业与农村经济组织深度融合，实现城乡产业链延伸与耦合，推动农村产业升级和农民增收；通过建立城乡技术支持机制，引导城市科研机构和技术专家为农村提供指导支持，提高农业生产效益和产品质量，鼓励城市专业人才到农村工作，为农村发展注入新的活力；通过建立帮扶合作机制，为农村地区提供更好的公共服务和社会保障，推动实现巩固拓展脱贫攻坚成果同乡村振兴有效衔接。正是通过以上的诸多制度和措施，改变城市和农村的不平等地位，缩小城乡差距，可以让更多的人分享社会发展的成果，促进社会和谐稳定。

再次，城乡融合发展有利于推动经济发展和转型升级。城市和农村的互补和互动可以促进产业链的完善和发展，推动经济的转型升级和创新发展。因为城市和农村的产业特点和发展方向存在差异，城市一般以第二、第三产业为主，而农村则以第一产业为主。通过城乡融合发展，城市和农村可以形成合理的产业分工和合作体系，实现产业的优化升级。例如，城市可以将部分劳动密集型产业向农村转移，利用农村的劳动力资源丰富、劳动力成本低廉等优势，降低生产成本、提高产业竞争力；而农村则可以利用城市的科技、资金、人才等优势，发展现代农业、农产品加工、乡村旅游等产业，提高农村经济的质量和效益。这种产业分工和合作可以促进城乡经济的协调发展，推动经济的转型升级和创新发展。在此基础上，城乡融合发展还能够促进农村一二三产业融合发展，培育新产业、新业态、新模式。随着经济的发展和消费升级，人们对农产品的品质、口感、营养价值等方面提出了更高的要求。通过城乡融合发展，农村可以利用自身的资源优势和市场需求，发展高品质的农产品加工业、休闲农业、乡村旅游等产业。这些新产业、新业态、新模式的出现和发展，可以带动农村经济的转型升级和创新发展。例如，浙江省很多乡镇利用当地的自然资源和文化底蕴，积极发展休闲农业和乡村旅游产业，打造了具有特色的农业园区和旅游景区，吸引了大量的游客前来观光旅游，带动了当地经济的发展和转型升级。总之，城乡融合发展是推动经济发展和转型升级的重要途径。通过优化资源配置、推动城乡产业分工合作、促进城乡基础设施和公共服务一体化以及促进农村一二三产业融合发展等方式，可以实现城乡的互补和互动，推动经济的转型升级和创新发展。

最后，城乡融合发展有利于保护环境和生态。城市和农村的协调发展可以避免过度开发和污染环境，保护生态环境，提高人民的生活质量。从避免过度开发对环境的破坏方面来讲，在过去的几十年中，城市化的快速发展导致大量自然土地被占用，水资源被过度开发，生态环境受到了严重破坏。通过城乡融合发展，可以更加合理地规划城市和农村的发展，避免过度开发土地、水资源和生态资源，保护生态环境不受破坏。从促进环境的治理和改善方面来讲，城市和农村在环境保护方面具有各自的优势，通过城乡融合发展，可以相互配合，发挥各自的优势，共同治理和改善环境。例如，城市可以通过资金、技术、人才等资源的投入，帮助农村治理环境污染、改善农村环境卫生；而农村则可以为城市提供优质的生态产品和服务，促进城市的可持续发展。这种合作可以有效地改善环境质量，提高人民的生活质量。从促进生态保护和修复来讲，城市和农村在生态保护和修复方面具有各自的优势，通过城乡融合发展，可以相互配合，共同促进生态保护和修复。例如，城市可以通过科技手段和资金支持，帮助农村进行生态修复和保护；而农村则可以为城市提供生态安全保障和生态服务。这种合作可以有效地保护生态环境，提高人民的生存环境和生活质量。从促进可持续发展理念的普及和实践来讲，城市和农村在可持续发展方面具有各自的优势，通过城乡融合发展，可以相互学习、交流和合作，共同普及和实践可持续发展理念。例如，城市可以通过宣传教育、示范推广等方式，帮助农村普及可持续发展的理念和实践；而农村则可以为城市提供可持续发展的实践经验和启示。这种合作可以有效地推动可持续发展理念的普及和实践，促进经济、社会和环境的协调发展。

可见，城乡融合发展是实现省域现代化的有效途径。然而，对浙江来说，尽管城乡融合发展走在了全国前列，但仍然存在一些阻碍城乡融合发展的因素。例如，城市对农村的虹吸效应、公共服务不均等问题。这些问题的解决需要政府、市场和社会各方的共同努力。政府需要出台相关政策措施，加强规划引导和监管，推动制度创新和改革。市场需要发挥资源配置的决定性作用，推动资本、技术、人才等要素的自由流动和优化配置。社会也需要发挥主体作用，积极参与和支持城乡融合发展。此外，还需要特别注意城乡融合发展的几个重要方面：第一，要注重保护农民的利益和权益。农民是城乡融合发展的主体之一，他们的利益和权益应当得到保障。这包括保障农民的土地权益、增加农民的收入、提高农民的社会保障水平等。第二，要注重城市和农村的差异性和特点。城市和农村在发展上有着不同的特点和需求，应当根据实际情况制定相应的发展策略和政策。第三，要注重推动城市和农村的协同发展。城市和农村的协同发展可以促进经济、社会、环境等多方面的平衡和协调。

第二节　城乡融合发展推动省域现代化的实践基础

在过去的二十年，浙江省在推动城乡融合发展方面取得了显著成效。通过优化城乡空间布局，加强基础设施建设，推动城乡产业融合发展，以及完善社会保障体系等措施，浙江成功实现了城乡之间的均衡发展。城乡居民在教育、医疗、社保等公共服务方面的差距不断缩小，生活质量得到了显著提高。同时，浙江还注重保护农村生态环境，推动绿色发展，实现了经济效益和社会效益的双赢。

一、城镇化进程逐步加快，城乡空间布局结构持续完善

伴随社会主义市场经济的快速发展和经济的高速增长，浙江省城镇化进程逐步加快，城镇化水平日益提高。从 2000 年到 2022 年，城镇人口从 2276.5 万人增加到 4826 万人，城镇化率从 48.67% 提升到 73.4% 。但是，在城镇化进程中仍然存在诸多矛盾，如城镇体系发展不协调、大城市人口过度集中，资源环境承载力受到严重考验，小城镇建设遍地开花，相同职能类型的城镇重复建设的同时广大农村地区建设滞后。在此背景下，浙江省依据“八八战略”进一步发挥城乡协调发展新优势，统筹城乡经济社会发展，加快推进城乡一体化，持续完善城乡空间布局结构。[1]

① 段德忠,刘承良．国内外城乡空间复杂性研究进展及其启示[J]．世界地理研究,2014(3).

（一）因地制宜建设产业集聚区，推进城市合理分工

浙江地形为“七山两水一分田”，土地资源稀缺，开发建设空间已严重不足。“十二五”时期浙江省在提升发展环杭州湾、温台沿海、金衢丽高速公路沿线三大产业带的基础上，在全省11个市建设了14个产业集聚区，到了“十三五”时期发展为15个产业集聚区。产业集聚区利用明显的资源优势、优越的集约发展条件、较好的产业基础、较大的开发潜力，建设一二三产业融合、城乡统筹协调、人与自然和谐的区域发展新空间。浙江省产业集聚区利用海洋、港口、毗邻上海大市场和位于长江三角洲、长江经济带的有利区位优势，引领和推动当地经济实现高质量发展；依靠主要运输枢纽、发达的海陆空交通、网络优势比较明显的综合交通条件，促进省域产业协同增长；结合有限的可利用发展空间与全省土地资源的自然属性和区域分布相结合，形成规模大、集中连片、后续潜力较大的开发建设空间；依靠特色鲜明的块状经济和丰富的企业家资源，打造具有浙江特色的现代化产业体系，促进经济社会可持续发展①。

同时，集聚区注重各地区资源禀赋，发展优势产业。如舟山等海域城市充分利用区位优势，大力发展海洋经济；衢州结合现有产业基础发展氟硅产业，台州、绍兴滨海重点发展化工原料、化纤和石化等产业集聚区；宁波杭州湾注重以新材料和化纤产业为突破口，引导资本优先服务于该类重点产业②。

（二）特色小镇以点带面，促进省域空间均衡发展

“十三五”期间浙江省聚焦万亿级大产业，兼顾历史经典产业，坚持产业、文化、旅游和社区功能“四位一体”，高标准建设100个左右产业支撑有力、高端人才集聚、具有独特文化内涵和旅游功能的特色小镇。特色小镇的建设旨在通过产业定位和规划引领，集聚人才、技术、资本等高端要素，推动区域经济发展模式从投资驱动向创新驱动转变。新时代特色

① 潘东兴．浙江省产业集聚区高质量发展的思考[J]．统计科学与实践，2013(6)．

② 秦林林．浙江省“十二五”期间产业集聚区规划评析[J]．经营与管理，2014(11)．

小镇与城乡融合发展之间存在要素转换融合、设施沟通融合、产业重组融合、政策衔接融合、文化交互融合五个方面的空间关系机理。特色小镇的生长存在自下而上的自组织机制和自上而下的传导整合机制，这两种机制进而推动其与城乡融合发展之间“由点及面”的空间联通路径的形成，最终实现城乡空间的重构与融合。①

例如，以杭州玉皇山南基金小镇等为代表的“新兴产业型”小镇，依托金融、信息、高端装备制造等新兴产业平台，符合未来支撑浙江省经济转型发展的主导产业定位，并且大多位于大都市区范围，具有良好的区位和人才、资本、技术优势，易于接受大都市核心区人才、资本和创新要素向外围圈层的扩散与辐射；以海宁皮革时尚小镇等为代表的“传统块状经济转型提升型”小镇，依托地方传统优势产业，通过整合优势资源要素，集聚创新资源，寻求产业升级乃至区域层面的功能转型路径，并在空间上通过新型功能平台建设、文旅功能植入和产城融合的空间布局，塑造“产、城、人、文”融合的特色小镇形态；以西湖龙坞茶镇等为代表的“历史经典产业型”小镇，分布在历史文化底蕴丰厚的地区，基本特点是依托历史经典产业，叠加生态、文化旅游功能，打造旅游景区型特色小镇。②

（三）乡村振兴补齐短板，推动全省经济再上新台阶

农业强，则省强。农业现代化为建设经济强省提供了坚实的物质基础；农村现代化是实现高水平省域现代化和实现全省高质量发展的基础所在；培养高水平人才可以加快实现农业农村现代化的步伐，而实现农业农村现代化是让发展成果更多更公平惠及全体人民的途径。早在“十一五”时期浙江就开始大力发展乡村生态旅游，积极发展休闲观光农业、农家乐、森林旅游和农村服务业，同时优化农业结构和区域布局，着力建设浙北浙东沿海平原、浙中盆地丘陵、浙西北浙西南山区和沿海及岛屿四大农

---

① 王坤，贺清云，朱翔．新时代特色小镇与城乡融合发展的空间关系研究：以浙江省为例[J]．经济地理，2022(8)．

② 赵佩佩，丁元．浙江省特色小镇创建及其规划设计特点剖析[J]．规划师，2016(12)．

业区块；“十二五”时期积极发展现代农业，加强科技对农业的支撑作用；“十三五”时期积极推动农业现代化，促进一二三产业融合发展；“十四五”时期加快推进农业农村现代化，提升高效生态农业发展水平，构建现代乡村经营体系。在持续不断地努力下，2010—2021年浙江省新型城镇化发展水平空间差异逐步降低，在浙东、浙中稳定增长的同时，浙西、浙南也加速赶上，已逐步趋向均衡发展；乡村振兴发展水平增势显著，市际差异逐年收缩，由浙东、浙北逐步向浙西、浙南梯度分布。城镇化的高速发展从多个领域辐射乡村，乡村的高水平开发也在多层面支撑城镇建设。①

二、都市圈建设初具规模，中心城市集聚辐射能力不断增强

浙江省委、省政府历来重视中心城市建设。早在2006年，《浙江省国民经济和社会发展第十一个五年计划纲要》就提出加快区域中心城市和城市群建设。按照循序渐进、节约土地、集约发展、合理布局的原则，加快中心城市发展，发挥城市群的网络效应，提高区域整体竞争力。目前，浙江省已形成以杭州、宁波、温州和金华—义乌（金义）为中心的四大都市圈，中心城市对周边市县的经济、科技、基础设施等多个层面的辐射能力不断增强，中心城市与各市县功能组织的联系程度更加紧密。

（一）四大都市圈整体趋势

2021年，四大都市区集聚了全省94%的常住人口和95.9%的GDP。新增人口向大都市主城圈集聚态势显现，杭甬主城圈人口集聚头部效应显著，但温州、金义都市圈人口集聚不稳定、圈层分布不明显。新增建设用地向大都市主城—近郊集聚态势显现，四大都市圈分化明显，杭州都市圈建设用地增长优势尤为突出。经济增长以主城圈、近郊圈为主力，杭州都市主城圈一枝独秀，宁波、温州、金义近郊圈经济增长动力显著②。都市

① 孙杰，于明辰，甄峰，周亮亮，等．新型城镇化与乡村振兴协调发展评估：浙江省案例[J]．经济地理，2023(2).

② 柯敏，徐博文．浙江省域都市圈人口经济圈层集聚规律及应对策略[J]．中国工程咨询，2022(8).

区及周围地区特色小镇以金融、数字经济等现代服务业和高端装备制造业为主，而都市圈外的地区特色小镇主要以旅游业或历史经典文化作为特色先导产业，努力打造连通中心城市的节点和辐射周边地区的副中心。

（二）四中心城市各自特点

杭州整体辐射水平最高。杭州都市圈以杭州市辖区为中心，由湖州、嘉兴和绍兴市区及四市周边县域共同组成，自古文化相亲、交通互联、经济往来密切。杭州市加快沿江、跨江发展进程，强化长江三角洲重要中心城市和全省政治、经济、文化中心的功能，构筑杭州都市经济圈，成为全省高新技术研究开发与产业化的核心区、现代服务业发展的集聚区。相关辐射力测算结果显示，杭州对周边市县各层面的辐射力整体呈上升趋势，由于各市县发展基础差异、政策及市场条件不同，中心城市对各市县的作用机制也各不相同，各项辐射力指标如经济辐射力、金融辐射力、产业辐射力、企业辐射力等的辐射范围较大①。

宁波港口辐射优势明显。宁波都市圈包含宁波、舟山、台州 3 市。改革开放 40 多年来，宁波市逐步发展成为现代化的国际性港口城市和长江三角洲南翼经济中心，成为浙江临港重化工业的核心区、上海国际航运中心的重要组成部分。作为都市圈的中心城市，宁波的经济辐射力水平近年来呈现递增趋势，在四大都市圈中仅次于杭州②。

温州辐射能力逐步提高。温州都市圈位于浙江省东南部，包括台州所辖的台州市、临海市、玉环市、温岭市以及温州所辖的温州市、永嘉县、乐清市、洞头区、平阳县、瑞安市、苍南县 11 个县市。温州市加快城市东拓和港口建设步伐，加大外向发展力度，逐步发展成为东南沿海重要的工业、商贸中心和港口城市，构筑温州都市经济圈，使之继续成为民营经济的先行区，辐射浙南闽北、影响皖赣的经济枢纽。

金义双中心协同发展，特色产业遍地开花。相比于杭州和宁波通过人

---

① 沈钰梅．基于中心城市视角的杭州都市圈发展研究[D]．杭州：浙江大学，2016.

② 郭倩倩，陈永红．宁波都市圈中心城市经济辐射力的评价及影响因素分析[J]．科技与管理，2017(9).

口流动来带动周边城市，金义都市圈的核心城市则是通过各具特色的优势产业来辐射周边县市。其中，义乌是通过商品贸易拉动周围地区的经济，2022 年，全年义乌的进出口总额已经达到了 4788 亿元，其中出口数额为 4316.4 亿元，进口为471.6 亿美元，增长率分别为18%和93.5%，每天在义乌市场选择采购的中外商人都保持在 30 万左右，有 65%以上的各类小商品出口到世界 215 个国家和地区①；东阳通过横店影视城的旅游资源吸引全国游客，为当地创造了丰厚的旅游收入，2004 年国家广电总局批准成立浙江横店影视产业影视城，横店影视城一跃而成为亚洲乃至全球最大的影视实景拍摄基地，2010 年被授予国家 5A 级旅游景区，其所吸引的文化旅游人次在 2022 年达到 2580 万；永康通过中国科技五金城不仅为制造业提供广阔的销售和展示平台，同时吸纳全国甚至世界各地的人才、技术和原材料等，为企业生产提供配套服务，整个市场汇集了上万种五金产品及相关产品，商品辐射国内及俄罗斯、美国、加拿大、巴西、澳大利亚、日本等 50 多个国家和地区。

三、基本公共服务均等化水平大幅提高，城乡二元结构逐步打破

长期以来，我国在城乡之间分别实行两套公共服务供给制度。城市中的公共服务主要由政府公共财政提供，城市居民可以免费消费纯公共产品，或支付较低的费用消费准公共产品。农村公共服务则主要由农村基层政府（乡镇）和村集体来提供。城乡间财政收入的较大差异导致了在公共服务上的支出也不均衡，进一步导致城乡居民难以享受到均衡的公共基础服务。为了打破这种城乡二元结构，浙江通过多种途径努力缩小城乡基本公共服务的差距。

（一）缩小城乡教育差距，培育更有智慧的新型农民

整体提升教育质量。近十年来，浙江不断健全区域创新体系和现代教

---

① 义乌市统计局.2022 年浙江省义乌市国民经济和社会发展统计公报［R］. https://www.yw.gov.cn/art/2023/4/11art_1229187192_4086603.html 2023－03.

育体系，扶持发展科教服务业；广泛应用信息技术推进教育领域的电子化进程；持续提高财政教育经费支出占财政支出的比例；高水平普及基础教育、加强职业教育和继续教育、提高高等教育质量、全面加强特殊教育、推进教育体制改革。2020 年浙江省新增劳动力平均受教育年限提升至 14.36 年，高等教育毛入学率由 2005 年的 34% 提升到 2022 年的 66.3%。此外，在数字技术的推动下，浙江省在“十四五”规划中提出深入推进数字校园建设，大力推进网络学习空间“人人通”。积极发展远程教育，建设终身教育学分银行。可以预见，在不久的未来，教育数字化将推动教育平等权由机会平等走向过程平等，由学校教育延伸到家庭教育，由城乡二元割裂走向城乡一体化互动①。

重点弥补农村教育短板。从“十一五”开始，浙江不断加强农村义务教育和劳动力培训，把传统农民培育成为能适应分工分业发展要求的，有文化、懂技术、会经营、高素质的新型农民。加快农村义务教育管理体制改革，完善“以县为主”的办学体制，切实提高农村教师待遇。加大扶贫助学力度，继续实施家庭经济困难学生资助扩面、爱心营养餐提供、食宿改造、教师素质提升等农村中小学“四项工程”。深入实施千万农村劳动力培训工程，加强对农村富余劳动力的技能培训和农业专业大户、农业企业主的专业培训。大力发展农村职业教育，全面提高农村后备劳动力的专业技能和整体素质。2021 年浙江省教育厅等四部门共同发布《关于新时代城乡义务教育共同体建设的指导意见》，成为全国首个全省域开展城乡教育共同体建设的省份。城镇优质学校与乡村薄弱学校结成教育共同体，通过融合型、共建型、协作型等几种模式，将城镇优质教育资源下沉到乡村，激发乡村学校内生活力。

（二）缩小城乡医疗卫生差距，保障居民公平享有健康的权力

整体提升医疗服务水平。十八大以来，浙江持续发力健全集预防、医

---

① 李威．数字化时代乡村学生教育平等权保障的机遇、挑战及其应对[J]．南京社会科学，2023(9)．

疗、保健、康复、健康教育和计划生育指导“六位一体”的社区卫生服务网络；建立重大传染病疫情和突发公共卫生事件应急指挥、疾病预防控制、卫生监督执法、医疗救治和公共卫生信息预警监测报告体系，加强重大传染病和地方病的防控工作；强化医学科技，建设一批现代化医院；发展中医药产业，推进中医药现代化和国际化；深化医疗卫生体制改革。加大公共卫生投入，合理配置资源，提高医疗卫生事业的公益性、公平性；健全卫生监督执法体系，加强对农村基层卫生事业的监管和服务；完善全民健康教育与健康促进工作机制。

重点弥补农村医疗差距。医疗服务的薄弱环节在农村。针对这一问题，浙江构建县、乡、村三级联动的农村卫生医疗服务体系，实施农民健康工程；加强农村及欠发达地区卫生基础设施建设，健全集预防、医疗、保健、康复、健康教育和计划生育指导“六位一体”的社区卫生服务网络；加强对欠发达地区医疗卫生服务事业的扶持，提高社会保障和救助水平。

（三）统筹发展城乡社会保障体系，使居民更好享有发展成果

健全的社会保障体系能够适当调整不同社会成员之间的收入和分配情况，缩小贫富差距，使社会成员的基本生活需要得到保障，使社会弱势群体、贫困人员获得社会公平感、心理平衡感以及安全感等，进而使社会矛盾得到缓和，社会的稳定和安全得以维护，更好的发展社会经济。经过多年的努力，浙江省建立了以养老、医疗、失业、工伤、生育保险制度为主体，以新型社会救助体系和新型社会福利体系为辅助的完善的城乡社会保障体系。截止到 2022 年末，基本养老保险覆盖全省 4520.07 万人，失业保险覆盖全省 1850.92 万人，工伤保险覆盖全省 2766.74 万人。

为提高农村居民的社会保障水平，浙江省积极探索农村集体经济与社会保障体系结合，更好发挥公有制的保障作用。途径一是农村集体经济通过在国家当前提供的社会保障基础上发挥补充保障功能而实现供给，通过提高当前国家社会保障项目的保障水平，以老年补贴对城乡居民基本养老保险领取水平进行补充，或者通过住院费用二次报销对城乡居民基本医疗

保险报销形成补充，也可以通过降低当前国家社会保障项目的缴费水平，对城乡居民基本医疗保险参保缴费进行补贴。途径二是农村集体经济作为独立的农村社会保障供给主体，通过扩充社会保障内容来发挥保障功能，并充分借助农村集体经济组织了解农村居民的情况，在为生活困难户提供保障等资金供给的基础上，通过服务供给的方式满足农村居民的更多需求。①

（四）推动城镇公共基础设施向农村延伸，提高村民生活质量

浙江以城乡共享为导向，不断完善城乡一体的基础设施体系。加强交通枢纽和农村运输节点的连接，推进以乡村康庄工程为重点的农村交通设施建设，提高农村公路网的通达深度和服务水平；实施千万农民饮用水等工程，稳步推进城乡供水一体化；以区域中心城市和县城为核心，以中心镇、中心村为基本联接点，完善覆盖城乡的公交、电力、邮政、通信、广播电视等基础设施网络。与此同时，积极支持供销社、信用社等机构在中心村建立网点，鼓励股份制商业银行向农村地区延伸服务，加快“千村千社便民工程”建设；实施新一轮农村电网升级改造工程，推进农村信息基础设施建设；加快欠发达地区交通、水利、能源、公共服务等基础设施和防灾减灾体系建设；加大对生态保护地区的扶持力度，对重大生态环保基础设施实行省市县联合共建。按照国际通行的划分标准，浙江省城乡公共交通、水电供应、广电通信、废弃物处理四项指标的基尼系数都处于 0.3 以下，达到比较均等水平；17 个细分指标中有 13 个指标处于绝对均等的水平。②

四、居民收入稳步增长，城乡差距日益缩小

进入 21 世纪以来，浙江省城乡居民收入差距可以概括为先扩大后缩

---

① 唐丽霞．乡村振兴背景下农村集体经济社会保障功能的实现：基于浙江省桐乡市的实地研究[J]．贵州社会科学，2020(4)．

② 胡税根，叶安丽．浙江省公共基础设施均等化的实证研究[J]．中共浙江省委党校学报，2011(7)．

小。伴随着我国加入 WTO，对外开放步伐加快，经济再上新台阶，改革发展成果在惠及全省人民的同时，城乡居民收入差距也有所扩大，城乡收入倍差由 2000 年的 2.18 进一步扩大至 2012 年的 2.37。2013 年以来，中国特色社会主义进入新时代，按照党的十八大提出的全面建成小康社会目标，浙江省忠实践行“八八战略”，干在实处，走在前列，统筹城乡协调发展，全力打好脱贫攻坚战，群众获得感不断提升，高水平全面建成小康社会顺利实现。2013—2022 年，在人均 GDP 和居民人均可支配收入年均实际增长的基础上，实现城乡收入倍差连续十年缩小，2022 年浙江城乡居民收入差距已缩小至 1.90，远低于全国城乡居民人均收入比 2.45。这种城乡居民收入差距的缩小可以通过城乡居民就业的均等化、城乡居民住房的均等化、城乡居民消费的均等化得到体现。

（一）城乡居民就业的均等化

三种途径保障乡村居民就业机会均等化。党的二十大报告提出，中国式现代化是全体人民共同富裕的现代化。而就业是劳动者获得收入、提高生活水平的基本途径。实现更加充分更高质量的就业不仅可以促进城乡居民收入不断提高，而且可以促进居民收入差距不断缩小。“八八战略”提出并实施以来，浙江省通过为农村居民创造就业岗位，提供技能培训和就业保障三条途径促进居民就业机会的均等化。“十一五”时期改善进城务工人员的就业生活环境，进一步提高进城务工人员待遇，切实解决涉及收费、薪酬、劳动时间和工作条件等突出问题。为进城务工人员提供同等的职业培训、子女就学、计划生育、公共卫生服务。“十二五”时期深入实施千万农民素质提升工程，大力开展现代农业技术和农民务工技能培训；大力发展乡村生态旅游，积极发展休闲观光农业、农家乐、森林旅游和农村服务业，拓展农村非农就业空间；大力发展乡村精品农业，推进特色专业村建设；发展壮大村级集体经济，增强村级组织服务功能。“十三五”时期落实户籍制度改革方案，允许农业转移人口等非户籍人口在就业地落户；加强农业转移人口技能和文化培训，完善政府购买就业培训服务制度，提高农业转移人口素质和融入城镇能力。

就业质量不断提升。从全省来看，薪资水平显著提升。企业最低工资标准由2003年的390元、430元、480元、520元四档增加到2021年1840元、2070元、2280元三档。2002年全省职工年平均工资为18227元，2022年浙江省非私营单位就业人员年平均工资为128825元，私营单位就业人员年平均工资为71934元。从全省高校毕业生来看，2011—2020年，绝大多数年份的就业率整体稳定在95%以上；应届毕业生选择增多，直接就业比例逐年下降，本科毕业生由于升学率的提升，就业速度下降更为明显；工资待遇水平与居民消费价格总水平同向增长，月平均工资待遇已从2011届的2909元增加到2020届的5667.04元；毕业生所从事工作与专业对口的情况有所好转；毕业生对所从事工作的工资待遇、工作强度和环境、社会声望与发展空间方面的个人满意度相对较高。①

（二）城乡居民住房的均等化

央行调查统计司的相关数据显示，我国居民家庭的房屋财富占比长期保持在65%以上②，房价持续走高，在一定程度上降低了居民的可支配收入，进而降低了居民消费的意愿。住房问题随着工业化、新型城镇化进程的加快日益尖锐化。浙江省委、省政府深刻领会"房住不炒"精神，在以人民为中心的基础上推动新型城镇化，通过多种住房保障制度实现居民全覆盖。其中，住房公积金制度覆盖群体不断扩大，截至2022年，住房公积金制度覆盖全省40.24万家单位、1091.35万名职工，显著提高了城镇中低收入群体的居住水平。与此同时，建立了经济适用房制度、廉租房制度和公共租赁住房制度。其中，经济适用房制度为城市中低收入住房困难家庭提供保障性住房，廉租房制度向具有城镇户籍的最低收入住房困难的家庭提供非产权保障性住房，公共租赁住房制度给符合条件的城镇中等偏下及以下收入住房困难家庭、新就业无房职工和稳定就业的外来务工人员提供的保障性住房，解决介于廉租房标准与经济适用房标准之间的中低收入

① 王向东，张应敏，孙铁燕．高校毕业生就业质量监测及其提升策略研究：以浙江省十年实证调查为例[J]．现代大学教育，2022(9)．

② 傅东平，苏晓．住房价格不平衡对我国财富分布格局的影响研究[J]．当代财经，2023(8)．

群体的住房困难问题。此外，全省还不断加快完善以保障性租赁住房与共有产权住房为主体的住房保障体系。“十四五”期间，浙江预计将建设筹集保障性租赁住 120 万套（间），将有效解决新市民、青年人等群体住房困难。这些住房保障制度为中低收入住房困难群体提供了优惠政策与福利，缓解了居民住房的供需矛盾，提高了人民生活水平和实现了社会稳定。

（三）城乡居民消费的均等化

城乡居民消费支出差距不断缩小。“八八战略”提出并实施以来，浙江省优化居民收入分配关系，逐步提高居民收入在国民收入分配中的比重，提高劳动者报酬在初次分配中的比重，实现居民收入增长与经济发展同步、劳动报酬增长和劳动生产率提高同步；继续实施低收入农户奔小康和城镇低收入家庭增收工程，健全城乡低收入居民收入增长的长效机制；积极创造条件，努力增加城乡居民财产性和经营性收入，进一步扩大中等收入者群体；建立最低工资标准与人均生产总值联动增长机制，建立健全劳动者工资正常增长机制和支付保障机制；健全农产品价格保护机制，保障农民生产性收入。2022 年浙江城镇居民人均消费支出为 44511 元，比上年增长 5.5%，居全国 31 个省（区、市）第 3 位；农村居民人均消费支出为 27483 元，比上年增长 8.1%，居全国 31 个省（区、市）第 1 位。实现居民消费支出倍差从 2000 年的 2.5 倍左右下降到 2022 年的 1.6 倍左右，消费支出差距正在逐步减小①。

稳定价格总水平，保障实际收入不缩水。为了避免物价水平的波动给低收入居民带来不利的影响，浙江省在“十二五”期间提出，切实做好重点商品生产和供应工作，加强大宗农副产品和能源物资储备，稳定居民基本生活必需品和重要生产资料价格；加快建立最低生活保障、失业保险标准与物价上涨挂钩的联动机制；清理和取消不合理的涉及企业生产与群众生活的收费项目，缓解企业生产成本增支和群众生活费用增加的压力；整

① 根据浙江省统计局数据计算得到。

顿规范市场秩序和企业经营行为，强化价格监管，重点打击恶意囤积、哄抬价格等违法行为；积极稳妥推进价格改革，加强价格监测预警，进一步落实“米袋子”省长负责制、“菜篮子”市长负责制。

努力扩大消费需求，保持总收入持续增长。消费、投资、出口是拉动GDP增长的“三驾马车”。保持消费的稳步提升，不仅有助于经济持续转好，更是使“发展成果更多更公平地惠及全体人民”的有效途径。英国经济学家约翰·梅纳德·凯恩斯在《就业、利息和货币通论》中提出的乘数原理表明，消费支出产生的乘数效应能够使总收入的增加大于初始的消费支出。2010年以来，为扩大消费需求，浙江出台了诸多政策措施。其中，“十二五”期间浙江省加快完善基本公共服务体系和大社保体系，形成良好的居民消费预期；加快培育旅游、文化、信息服务、教育培训、体育健身等消费热点，实施以旧换新和工业品下乡，进一步扩大农村消费需求。“十三五”期末因为新冠疫情的影响，经济面临需求收缩、供给冲击、预期减弱三重压力，经济从高速增长减缓为中高速增长。为了应对疫情带来的不利影响，全省共发放消费券60多亿元，社会消费品零售总额增长3.7%左右。

第三节　城乡融合发展推动省域现代化的主要任务和战略举措

城乡融合发展对于实现省域现代化先行、高质量发展建设共同富裕示范区、加快推进新型城镇化具有重要意义。其中，主要任务和战略举措是推动城乡融合发展的关键环节和重要抓手，对于实现城乡融合发展目标具有决定性影响。因此，必须高度重视主要任务和战略举措，采取切实有效的措施和行动计划，以持续推动城乡融合发展。

一、统筹城乡产业发展，实现产业互促共进

产业兴旺是实现中国式现代化的重要前提之一。统筹城乡产业发展，

就是在农村一二三产业融合的基础上从多角度打破城乡之间的产业联系壁垒，促进城乡产业联动。

一是推动农村产业升级。在科学路径以及政策指引下，率先注重农产品产业链搭建，加大技术投入，纵向延长农业产业链，提升附加值，引导农业经营主体进行农产品深加工，建设农业产业园，建设提升特色小镇、小微企业园、现代农业产业园、科创产业基地、“共富工坊”等，推动产业用地有机更新，突破农村只能参与最初生产和初加工的限制，综合农村特色资源打造农产品生产、深加工、衍生品制造一体化产业链，进而提升农业附加值，促进农户增收。“互联网 +”时代下，一体化为农业注入网络力量，利用“直播 + 农户”手段，可以有效地解决销售渠道问题，同时，在新领域下能实现动态监测、远程控制等智能化管理，以此共同推动农业现代化转型升级，促进一二产业之间相互融合。在此基础上，根据不断提高的城乡居民消费水平和不断升级的城乡居民需求，持续推动调整农业产业结构，生产高质量、高端衍生品，在迎合大众需求的同时进一步优化产业链，避免被大升级趋势淘汰。数据显示，浙江依靠发掘农业资源已累计建成现代农业产业园区 100 个、特色农业强镇 100 个，一二三产业深度融合的省级现代农业园区 100 个，为城乡产业互促奠定了乐观的大环境。

基于农业自身蓬勃发展，城乡融合所推动实现的乡村改造与生态改善带动农业与第三产业联动契机，在乡村发展“农业 +”“文旅 +”“制造业 +”等融合型产业，培育上市企业、农业龙头企业、制造业专精特新企业，打造绿色工厂、未来工厂、未来农场，推动产业绿色化、数字化、智能化发展，推动产业链强链延链补链。通过多种途径开拓更加广泛的由城市向乡村传递产业发展需求的渠道，乡村在融合一体化发展的支撑下拥有抓住机会创造效益的能力。目前，“农业 + 休闲康养”“农业 + 乡愁文创”等模式正得到大力实施并取得可观效果，众多县域通过打造精品山居民宿集聚区，并植入生态农业、文化创意等业态，形成一二三产深度融合发展的乡村多元经济。数据显示，浙江拥有全国乡村旅游重点村镇 54 家，民宿 1.98 万家，就业人数超 15 万，2022 年度实现经营总收入 514.6 亿元，全省农民收入中旅游贡献率为11.5%，且休闲农业和乡村旅游产业规模超千亿元。城乡收入差距逐渐缩小：城乡居民收入比从2003年的2.43缩小到2022年的1.90，均衡水平领跑全国。

此外，还可以通过生态、科技、产业三维赋能，推进乡村地区全产业链开发，形成以乡村自身条件为基础，挖掘和发展具有特色的产业，从而形成自身品牌、具有市场竞争力的“一村一品”模式。具体措施包括：通过开展品牌诊断、品牌故事大赛、品牌创新成果发布等活动，积极打造“浙江制造精品”，打造品牌效应；大力推进老字号传承创新发展，加强文旅消费品牌建设，培育文化演出、旅游演艺、文创产品等特色品牌；完善农产品质量追溯体系，建立品牌目录制度，推进品牌及地理标志建设，提升农业产业附加值。以宁波为例，宁波目前已经拥有25个“一村一品”示范村，远远超越杭州（11个）位居浙江第一，这离不开宁波市内大力推进“一村一品”“一镇一业”，优化名特优新农产品布局的举措。

二是加强城乡产业合作。通过资金、技术、人才等资源的跨区域流动，推动城乡产业的深度融合和发展。就浙江而言，这些举措具体体现在：继续实施“山海协作工程”，通过资金、技术、人才等资源的跨区域流动，推动山区和沿海地区的产业合作；完善“飞地经济”模式，通过“飞地经济”模式，打破行政区域限制，实现城乡的资源互补和共享，如嘉善县与上海市闵行区合作，在嘉善县姚庄镇建设了上海市闵行区“飞地经济”示范园，共同打造长三角生态创新示范城市；推动产业转移，通过制定产业转移政策，引导传统产业向农村地区转移，同时推动农村地区的产业升级和转型；发展农村电商，通过搭建乡村电商服务体系，将农产品销售到城市市场，同时将城市的商品销售到农村市场。通过城乡融合发展，浙江正不断实现城乡要素双向流动畅通，城市的资本与人才流向乡村，助力乡村实现振兴，乡村反过来为城市提供更多更好的农产品和绿色宜居的环境，在城乡互惠互利的协调发展中，带动浙江整体产业互促互进。

二、统筹城乡社会事业发展，实现文明共享

作为检验发展的重要标准，民生尤其是乡村居民的生活条件最能够体现城乡融合的发展效果。要通过统筹教育、医疗、精神文明建设及其他公共服务的发展，来进一步推动城乡融合，

（一）深化教共体改革，推动教育均衡发展

加强顶层设计，在全省域推动城乡教共体建设，促进义务教育优质均衡发展。2020 年底，浙江省教育厅等四部门联合出台全国首份全省域推行教共体文件——《关于新时代城乡义务教育教育共同体建设的指导意见》。2021 年、2022 年，城乡教共体均写入中央一号文件，注重总结提炼，结合各地实践，总结推广融合型教共体、共建型教共体、协作型教共体三种模式，以落实省政府民生实事方式推进教共体建设。2021 年，浙江省政府将“新增城乡义务教育共同体学校（校区）1500 家”列入省政府民生实事项目。2022 年浙江省政府将“支援山区 26 县和 6 个海岛县组建跨地区教共体结对学校 500 所”列入省政府民生实事项目。将教共体建设落实情况纳入民生实事专项督查考核和地方年度教育业绩考核双考核。通过这一系列举措，城乡教共体结对帮扶落地有声。2021 年新增县域内融合型、紧密型城乡义务教育共同体结对学校 1532 所，完成城乡教师交流 1700 多人，交流的教师覆盖到所有受援的乡村学校。2021 年底，全省城乡教共体结对学校累计达 3685 家，已覆盖所有乡村学校和 80% 城镇公办学校。乡村教育出现一些可喜变化：乡村学校教学质量提升明显，乡村学生开始回流，教师资源有效整合。通过组建融合型教共体，实现了城乡各校区间教师的统筹安排，乡村整体教育水平得到显著提高，教育资源也得到了有效配置。

（二）破除医疗壁垒，推进医疗资源共享

构建整合型医疗卫生服务体系，全面推进以县级医院为龙头、其他若干家县级医院及乡镇卫生院（社区卫生服务中心）为成员构成紧密型医疗集团的医共体改革，在“双下沉、两提升”基础上，开展县域医共体试

点，将其作为推动县域综合医改、补齐基层医疗服务能力短板的新突破口，通过实施集团化运营，打开机构“围墙”，贯通服务“链条”，提升基层能力，努力实现“一家人，一盘棋，一本账”的医共体建设模式。在该模式下，优质医疗卫生资源不断向乡村延伸，定期开展免费检测，提供家庭病床、上门巡诊等居家医疗服务，开展组团式巡回医疗服务；乡镇卫生院（社区卫生服务中心）医疗服务能力不断提高，中心镇卫生院实现标准化建设，村级医疗卫生服务体系得到完善，农村“20 分钟医疗卫生服务圈”基本形成；便民数字化健康服务应用持续推广，向城乡居民开放个人电子健康档案，依托未来社区（乡村）智慧化社区卫生服务站（村卫生室）建设，各类数字健康服务应用落地运行，城乡居民均等共享便捷可及、综合连续的智慧医疗和智慧健康管理。数据显示，通过近些年持续地努力，浙江县级公立医院中三级医院占比达 30% 以上、床位占比达 60% 以上，县域就诊率达 90%、基层就诊率达 65% 以上，山区 26 县本科以上医疗卫生人员占比与全省平均之比稳步提升。实现城乡居民基本公共卫生服务全覆盖、健康体检制度全覆盖。

（三）推动公共服务均衡，筑牢发展兜底保障

习近平总书记提出“要探索以社会保障卡为载体建立居民服务‘一卡通’，在交通出行、旅游观光、文化体验等方面率先实现‘同城待遇’”。近年来，浙江省作为全国社会保障卡居民服务“一卡通”应用试点省份，扎实推进居民服务“一卡通”建设，有力促进全省区域公共服务普惠化、便捷化。此外，通过城乡有效融合，“浙里办”、“15 分钟”城乡养老和婴幼儿照护服务示范圈、“30 分钟公共服务圈”等基本形成，这一系列成果从各个角度推动浙江各地区城乡基本公共服务均等化水平不断提升，县域覆盖范围不断扩大，促进了城乡共享社会保障发展成果。

（四）建设精神文明，铸魂乡村振兴

在精神文明建设方面，把文化文明摆在示范区建设的突出位置，着力打造精神文明高地，注重乡村精神文明建设。通过培育“浙江有礼”品

牌，浙江成为全国文明城市设区市全覆盖省份，精神文明建设进入从城区向乡村延伸、从局部向全域覆盖新阶段，主要体现在：根据常住人口变化趋势，合理配置公共文化服务资源，将乡镇（街道）、村（社区）基层综合性文化服务中心纳入图书馆、文化馆总分馆体系，实现一体化配送与运营，打通公共文化服务“最后一公里”；创新流动文化、文化走亲、文化联动等服务方式，实现城市优质公共文化资源向农村和偏远地区下沉；建立城市与农村文化建设帮扶机制，促进城乡文化资源共建共享，提高城乡基本公共文化服务均等化水平；推进全域文明创建行动计划，发挥村规民约作用，推进农村移风易俗；通过实施文化惠民工程，创新文化特派团制度，建设非遗工坊，推动艺术振兴乡村，开展体现农耕农趣农味文化体育活动，建成乡村博物馆400家，加强乡土文化研究和农业文化遗产保护利用；构建高品质公共文化服务体系，创建文化礼堂点亮乡村，截至2022年底，浙江累计建成20511家农村文化礼堂，实现500人以上行政村全覆盖，文化礼堂已成为传播文明风尚、丰富文化生活、弘扬中华优秀传统文化、培育和践行社会主义核心价值观重要阵地；建设“志愿浙江”平台，精准对接群众需求，打造“乡村独居老人紧急救助”“银龄跨越数字鸿沟”等志愿场景，通过数字化改革，为群众提供专业化、高质量的志愿服务。

（五）创新城乡治理，助力城乡融合共富

除教育、医疗、社会保障、精神文明建设外，城乡治理模式也要不断更新升级，不断推动城、镇、村联动发展，合理定位城、镇、村关系，强化县城综合服务能力和乡镇公共服务功能，协同推动镇郊村开展未来乡村建设。推进城镇和乡村片区化发展，构建全域覆盖、层级叠加、舒适便捷的5分钟社区生活圈、15分钟建成区生活圈、30分钟镇域生活圈体系，打造联城、联镇、联村的共富带。在政策引领下，近些年各地区县域根据社会发展需求，推出了因地制宜、各具特色的城乡治理途径，例如，浙江省桐乡市探索“三治”融合，通过“自治、法治、德治”融合的基层社会治理实践探索，突出党建引领，推动政府、社会组织、群众等治理主体多方共治，成为2022年中国社会治理百强县；丽水市云和县创新“街乡共治”，以党建为引领，群众联动共商共治，数字改革牵引搭线，推动进城农民加快实现市民化，构建共建共治共享的山区县城乡融合共富模式，共享文明发展成果。

三、统筹城乡基础设施建设，实现城乡互联

基础设施建设既是衡量城乡一体化发展的重要标准，也是城乡发展的重要命脉，直接关乎城市能否把握发展机会，拥有发展潜力的大小；同时，也关乎着乡村县域改造升级，承接城市发展机会的能力。为推进现代化美丽城镇建设，必须将基础设施建设作为首要任务，推动新型城镇化与乡村振兴全面对接，深入探索破解城乡二元结构、缩小城乡差距、健全城乡融合发展的体制机制，通过设施提标，推动实现城乡交通、供水、电网、燃气等基础设施同规同网，推进城乡整体基础设施现代化建设。具体来讲：

在路网建设方面，加大城镇路网设施建设力度，倡导“小街区、密路网”，完善交通安全设施，提升市政设施品质。加强地下空间开发利用，推进市政管网更新改造，鼓励有条件的地区开展综合管沟建设。提升供水保障能力，强化生活小区“污水零直排区”建设，深化推进农村生活污水治理“强基增效双提标”，推动城乡污水一体化处理。加快推进天然气基础设施建设，大力提升管网互联互通水平，加强老旧设施检验及更新改造。合理布局生活垃圾分类收集站点，完善分类运输系统，加快补齐分类收集转运设施短板。此外，针对乡村承接城市转移加工产业，不断推进冷链物流服务网络向农村延伸，整县推进农产品产地仓储保鲜冷链物流设施建设，支持新型农业经营主体合股建设产地冷链。

在交通运输方面，提升交通服务能力，“城城互通”“城乡相通”双管齐下，通过扩大干线铁路、高速公路、国省干线公路的覆盖面，加快都市区周边城镇的轨道交通、城际铁路、快速公交等公共交通设施建设，提升浙江城际互通率；加强智慧公交、智慧停车等设施建设，推进停车资源供需平衡。通过优化市政道路、停车系统、公共交通场站等设施，改善县域

内城乡基础交通设施，推进县城市政道路与干线公路高效衔接，提高县城与周边大中城市的互联互通水平；推广以公共交通为导向的开发（TOD）模式。深化“四好农村路”建设，推进山区县的乡镇通三级公路和建制村通双车道公路，提升城乡客运公交一体化水平，健全城乡物流网络；推进水系连通及水美乡村试点县建设。

在绿化及能源方面，推进低碳设施建设。提升小城镇公园、口袋公园及沿山沿路滨水绿化，完善城乡绿道网，构建慢行交通网络，争取到2025年底实现每万人拥有绿道长度1千米以上。发展天然气、水能、风能、光能、氢能等清洁能源，加强新能源充电桩、换电站等配套设施建设。推进智能建造和建筑工业化协同发展，开展绿色建造和公共建筑节能改造。

除了上述几个方面，在数字时代背景下，还应当重视推进新型城市基础设施建设，不断推动智慧道路、智慧燃气、智慧水务、智慧社区、智慧环保等建设，提高市政基础设施运行效率和安全性能。推进5G网络、应急广播体系建设，鼓励云算力服务探索实践和物联网新型基础设施建设，提升城镇治理智能化水平，针对县域乡村，推动数字乡村建设，建成浙江乡村智慧网框架，建设全省农业农村大数据专题库，推动信息进村入户整省推进示范工程建设，实现益农信息社行政村全覆盖；建设农村宅基地管理信息平台和扶贫数字化管理系统，深化“基层治理四平台”建设；推进乡村治理数字化平台建设，融合村务管理、资源资产管理、环境治理、垃圾分类监测等功能；实施渔船精密智控能力建设工程，努力推动县城运行一网统管、政务服务一网通办、公共服务一网通享，让数字化设施贯穿乡村建设、治理、生产全过程。

此外，要注重加快补齐关乎国家安全和民生保障的基础设施短板。通过实施排水管网和泵站建设改造，不断提升县城排涝通道，进一步完善堤线布置和河流护岸工程，增强防洪排涝能力；通过健全灾害监测体系、提高建筑抗灾能力、合理布局应急避难场所等举措，增强防灾减灾能力和应急防御能力。另外，推动基础设施建设集约化、精细化发展，盘活闲散资源资产，更新改造老旧设施和低效设施，整合智慧化设施，减少与县域经济发展长期需求不符的基础设施投入。

四、统筹城乡就业和劳动社会保障，实现经济发展成果共享

总体而言，各地要结合本地实际，研究制定城乡统筹就业规划，通过发展经济，增加就业岗位，综合开发和利用城乡劳动力资源。

首先，从健全规划和政策出发，一方面，努力推进实行城乡劳动者平等就业，打通城乡劳动力交流渠道，取消地域、户籍、行业等对农村劳动力进入城镇就业的限制性政策。按照劳动者自主择业、市场调节就业、政府促进就业的方针，实现用人单位自主用工，劳动者公平竞争就业。要针对城乡劳动者中的不同群体，制定专项政策并制订工作计划。在拓展就业渠道，开发就业岗位，加强农村就业服务，帮扶特殊群体，落实组织和经费保障等方面，形成完善的政策体系并制订长效机制。另一方面，完善促进农村劳动力转移就业，大力发展县域经济，积极推进农业产业化经营。扶持乡镇企业、农副产品加工销售、家庭来料加工等农村二、三产业和特色经济的发展，努力增加适合农村劳动力转移就业的岗位，使农村劳动力通过离土离乡、离土不离乡等多种渠道和方式得到比较充分的就业。根据城市化进程和农村经济发展实际，制定促进被征地农民就业和农村劳动力转移就业的政策。继续做好劳务输出和输入工作，不断提高劳务输出和输入的质量。同时，建立城乡就业和失业统计调查制度，探索建立全省统一的城乡劳动力就业和失业状况统计调查制度，全面掌握城乡劳动力资源和就业失业状况。

在政策引导下，要强化各级政府的职能和责任，按照属地管理的要求，将城乡劳动力开发和外来劳动力就业工作统一纳入政府管理目标。加快推进工作重心向基层延伸，扩大管理服务范围，提高监督执法效率。明确和强化乡镇、街道的劳动就业和社会保障职能和责任，将工作目标落实到位，确保各项政策措施的顺利实施。

其次，平台建设也至关重要，健全完善基层管理服务平台，督促各级政府进一步重视县（市、区）就业服务机构和乡镇、街道劳动保障（社会

救助）机构队伍建设，切实做到机构、编制、人员、场地、经费、制度到位。乡镇、街道劳动保障（社会救助）机构在当地政府领导和上级劳动保障部门指导下，开展各项劳动保障和就业服务业务。建立覆盖城乡的劳动力市场和信息网络，按照中心城区有市场，主要乡镇有网点，街道社区有窗口的目标，建立和形成覆盖城乡的劳动力市场网络。重视信息化建设，按照自下而上推进的目标，努力实现县域、市域和全省职业介绍和就业服务的计算机联网，形成覆盖城乡的劳动力市场信息网络。在公共就业服务过程中，各级公共就业服务机构应向各类城乡劳动者开放，开展免费信息咨询、职业指导和职业介绍服务。提高就业服务的针对性，如实施以下岗失业人员为对象的“再就业援助行动”，以进城务工农村劳动者为对象的“春风行动”，以新毕业大学生为对象的“就业见习训练计划”。完善跨地区信息沟通机制，引导用人单位合理用工，促进劳动力有序流动。

再次，在统筹城乡就业，推动解决城乡就业政策和机会不协调问题的基础上，重视劳动社会保障，维护就业人员各项权益也持续受到关注与重视。规范企业劳动用工管理，监督用人单位认真贯彻各项劳动保障法律法规，严格执行劳动合同制度，依法与包括农民工在内的所有职工签订劳动合同，进行录用备案登记，依法参加社会保险。劳动保障部门建立企业用工数据库，强化对企业用工行为的监督和动态管理。规范劳务派遣等用工形式。依法维护城乡劳动者的合法权益，促进劳动者的稳定就业。

最后，要逐步完善城乡社会保障制度，推进建立和完善与经济发展水平相适应的城乡社会保障体系，妥善解决城乡劳动者社会保障问题。提出完善覆盖全民的社会保障体系，积极实施参保扩面计划，在养老、社保以及失业等方面统一城乡标准，为农民工提供均等的社会保障服务；推进城乡居民基本养老保险待遇确定和基础养老金正常调整机制落实，提升乡村社会保障水平；畅通调解仲裁绿色通道，快速处理农民工劳动纠纷案件，维护农民工劳动保障权益，优先解决农民工工伤保险和大病医疗保障问题，完善农民工的养老保险和失业保险、生育保险制度。进一步完善被征地农民社会保障制度，探索建立面向农业劳动者的农村养老制度。

第六章　生态文明建设推动省域现代化先行

第一节　实现省域现代化需要生态文明建设

一、生态文明建设的主要内涵

生态文明把人与自然协调发展作为行为准则，建立健康有序的生态机制，实现经济、社会、自然环境的可持续发展。生态文明建设是指在满足人们最基本生存需求的基础之上，以人类发展和顺应自然为核心理念，以制度化建设为基本途径，以实现人与自然和谐发展为目标进行的探索。生态文明建设是一个系统工程，其在政治、经济、法治、社会等方面都蕴含着丰富内涵，是完整而又与时俱进的科学体系，是关系中华民族永续发展的根本大计，深入了解其内涵有利于作出更好的部署。

第一，政治维度。马克思主义生态政治观认为，生态环境问题的本质是政治问题，要将政治解放、社会解放、人与自然的解放紧密地结合在一起，从中寻找生态环境问题的解决方法①。习近平生态文明思想继承和发展了该思想，认为新时代的政治问题与生态环境问题紧密相关，生态环境问题是一个重大的政治问题②，生态文明建设是中国特色社会主义事业的重要内容，关系人民福祉，关乎民族未来，事关“两个一百年”奋斗目标

① 方世南．论习近平生态文明思想对马克思主义生态文明理论的继承和发展[J]．南京工业大学学报(社会科学版)，2019(18)．

② 习近平谈治国理政(第3卷)[M]．北京：外文出版社，2020.

和中华民族伟大复兴中国梦的实现。

第二，经济维度。生态环境保护与经济发展是辩证统一关系，是相互促进、相辅相成的。建设生态文明，促进绿色、低碳、循环发展，既能满足人民日益增长的对优美生态环境的需求，又能促进更高质量、更高效、更公平、更可持续、更安全的发展。推进生态文明建设，需要以习近平“两山”理论为指导，促进经济发展方式转型升级，实现经济发展与生态环境保护的良性互动，保护青山绿水，收获金山银山，坚决反对损害甚至破坏生态环境的发展模式，坚决扭转以牺牲生态环境为代价的传统经济增长模式。

第三，法治维度。要想进一步促进生态文明建设的长远发展，必须建立系统完整的生态文明制度体系，用制度保护生态环境。生态文明作为应对环境危机、全面反思人与自然关系的人类文明新形态，客观上需要法律手段来有效保障其生产方式的形成，只有实行最严格的制度和最严格的法治，才能确保生态文明思想的落地落实。生态文明建设要让人类对生态伦理的遵守不再是内在自由意志和法律强制的结果，而是基于生态正义的外在价值力量对人的制约，充分彰显了人与自然关系的平等与和谐①。

第四，社会维度。生态环境不仅是关系党的使命宗旨的重大政治问题，也是关系民生的重大社会问题。习近平同志将生态环境与民生问题结合起来，指出“良好的生态环境是最公平的公共产品，是最普惠的民生福祉”，强调“环境就是民生，青山就是美丽，蓝天也是幸福。努力实现社会公平正义，不断满足人民日益增长的优美生态环境需要”②，建设生态文明社会离不开民生幸福这个重要维度。

在“八八战略”指引下，面对资源约束趋紧、环境污染严重、生态系统退化的严峻形势，必须树立尊重自然、顺应自然、保护自然的生态文明

---

① 刘洪岩．环境法的肇起：自然理性的回归与法学革命——兼论对中国法治未来走向的影响[C]//可持续发展·环境保护·防灾减灾——2012 年全国环境资源法学研究会（年会）论文集，2012.

② 习近平．推动我国生态文明建设迈上新台阶[J]．求是，2019(3).

理念，要把生态文明建设放在突出地位，融入经济建设、政治建设、文化建设、社会建设各方面和全过程，努力建设美丽中国，实现中华民族永续发展。

二、生态文明建设是省域现代化先行的必然要求

省域现代化是指在中国的区域经济发展中，各个省份都要实现现代化的目标。这意味着不仅仅要在经济上取得进步，还要在政治、文化、社会等各个方面实现全面发展。生态文明建设是中国特色社会主义事业的重要组成部分，会对经济、政治、文化、社会等方面产生极大的影响，是省域现代化先行的必然要求。

首先，生态文明建设是经济发展的必然要求。经济的发展离不开资源和环境的支撑，而生态文明建设就是为了保护和改善资源和环境，使其能够持续支撑经济的发展。在过去的发展过程中，由于对环境的过度开发和污染，导致了资源的枯竭和环境的恶化，给经济发展带来了很大的压力。环境保护与经济发展同行，将产生变革性力量。加强生态文明建设，就要坚持绿色发展，改变传统的“大量生产、大量消耗、大量排放”的生产模式和消费模式，使资源、生产、消费等要素相匹配相适应，是构建高质量现代化经济体系的必然要求，是实现经济社会发展和生态环境保护协调统一、人与自然和谐共生的根本之策。因此，为了实现经济的可持续发展，必须进行生态文明建设，保护和改善环境，合理利用资源。

其次，生态文明建设是社会进步的必然要求。人类社会的进步不能仅仅以经济的发展为标志，还需要关注社会公平、文化建设、民主法治等方面的进步。而生态文明建设正是在这些方面发挥着重要的作用。生态文明建设强调人与自然的和谐共生，注重保护生态环境和生物多样性，推动绿色发展和可持续发展。这样的发展理念和行动，能够促进社会公平、提高人民的生活质量，推动社会的进步。同时，生态文明建设也要求我们关注农村地区和贫困地区的发展，实现城乡区域的协调发展。通过改善农村和贫困地区的基础设施和公共服务，提高农民的收入和生活水平，可以缩小

城乡差距，实现社会公平和共同富裕。

再次，生态文明建设是文化传承的必然要求。文化传承是人类智慧的积淀，是社会发展的动力。只有通过对传统文化的传承和弘扬，我们才能找到与自然和谐共生的路径，重新建立人类与自然的关系。而生态文明建设不仅仅是一种发展理念，更是一种文化的传承与创新。生态文明建设强调传统文化的保护和传承，注重人与自然的和谐关系。中国是一个拥有悠久历史和丰富文化传统的国家，其传统文化中就蕴含着与自然和谐相处的智慧和经验。传统文化中的儒家思想、道家思想等，都强调人与自然的和谐共生和道德伦理观念。这些智慧和经验不仅对于我们解决当前环境问题具有重要意义，更是对于我们塑造美好未来的重要参考。通过生态文明建设，可以更好地传承和发扬这些传统文化，使其成为现代社会发展的重要资源和力量。例如，通过弘扬传统文化的精神内涵，培养人们对于环境保护的意识和责任感，引导人们树立正确的环保观念，从而形成人人参与、共建共享的生态文明建设格局。

最后，生态文明建设是政治建设的必然要求。生态文明建设与政治稳定密切相关，生态环境的恶化和生态破坏可能引发社会不满和抗议，甚至可能导致社会动荡和政治不稳定。生态文明建设要求政府加强环境保护和生态修复，推动绿色发展，这就需要政府具备更高水平的治理能力，包括制定科学的环境政策、有效监管和执法等。反过来，生态文明建设也需要政府的领导和支持，需要政府制定相关的政策和法规，政府必须通过推改善生态环境推动其落实，增强社会的稳定性和可持续发展能力。

综上所述，生态文明建设是省域现代化先行的必然要求。只有全面推进生态文明建设，才能实现省域现代化的目标，为人民创造更美好的生活。

三、生态文明建设是省域现代化先行的有效路径

生态文明建设是一个重要的发展理念，在实现省域现代化的过程中起着至关重要的作用。生态文明建设强调了人与自然的和谐发展，提倡绿色

发展和可持续发展，是实现省域现代化的有效路径。

首先，生态文明建设可以有效保护生态环境，为省域现代化提供了有利的条件。随着经济的快速发展，环境污染和生态破坏成为一个严重的问题。而生态文明建设强调了生态环境的保护和修复，通过改善环境质量和保护生态系统，为实现省域现代化提供了良好的生态环境基础。例如，倡导绿色发展和可持续利用资源的理念，推动实施节约资源和循环利用的政策措施，减少资源的消耗和浪费，最大限度地利用资源；强调环境保护，加强环境污染治理，通过加大污染治理力度，推动工业企业实施清洁生产，减少排放，提高环境质量；通过设立自然保护区、湿地保护区等，加强对生态系统的保护和修复工作，促进生态平衡和生物多样性；鼓励低碳经济发展，减少温室气体排放，推动清洁能源的利用，加强能源管理和节能减排工作，降低对环境的影响。

其次，生态文明建设可以推动经济的绿色发展和可持续发展。传统的经济发展模式往往以牺牲环境为代价，对资源的过度开发和环境的破坏造成了严重的后果。而生态文明建设强调了生态和经济的协同发展，通过推动绿色技术的创新和应用，发展清洁能源产业，构建循环经济体系等措施，可以实现经济的绿色化和可持续发展，为省域现代化提供了可持续的经济支撑。具体地说，生态文明建设促使人们更加注重资源的合理利用和节约，通过推广绿色技术和创新，提高资源利用效率，减少资源浪费，从而降低生产成本，提升经济效益；鼓励发展绿色产业，推动传统产业向绿色化转型，推广清洁能源、节能环保技术，培育新兴产业带动经济的可持续发展；通过鼓励创新，推动绿色技术的研发和应用，提升产业的技术水平和竞争力，减少对环境的污染，为经济发展提供新的增长点和动力。

再次，生态文明建设可以促进社会的和谐稳定。生态环境的改善和经济的可持续发展不仅可以提高人民的生活质量，而且可以促进社会的和谐稳定。生态文明建设注重保护环境和生态资源，使得人民的生活环境更加美好和健康，人民生活在清洁、舒适的环境中，身心健康，能够获得更高的幸福感和生活满意度；生态文明建设通过加强环境保护和资源管理，确保资源的公平分配，减少资源的浪费和滥用，避免资源分配不均和社会不公现象的出现，有助于维护社会的公平正义，减少社会矛盾和冲突，促进社会的和谐稳定；生态文明建设注重人与自然的和谐发展，强调了生态环境和社会发展的协调，通过提高人们对生态环境的认识和保护意识，营造良好的生态环境和社会氛围，可以促进社会的和谐稳定，为省域现代化提供了有力的社会支撑。

最后，生态文明建设还可以提升省域的形象和竞争力。随着生态环境的不断改善和经济的绿色发展，省域的形象和竞争力也将得到提升。正如生态文明建设注重保护和修复生态环境，可以有效改善省域的环境质量，清新的空气、湛蓝的天空、绿树成荫的街道和河流，将给人们留下美好的印象，提升省域的形象；生态文明建设可以有效改善生态环境，提高居民的生活质量，增强人民的幸福感和获得感，进而增强社会稳定性，社会的和谐稳定将为省域的发展提供有力的支撑，提升其形象和竞争力；在全球化的时代背景下，各个地区之间的竞争日趋激烈，而生态环境优美、资源丰富、发展可持续的省域，将吸引更多的人才和资本投入，这样一来，该地区的创新能力、科技水平、产业竞争力等方面将得到提升，提高区域的综合竞争力。通过生态文明建设，可以实现经济、环境和社会的协同发展，提升省域的形象和竞争力，为实现省域现代化提供强大的动力。

综上所述，生态文明建设是实现省域现代化的有效路径。通过保护生态环境，推动经济的绿色发展和可持续发展，促进社会的和谐稳定，提升省域的形象和竞争力，生态文明建设为实现省域现代化提供了重要的支撑。因此，各地区应该加强生态文明建设，在省域现代化的道路上走得更稳更远。

第二节　生态文明建设推动省域现代化先行的实践基础

一、生态文明先行示范不断推进，生态文明建设战略谋划迭代升级

浙江是习近平生态文明思想的重要萌发地和率先实践地，是“绿水青山就是金山银山”理念的发源地，习近平总书记赋予浙江“生态文明建设要先行示范”的重大使命。2003 年，时任浙江省委书记习近平亲自擘画“八八战略”，制定实施创建生态省、打造“绿色浙江”的重大决策部署；省人大常委会也作出了关于建设生态省的决定。二十年前，习近平总书记亲自擘画“八八战略”，部署实施生态省建设。二十年来，全省上下按照习近平总书记指引的方向，一以贯之推进生态文明建设从“绿色浙江”“生态浙江”到“美丽浙江”，浙江逐步形成全方位、立体化的生态文明建设格局，提前两年建成全国首个生态省，实现了从环境整治向美丽浙江的历史性跃迁。

2003 年是浙江绿色发展进程中具有里程碑意义的一年，习近平提出“八八战略”决策部署，其中一个重要方面就是进一步发挥浙江的生态优势，创建生态省，打造“绿色浙江”，暂用 20 年左右的时间打造山川更秀美、人与自然更和谐的“绿色浙江”。生态省建设全面启动，浙江成为全国第 5 个生态省建设试点省，同年发布《浙江生态省建设规划纲要》和《关于生态省建设的决定》。2005 年，习近平全面启动循环经济和节约型社会建设工作，并将其作为生态省建设的中心环节。同年，习近平在浙江安吉余村考察时，提出“绿水青山就是金山银山”理念，安吉于 2006 年 6 月创建全国第一个生态县。在习近平的带领下，浙江生态文明建设和绿色发展进程全面加快。“一任接着一任干”，在 2007 年 6 月的省第十二次党代会上，省委部署全面建设惠及全省人民的小康社会各项工作，提出“六个更加”的目标，其中之一就是“环境更加优美”。在 2008 年 4 月召开的

省委十二届三次全会提出，要站在建设生态文明的高度，把加强生态建设和环境保护、优化人居环境作为全面改善民生的重要内容。

2012 年以来，生态文明建设与绿色发展进程持续深化。省第十三次党代会将“坚持生态立省方略，加快建设生态浙江”作为建设物质富裕精神富有现代化浙江的重要任务，提出打造“富饶秀美、和谐安康”的“生态浙江”。省委十三届五次全会作出“建设美丽浙江、创造美好生活”决策部署，提出要建设“富饶秀美、和谐安康、人文昌盛、宜业宜居”的美丽浙江。省第十四次党代会提出坚定不移沿着“八八战略”指引的路子走下去，深入践行“绿水青山就是金山银山”理念，统筹推进美丽浙江等“六个浙江”建设，在提升生态环境质量上更进一步、更快一步。2020 年 8 月，“绿水青山就是金山银山”理念提出 15 周年之际，发布《深化生态文明示范创建高水平建设新时代美丽浙江规划纲要（2020—2035 年）》，生态环境部与浙江省签订全国首个部省共建生态文明建设先行示范省战略合作协议。为认真贯彻省委十五届三次全会和全省生态环境保护大会精神，使党的主张通过法定程序成为全省人民共同意志和行动，为高水平推进生态文明建设先行示范提供坚实法治保障，2023 年 7 月 28 日，省十四届人大常委会第四次会议审议通过了《关于坚定不移深入实施“八八战略”高水平推进生态文明建设先行示范的决定》。

浙江在发展战略上秉承并不断深化“八八战略”思想，持续深入推进生态文明建设，同时不断细化生态文明建设具体举措，形成一系列行之有效的生态文明建设方案，取得显著成效。浙江持续推动完善顶层设计，不断强化环保“811”行动、美丽浙江建设“811”行动，大力推进“五水共治”“三改一拆”“四边三化”统筹山水林田湖系统治理，持续深化“千村示范、万村整治”工程、建设美丽乡村、小城镇环境综合整治、“大花园”建设行动，积极开展美丽中国示范区建设、全面启动部省共建生态文明先行示范省，率先通过国家生态省建设试点验收。人居环境整治久久为功，浙江省已经探索出一条富有浙江特色的绿色发展之路，向天更蓝、山更绿、地更净、水更清、环境更优美的目标迈进。

二、“两山”理念引领高质量发展，擦亮绿色共富“金名片”

2005 年，习近平同志首次提出“绿水青山就是金山银山”理念，确立生态文明指导思想。这一理念强调要坚持人与自然和谐共生，实现经济发展和生态保护的双赢，推动社会进步和民生改善的双提升。二十年来，在“两山”理念引领下，浙江省不断推进“绿色浙江”“生态省”“生态浙江”“美丽浙江”生态战略，走出了一条具有浙江特色、生态优先、绿色发展的创新之路，在以下三个方面取得了显著的成效：

一是推动低碳转型，优化产业结构。浙江省推动传统产业低碳转型，优化产业结构，提高能源效率和清洁能源比重，降低温室气体排放强度，为碳达峰碳中和目标贡献力量。根据中国碳排放交易市场的数据，浙江省是全国第一个实现碳排放权交易的省份，截至 2023 年 9 月底，累计完成交易量达到 1.2 亿吨。浙江省以传统产业低碳转型、新兴产业培大育强、生态产业价值转化等方面为主线，以建设绿色低碳工厂、绿色低碳工业园区、绿色供应链为抓手，走出一条绿色低碳引领产业高质量发展道路。在能源供给侧方面，浙江将加快结构优化，构建清洁低碳的现代能源供给体系。浙江将大力发展可再生能源，实施“风光倍增计划”，到 2025 年，风电光伏装机容量将在 2020 年基础上翻番，达到 3400 万千瓦左右。同时，加快核电建设，推进三门核电二期、三澳核电一期等项目建设。在能源消费侧方面，浙江将扩大清洁能源消费，加快电动汽车推广使用，计划到 2025 年，建成智能公用充电桩达 5 万根左右，自用充电桩 25 万根以上。此外，浙江还将推进工业领域节能降碳技术改造，提高单位 GDP 能耗水平和二氧化碳排放水平。浙江省在能源改革创新方面走在前列，“十三五”期间，电力体制改革稳步推进，率先启动电力现货市场交易，开展现货市场试运行，开放售电市场交易。推进省级天然气体制改革，以上下游直接交易暨管网代输改革为突破口，加快推进管网设施公平开放。能源资源市场化改革全国领先，率先开展用能权有偿使用和交易试点。浙江还利用自贸试验区的优势，在全球范围配置能源资源，在煤炭、石油、天然气等能源进口、储运和交易方面发挥重要作用。

二是培育新兴产业，发展绿色经济。浙江省培育新兴产业，发展绿色经济，打造绿色低碳工厂、工业园区和供应链，推动产业创新和升级，增强经济发展的质量和竞争力。根据中国绿色发展指数的报告，浙江省在2022年居全国第四位，其中在绿色经济领域排名第二位。浙江省始终坚持创新驱动，积极培育新一代信息技术产业、生物医药和高性能医疗器械、新材料、高端装备、节能环保与新能源等五大新兴产业，巩固提升汽车、绿色石化、现代纺织、智能家居等优势产业，谋划布局人工智能、区块链、类脑智能、深海空天等重点领域未来产业。浙江省出台了《关于培育发展未来产业的指导意见》，明确围绕三大科创高地建设，优先发展未来网络等9个创新基础良好、成长较快的未来产业；培育发展量子信息等6个力量尚在集聚、远期潜力巨大的未来产业。这些新兴产业不仅为浙江经济增添了新动能，也为绿色低碳转型提供了技术支撑。浙江省也积极推动绿色低碳工厂、工业园区和供应链的建设，打造绿色制造体系和服务体系，推动产业创新和升级，增强经济发展的质量和竞争力。浙江省制定了《关于加快推进绿色低碳工业园区、工厂建设的通知》，对照《浙江省绿色低碳工业园区建设评价导则（2022版）》《浙江省绿色低碳工厂建设评价导则（2022版）》规定，通过各市组织申报和初审，省级部门组织联审，经公示确定杭州大创小镇工业园区等10个省级绿色低碳工业园区名单、万向钱潮股份公司等100家省级绿色低碳工厂名单。这些园区和工厂在节能降耗、减排净化、循环利用等方面取得了显著成效，为全省乃至全国树立了良好的示范。

三是转化生态资源，发展生态产业。浙江省转化生态资源，发展生态产业，实现绿水青山的价值增值，促进农村振兴和区域协调发展，提升人民群众的幸福感和获得感。根据中国生态环境部的数据，浙江省在2022年就完成了100%的自然保护区建设任务，并成功创建了10个国家级生态文明示范区。这些示范区充分展示了浙江省在生态保护、生态修复、生态利用、生态管理等方面的创新实践和成效，为全国乃至全球提供了可复制可推广的经验和模式。浙江省充分利用山水林田湖草等自然资源和历史文化资源的优势，发展了一批特色鲜明、效益显著的生态产业，为农村振兴和区域协调发展提供了强大动力。比如，浙江省大力发展绿色农业，打造一批绿色品牌和特色产业，如有机茶园、百万亩花海、百万亩果园等；浙江省大力发展绿色旅游，打造一批绿色景区和美丽乡村，如千岛湖、西溪湿地、南浔古镇等；浙江省大力发展绿色制造，打造一批绿色产品和绿色工厂，如节能环保产品、绿色低碳工厂等。这些生态产业不仅增加了农民收入，也丰富了城乡居民的生活。同时，浙江省也不断提升人民群众的幸福感和获得感，让人民群众享受到更多的生态福祉。浙江省积极开展生态文明教育和宣传，培育和践行绿色发展理念，形成了全民参与、共建共享的良好氛围。

浙江省以“两山”理念引领绿色发展，在生态文明建设方面走在了全国前列，为建设美丽中国和应对全球气候变化作出了重要贡献。在习近平生态文明思想的指引下，在全省人民的共同努力下，浙江省一定能够实现人与自然和谐共生、共同富裕、共同美好的美好愿景。

三、“千万工程”引领乡村全面振兴，城乡面貌发生美丽蝶变

“千万工程”是浙江省实施的一项重大的乡村建设和发展工程，其起源于2003年，时任浙江省委书记习近平同志提出了“千村示范、万村整治”的目标，即在全省范围内选取1000个具有代表性的村庄进行示范建设，同时对全省所有的村庄进行基础设施、环境卫生、公共服务等方面的整治。2003—2012年，“千万工程”以“千村示范、万村整治”为主线，重点改善农村基础设施、环境卫生、公共服务等方面的条件，打造了一批具有浙江特色的美丽乡村。2013—2017年，“千万工程”以“千村精品、万村美丽”为主线，重点提升农村文化品位、社会文明、管理水平等方面的水准，打造了一批具有国际影响力的美丽乡村。2018—2022年，“千万工程”以“千村未来、万村共富”为主线，重点促进农村产业发展、创新创业、人才培养等方面的能力，打造了一批具有未来潜力的美丽乡村。截

至目前，“千万工程”已经覆盖了全省所有的市县区和乡镇街道，涉及了近10万个行政村和约4000万农民。经过20年的不懈努力，“千万工程”取得了显著的成就：

一是全面塑造宜居宜人的农村人居环境。“千村示范、万村整治”作为一项“生态工程”，是推动生态省建设的有效载体，既保护了“绿水青山”，又带来了“金山银山”；要加大农村基础设施和生态环境建设投入，大力开展村庄环境整治，切实解决农村环境脏乱差的问题。二十年来，浙江省牢固树立“绿水青山就是金山银山”理念，坚持从解决群众反映最强烈的环境脏乱差着手，全域推进农村垃圾、污水、厕所“三大革命”，建立城乡一体的风貌管控体制机制，开展“无废乡村”建设，实施生态修复，精雕细琢提升乡村整体风貌。经过20年的努力，浙江农村人居环境深刻重塑，规划保留村生活污水治理覆盖率达100%，农村卫生厕所全覆盖，农村生活垃圾基本实现“零增长”“零填埋”。全省90%以上村庄建成新时代美丽乡村，建成“一户一处景、一村一幅画、一线一风光、一县一品牌”的美丽大花园，尽显整体大美、江南韵味、浙江气质。

二是全面理顺互动互促的城乡一体关系。“千村示范、万村整治”作为一项“龙头工程”，牵住了城乡一体化建设的牛鼻子；要加快推进城乡一体化，率先在全国走出一条以城带乡、以工促农、城乡一体化发展的路子。二十年来，浙江省牢牢树立城乡融合发展理念，统筹推进城乡交通、供水、供电、供气、物流、金融网点等建设，加快城乡生产要素双向流动，努力实现城乡制度无差别、发展有差异的融合发展、特质发展，让浙江成为富裕程度最高、发展均衡性最好的省份之一。2022年，全省城乡居民人均可支配收入分别为71268元、37565元，城乡居民收入倍差由2003年的2.43缩小到2022年的1.90。全省城乡公交一体化率达75%，农村等级公路比例100%，城乡同质饮水率先基本实现，5G、光纤资源实现重点行政村全覆盖。目前，浙江城乡之间在经济发展上越来越呈现出一体化融合的趋势，农业和农村新兴产业越来越成为有奔头的产业，农民越来越成为有吸引力的职业，农民就地过上了现代文明生活。

三是全面激活创业创富。无论是发展经济、增加农民收入，还是改善生态环境，都必须以农村现代产业为基础；要因地制宜地把村庄整治建设与特色产业的开发结合起来，不断增强农业的竞争力、农村经济的实力和农民增收的能力。二十年来，浙江省把美村与富村结合起来，打好强村富民乡村集成改革组合拳，深入实施“两进两回”（科技进乡村、资金进乡村、青年回农村、乡贤回农村）行动计划，创新发展农村电商、养生养老、文化创意、运动休闲等新业态，推进资源变资产、资金变股金、农民变股东“三变”改革，进一步厚植浙江乡村经济兴、市场活、百姓富的优势。全省累计建成 82 条产值超 10 亿元的农业全产业链，辐射带动 478 万农民就业创业。培育县级以上农业龙头企业 5383 家、示范性农民专业合作社 9491 家、农创客超 4.7 万名、建成“共富工坊”6226 家。如今，“村村产业有特色、户户创业有奔头、人人就业有门路”已经成为浙江乡村产业蓬勃发展的生动写照。

四是全面提升和乐和美的农民生活品质。“千村示范、万村整治”作为一项基础性工程，在改善农村生产生活条件、提高农民生活质量、促进农民生活方式转变和文明素质提高，进而改变农村落后社区的状况，推动农村全面小康社会建设上，起到了积极的促进作用；要推动社会公共资源向农村倾斜、城市公共设施向农村延伸、城市公共服务向农村覆盖、城市文明向农村辐射。二十年来，浙江省健全为民办实事长效机制，加快城乡公共服务优质共享，推动教育培训、劳动就业、医疗卫生、社会保障等服务向乡村延伸，农村居民收入持续较快增长，广大农民群众的获得感、幸福感、安全感和认同感不断增强。全省农村“30 分钟公共服务圈”“20 分钟医疗卫生服务圈”基本形成，居家养老服务实现中心乡镇（街道）和社区全覆盖，农村幼儿园等级率为 98.8%、农村优质幼儿园在园幼儿占比为 73.1%，基本公共服务均等化水平全国领先。浙江广大干部群众切实感受到浙江农村的巨大变化、自身生活条件的显著改善，说得最多的就是“‘千万工程’让我们赶上了好时代、过上了好日子、享受了好福气”。

五是全面提升善治善成的乡村治理水平。推进“千村示范、万村整治”工程既是政府的责任，也是农民自己的事情，要重视调动农村基层组织和广大农民群众参与整治的积极性；要大力推进基层民主政治建设，浓厚基层民主法治氛围，畅通社情民意渠道，疏导理顺群众情绪。习近平同志亲自倡导践行“浦江经验”，大力推广和创新“枫桥经验”，推动健全村党组织领导的充满活力的村民自治机制。二十年来，浙江省持续加强基层治理体系和治理能力现代化建设，积极构建“一中心四平台一网格”基层社会治理体系，大力推进自治、法治、德治“三治”融合，全域构建新时代文明实践中心、新时代文明实践所、农村文化礼堂三级阵地，推动浙江成为治理效能最高、人民群众最具安全感的省份之一。全省累计建成省级以上民主法治村 1643 个，县级以上民主法治村占比 90% 以上，行政村党务、村务、财务“三务”公开水平达 99.8%，村级治理现代化水平稳步提升。

六是全面筑牢向实向深的“三农”工作基础。“千村示范、万村整治”工程形成了合力共建美好家园的氛围，促进了党群干群关系的改善和基层组织的建设；要全面推进农村基层党组织建设，积极发挥党组织的领导核心作用。二十年来，浙江省坚持把加强党的领导作为抓好“千万工程”的关键，强化抓党建促乡村振兴，深化“网格化管理、组团式服务”，高标准落实农村党建“浙江二十条”，大力实施“红色根脉强基工程”，深化“百县争创、千乡晋位、万村过硬”工程，有力推动农村基层党建全面进步、整体提升。2022 年，全省村级集体总资产达 8800 亿元、占全国 1/10，集体经济年经营性收入 50 万元以上的行政村占比达 51.2%，形成了集体经济实力强、基层领导班子强、推进“千万工程”和乡村全面振兴合力强的生动局面，涌现出淳安县下姜村、安吉县余村村、东阳市花园村等一大批先进典型。

四、“811”行动助力生态环境质量根本性好转，打造美丽中国浙江样板

2004 年，一场席卷全省的环境污染整治大会战——“811”环境污染

整治行动在浙江打响。“8”是指全省八大水系及运河、平原河网，“11”指 11 个设区市，也指区域性、结构性污染特别突出的 11 个省级环保重点监管区。“811”行动是贯彻落实生态省建设和“绿水青山就是金山银山”理念的一个重要载体，已经实施了四轮，这四轮行动聚焦生态文明，一脉相承、层层推进，以积小胜为大胜，稳步推动全省生态文明建设和生态环境保护工作整体跃升。

首轮“811”生态环保三年行动，突出 8 大水系和 11 个设区市的 11 个环保重点监管区的治理，遏制了环境恶化的趋势；第二轮“811”新三年行动，基本解决了突出存在的环境污染问题；自 2011 年开始的时长五年的第三轮“811”生态文明建设行动，推动了全省生态文明建设走在全国前列；第四轮“811”美丽浙江建设行动，则是通过开展绿色经济培育、节能减排、“五水共治”等 11 项专项行动，进一步实现绿色发展目标。

浙江省先后实施四轮“811”生态环保行动，创新推出建设污水零直排区、清新空气示范区等有辨识度的行动载体，打出“五水共治”“三改一拆”“四边三化”等系列组合拳，浙江生态环境取得了有目共睹的成绩。省控断面优良水质比例从 42.9% 提升至 97.6%，全面消除劣 V 类断面；设区城市 PM2.5 平均浓度从 61 微克/立方米降到 24 微克/立方米；重点建设用地安全利用率保持 100%；首个实现生活垃圾“零增长”、原生垃圾“零填埋”。浙江省省总体环境质量稳居长三角第一、改善幅度全国领先，全省生态环境公众满意度连续十一年提升，环境信访总量连续七年下降。良好的生态环境已经成为浙江高质量发展的优势所在、动力所在、后劲所在。

2023 年，浙江省立足“八八战略”实施、生态省建设 20 周年的新起点，启动新一轮“811”行动计划，作为未来五年生态文明建设的突破性抓手，体现了浙江一以贯之推动生态文明建设的传承性、接续性和纵深性。新一轮“811”行动着眼于牵头抓总，着眼于贯彻落实省人大《决定》，强调“跳出一域抓一域、跳出环保抓环保”，以先行示范目标为牵引，以难点重点问题为导向，在省级层面明确了 8 个先行示范目标、谋划了8个专项行动。同时，浙江省坚持因地因时制宜、分区分类施策，充分发挥地方政府的主动性、积极性和创造性，在设区市层面推动打造11个先行示范品牌，通过重点突破带动全局工作提升。此轮行动的主要目标是，到2027年，高水平建设人与自然和谐共生的现代化，打造生态文明高地和美丽中国省域先行地，生态文明建设实现更高水平示范引领。

专栏6－1

“811”专项行动，打造美丽中国浙江样板
——以杭州市富阳区创建生态文明建设为例

2004年，浙江省启动第一轮“811”环境污染整治专项行动，其基础性和标志性的工作为全面推进水环境整治和环境基础设施建设，富阳造纸行业环境污染整治被列入全省5个准重点监管区之一，富阳区上下全力开展“摘帽”行动。

2008—2010年，浙江省继续开展第二轮“811”环境保护新三年行动，主要工作任务为重点完成辖区突出生态环境问题，富阳杭新景高速公路沿线小冶炼污染问题被列入督办问题。

2011年开始时长五年的第三轮“811”生态文明建设，注重环境质量，突出生态文明建设惠及民生改善，是生态文明建设全面提高的阶段，富阳开展的“三江两岸”等环境污染整治具有鲜明的代表性。

2016年出台的《“811”美丽浙江建设行动方案》与浙江省委出台的《关于建设美丽浙江创造美好生活的决定》时间相统一，突出“两美”理念，做好传承和创新，是第四轮“811”行动的重点。富阳在多个领域实施生态文明建设基础性工作，包括阳陂湖生态修复治理项目、传统造纸产业全面腾退、成功创建“最具幸福感城区”和国家生态文明建设示范区等。

环境污染整治。富阳在前两轮“811”行动中，综合运用经济、法律、行政等手段，采取调整产业结构、完善基础设施、深化流域整治等措施，重点对造纸和铜冶炼行业开展了环境污染整治工作。累积关停、淘汰造纸企业397家，减少废水排放量近1亿吨，减少标煤消耗近300万吨；关停粗铜冶炼企业19家，取缔露天铜球摊点和原料堆场1060.7亩；全面推进基础设施建设，富阳区建成日处理62.5万吨集中式污水处理工程；有力推进集中连片供热工程，拆除锅炉300余台，热电企业率先实施脱硫脱硝治理项目；工业和生活垃圾实行集中焚烧，实现垃圾处理无害化、减量化和资源化。

生态文明建设。富阳深入践行“两山”理念，推进经济高质量发展和生态环境高水平保护。一是持续深化重点行业整治。纵深推进造纸、化工、电镀、印染等企业污染减排、提标改造、转型升级工作，“十二五”期间高效完成污染减排任务，化学需氧量、氨氮、二氧化硫和氮氧化物排放量分别比2010年下降16.4%、14.9%、25%和23.26%。二是全面推进“四边三化”“三江两岸”“五水共治”等专项环境整治行动，通过对主要河道截污纳管、清淤疏浚，积极推进污水零直排区提质增效工程等，有效改善水环境质量，群众满意度明显提高。三是实施乡镇（街道）环境质量报告制度。富阳推出生态文明建设创新举措，并在浙江省推行，要求乡镇（街道）必须向同级人大（人大工委）作生态建设和环境保护专题报告，向社会通报环境质量和生态改善情况，不仅提高了政府生态环境保护工作效率，还激发了社会各界积极参与到生态环境保护工作中来。

“两美”创建。富阳坚持生态文明建设目标不放松，加快推进数字产业化、产业数字化及绿色产业化、产业绿色化建设，在构建生态环境治理体系现代化上下功夫。一是坚定产业业态转型。坚持生态优先、绿色发展不动摇，鼓励龙头企业做大做强，积极培育绿色低碳产业，大力招引与富阳主导产业密切的科研项目。二是开展生态环境大提升行动。以“美丽杭州”建设为核心，深入推进全区域大花园大景区建设，高标准实施省级山水林田湖草生态修复试点工程，以阳陂湖生态湿地二期建设为重点，加快推进城市生态湿地保护和建设工作。三是积极推动绿色发展。始终保持全国生态文明建设示范区引领优势，厚植富阳生态环境底色，抢抓“重要窗口”“头雁风采”建设机遇，积极打造“富春山居”公共品牌。

五、生态文明制度体系持续完善，生态文明治理效能整体跃升

推进生态文明建设，既要以一定的经济文化为基础，又要以制度机制作保障。从十八大报告首次提出要加强生态文明制度建设，到十八届三中全会提出要建立完善的生态文明制度体系，再到习近平总书记在全国生态环境保护大会上强调“保护生态环境必须依靠制度、依靠法治。只有实行最严格的制度、最严密的法治，才能为生态文明建设提供可靠保障”①，以及十九届四中全会作出“坚持和完善生态文明制度体系”重要部署，这是从源头上解决生态环境问题的“治本之法”。这些论断直接表明构建生态文明制度体系的紧迫性、重要性和必要性。作为“两山”理念萌发地的浙江，历来高度重视生态文明制度建设。2002 年起，浙江不断探索生态文明制度建设，从提出“绿色浙江”“生态省”建设，到“生态浙江”“美丽浙江”建设，生态文明制度建设紧扣浙江生态文明发展步伐，作出创新性探索，形成“浙江样本”。

一是优化理念，从“绿色浙江”到“美丽浙江”。一直以来，浙江在生态文明制度建设探索过程中，始终抓住绿色发展这条主线。①打造“绿色浙江”。浙江遵循十六大提出的可持续发展战略，于 2002 年 6 月首次提出“绿色浙江”战略目标。同年 9 月，出台《浙江可持续发展规划纲要中

① 习近平．推动我国生态文明建设迈上新台阶[N]．求是，2019－01－31.

国21世纪议程浙江行动计划》，浙江生态文明建设进入一个新的发展时期。②建设“生态省”。2003年是浙江生态文明建设的关键一年，浙江成为全国第五个“生态省”建设试点省，并颁布《浙江生态省建设规划纲要》，成立了以时任浙江省委书记习近平为组长的生态省建设工作领导小组。③建设“生态浙江”。2010年7月，通过《中共浙江省委关于推进生态文明建设的决定》，强调走生态立省之路，通过发展生态经济，优化生态环境，建设“生态浙江”。2010年9月，浙江省十一届人大常委会决定，把每年的6月30日定为浙江生态日。④迈向“美丽浙江”。2013年，浙江提出要坚持走生态立省之路，深化“生态省”建设，加快建设“美丽浙江”。2014年，浙江通过《中共浙江省委关于建设美丽浙江创造美好生活的决定》，提出要建设“富饶秀美、和谐安康、人文昌盛、宜业宜居的美丽浙江”。

二是重视生态，制定和完善了一批环保法规。自2002年来，浙江持续加大生态环境保护力度，强化环保执法规范，严查破坏生态环境、扰乱环保执法的违法犯罪行为，出台了多项法规、规章、政策，规范了影响生态文明建设的行为，例如《中共浙江省委、浙江省人民政府关于落实科学发展观加强环境保护的若干意见》《浙江省环境违法行为责任追究办法（试行）》《浙江省生态文明体制改革总体方案》等多项有关生态环保工作的政策性文件；《浙江省大气污染防治条例》《浙江省排污费征收使用管理办法》等多部地方性法规，为生态建设和环境保护提供了坚实的法制保障。

三是完善机制，创新和健全了一系列生态制度。浙江在生态文明建设过程中，创新和健全生态文明制度，保障了生态文明建设走在全国前列。①在全国最早开展区域之间的水权交易。早在2000年，浙江义乌出资购买东阳水库每年5000万立方米水的永久使用权，这是省内最早开始的水权交易。此后，浙江其他地区纷纷效仿，如绍兴市与慈溪市自来水公司签署水权转让协议，按要求每年供水7300万立方米。通过水权交易，提高了水资源的利用率。②在全国率先执行排污权有偿使用制度。2002年，嘉兴市进行区内企业排污权有偿使用和交易制度试点，实现了排污权可交易、有偿使用。嘉兴的成功实践也为浙江其他地区提供了参考。2009 年，《浙江省人民政府关于开展排污权有偿使用和交易试点工作的指导意见》发布实施，浙江正式在全省范围内启动排污权有偿使用。③在全国最早实施省级生态补偿机制。2005 年，浙江发布《浙江省人民政府关于进一步完善生态补偿机制的若干意见》。2008 年，浙江又发布《浙江省生态环保财力转移支付试行办法》，对省内管辖的八大水系的 45 个市县实施生态财政转移支付政策，由此，浙江成为我国首个实现省内全流域生态补偿的省份。此外，早在 2012 年，为保护千岛湖的优质水资源，解决好新安江上下游发展与保护的矛盾，使得保护水资源提供良好水质的上游地区得到合理补偿，浙江和安徽正式实施横向生态补偿试点，成为全国首个跨省流域水环境补偿试点。浙皖携手新安江流域跨省生态补偿已实施三轮试点，“浙江、安徽每年各出资 2 亿元，当年度水质达到考核标准，浙江支付给安徽 2 亿元；水质达不到考核标准，安徽支付给浙江 2 亿元”。④在全国最早从省级层面实施河长制。2003 年 10 月，浙江省湖州市长兴县率先建立河长制。这项制度让我国的江河湖泊实现了从没人管到有人管、从管不住到管得好的转变，解决了河湖管理保护的老难题。浙江从 2013 年开始全面推行河长制，是我国最早开展河长制的试点省份之一。2017 年 6 月 27 日，新修订的《中华人民共和国水污染防治法（2017 年修正）》首次将河长制写入其中。⑤在全国率先建立新型环境准入制度。由于单个环境准入制度存在片面弊端，浙江经过探索在全国最早提出项目、总量、空间“三位一体”的环境准入制度，从源头上保护生态环境。在审批机制中由之前的单纯项目环评加入总量控制和区域空间管理，形成项目和规划环评联动机制，促进环境资源承载能力与经济的协调发展。⑥创新生态文明建设的考核评价制度。浙江充分发挥考核评价制度这根无形指挥棒的作用，于 2011 年印发《关于健全促进科学发展的领导班子和领导干部考核评价机制的实施意见》。根据主体功能定位不同，实施分类考核评价，在考核体系中纳入环境保护要素，弱化 GDP 对党政干部政绩的分量。2012 年，出台《浙江生态文明建设评价指标体系》，着重从生态经济、生态环境、生态文化、生态制度四大领域10个方向37个指标全面考核各地区生态文明建设情况，把环境保护的责任真正落实到地方政府。此外，湖州率先探索自然资源资产产权制度改革，在全国率先编制完成自然资源资产负债表，积极开展并顺利完成了领导干部自然资源资产离任审计试点，在全国率先建立“绿色GDP”核算应用体系，并陆续出台了《湖州市自然资源资产保护与利用绩效考核评价暂行办法》《湖州市领导干部自然资源资产离任审计暂行办法》等制度。

第三节　生态文明建设推动省域现代化先行的主要任务与战略举措

二十年来，全省上下按照习近平总书记指引的方向，一以贯之推进生态文明建设，率先建成全国首个生态省。站在新的历史起点上，面对浙江“两个先行”新形势新任务，省十四届人大常委会第四次会议审议通过了《关于坚定不移深入实施“八八战略”高水平推进生态文明建设先行示范的决定》（以下简称《决定》），以更高的目标引领和推动未来一个时期浙江的生态文明建设。《决定》从生态文明建设所包含的生态环境、生态经济、生态生活、生态制度、生态文化5个基本方面，对未来浙江生态文明建设具有引领性意义的重点事项提出明确要求。

一、推动生态环境全域提升先行示范，实现人与自然和谐共生的现代化

生态环境安全是国家安全的重要组成部分，是经济社会持续健康发展的重要保障。同时，良好生态环境是最普惠的民生福祉，是人类生存与健康的基础，是展现我国良好形象的发力点，是“生产力”和“金山银山”。在生态环境保护任重道远的今天，浙江省坚定不移走生态优先、绿色发展之路，不断推动生态环境全域提升，在生态环境质量改善、国土空间治理、生态系统保护修复、生物多样性保护、生态环境保护数字化转型等方

面做好先行示范。

一是健全现代环境治理体系。完善的现代环境治理体系是推进生态环境保护的基础支撑，是推动形成生态环境保护合力的有效路径。经过多年不懈努力，污染防治攻坚战成绩有目共睹，但形势依然严峻。我国生态文明建设仍处于压力叠加、负重前行的关键期，生态环境保护结构性、根源性、趋势性压力总体尚未缓解，生态环境质量由量变到质变的拐点仍未到来，要解决更深层次、更广领域的生态环境问题，须健全环境治理体系。如坚持精准治污、科学治污、依法治污，高标准打好蓝天碧水净土保卫战和新要素新领域污染治理防御战，强化源头严控和过程严管，注重多污染物协同治理和区域联防联控。

二是推进省域国土空间治理现代化，优化国土空间发展格局，守住开发保护底线。国土空间治理是国家治理体系的重要组成部分、国家安全的重要保障、经济高质量发展的重要工具。党的十八大以来，中国国土空间治理取得积极进展，国土空间治理体系加速形成。但与此同时，国土空间开发与保护的不协调，造成了“三生”空间利用的失衡、生态保护与经济发展的不平衡，这些深层次问题和矛盾亟待解决。首先，要通过规划编制，科学确定浙江省国土空间开发利用的规模、结构、布局和时序，统筹配置公共资源，推动城乡均衡发展、区域协调发展，切实做到该开发的区域有序高效开发好，该保护的区域有力有效保护好。其次，要在吃透省情上再深化，进一步分析基本地理格局、评估保护开发现状，注重与“十四五”规划相衔接、与当前阶段特征相适应、与未来发展趋势相匹配，把每一寸土地规划得清清楚楚、明明白白。最后，要在“三线”落实上再深化，科学划定并坚决守牢生态保护红线、永久基本农田、城镇开发边界，实现生态空间山清水秀，生产空间集约高效，生活空间宜居适度。

三是筑牢生态安全屏障。生态安全屏障不仅关系各族群众生存和发展，而且关系全国的生态安全，责任重大，任务艰巨。浙江省要健全国家公园、自然保护区、自然公园等自然保护地体系，实施重要生态系统保护和修复。具体地说，建立以国家公园为主体、自然保护区为基础、各类自然公园为补充的分类科学、布局合理、保护有力、管理有效的自然保护地体系，确保全省重要自然生态系统、自然遗迹、自然景观和生物多样性得到系统性保护。此外，落实国家发展规划提出的国土空间开发保护要求，依据国土空间规划，编制自然保护地规划，明确自然保护地发展目标、规模和划定区域，将生态功能重要、生态系统脆弱、自然生态保护空缺的区域规划为重要的自然生态空间，纳入自然保护地体系，努力为打造美丽中国“浙江样板”、建设富裕美丽幸福现代化浙江提供生态支撑。

四是全面加强生物多样性保护。生物多样性保护作为生态文明建设的重要内容和高级阶段，是保证人民群众享有良好的生态环境质量、提高生活幸福感的重要保障。要大力提升生物多样性保护水平，确立生物多样性保护参照系，一体化统筹推进生态保护和修复，加强生物物种监测和保护救助，推动生物遗传资源保护和综合利用，着力提升生物安全管理水平，健全完善生物多样性保护的工作体系和法规体系。摸清全省域生物多样性底数和现状，绘制生物多样性保护重点区域，守牢美丽浙江建设安全底线，全方位开展生物多样性友好行动，打造具有浙江特色的生物多样性保护和可持续利用实践范例。

五是加快生态环境保护数字化转型。全面推动生态环境保护数字化转型，能够提升生态环境承载力、国土空间开发适宜性和资源利用科学性，更好支撑美丽中国建设。为了实现整体智治，以推动生态环境质量的全域提升，要建立一体化生态环境智能感知体系，打造生态环境综合管理信息化平台，加强大气、水、土壤、自然生态、核与辐射、气候变化等数据资源综合开发利用，推进重点流域区域协同治理；构建精准感知、智慧管控的协同治理体系，以及完善自然资源三维立体“一张图”和国土空间基础信息平台，持续提升自然资源开发利用、国土空间规划实施、海洋资源保护利用、水资源管理调配水平；建立健全数字生态环保体系构架，布局建设数字生态环保重大应用，夯实生态环境数据底座，推动生态环保工作数字赋能、业务再造、流程重构、制度重塑。

二、积极稳妥推进碳达峰碳中和，推动生态经济绿色低碳先行示范

绿色低碳发展是解决生态环境问题的治本之策。浙江将坚持以绿色铺就共同富裕之路，推进经济生态化和生态经济化。推动生态经济绿色低碳先行示范，对制造业绿色低碳转型、循环经济发展、推进碳达峰碳中和、打造新型能源体系、发展生态富民产业等方面提出要求。

一是制造业绿色低碳转型。我国是制造业大国，如何推动传统制造业积极融入“双碳”发展战略，加快绿色转型，是一个亟待解决的重要问题。推动制造业高端化、智能化、绿色化发展，智能化与绿色化是重要抓手。要进一步深化重点领域绿色低碳技术创新，提高能源开发利用技术，促进低碳能源的高效利用；推动企业生产设备低碳转型，减少设备的能源消耗和碳排放量；加强节能减排与互联网的融合，通过大数据、云计算等技术的融合发展，利用信息的快速生产输送、智能技术的高效控制等条件，提高资源利用率；提高绿色技术的应用范围，将之广泛运用至农业、工业、高新技术产业等各个领域，促进全面绿色转型。此外，要谋划经济社会全面绿色低碳转型的路径，明确时间表、路线图和优先次序，做好产业、能源、交通、用地（国土空间）结构转型的阶段性安排，实现技术、资金、消费、贸易和管理的全方位绿色转型，完善绿色低碳转型发展的治理体系。

二是构建具有浙江特色的循环经济发展模式。只有通过绿色低碳循环发展，更加注重降低消耗、减少污染、修复生态，更加注重发展的质量和效益，使经济社会发展与人口、资源、环境相协调，才能促进经济社会可持续的高质量发展。要将绿色低碳循环发展作为现代化建设的重要引领，贯穿到经济社会发展的各方面和全过程，加快形成节约资源和保护环境的空间格局、产业结构、生产方式和生活方式。一方面要打造循环经济“991”行动升级版，实施园区绿色低碳循环升级工程，探索开展绿色低碳园区试点；构建先进制造业循环经济典型产业链，提升汽车零部件、工程

机械等再制造行业发展水平；推动重点行业企业开展工业固体废物源头减量和综合利用。另一方面要加快推进资源循环利用，推动固体废弃物处置利用全区域统筹、全过程分类、全品种监管、全链条循环；加强城乡生活垃圾分类设施建设，推行定时定点分类模式，推进垃圾分类回收和再生资源回收“两网融合”；鼓励大型商贸流通企业开展逆向回收。

三是积极稳妥推进碳达峰碳中和。过度的碳使用和碳排放造成了资源约束趋紧、浓烟重霾、温室效应等严重资源环境问题。做好碳达峰碳中和工作是推动高质量发展的必然要求，是加强生态文明建设的战略举措，是维护能源安全的重要保障，是推动构建人类命运共同体的大国担当。要大力推进产业结构转型升级，加快发展战略性新兴产业，建设绿色制造体系，推动新兴技术与绿色低碳产业深度融合，切实推动产业结构由高碳向低碳、由低端向高端转型升级；要推进减污降碳协同创新，协同推进减污、降碳、扩绿、增长，高水平建设减污降碳协同创新区；立足我国能源资源禀赋，坚持先立后破，有计划分步骤实施碳达峰行动，深入推进能源革命，加强煤炭清洁高效利用，加快规划建设新型能源体系；巩固提升生态系统碳汇能力，坚持山水林田湖草沙生命共同体理念，持续推进生态系统保护修复重大工程，着力提升生态系统质量和稳定性，为巩固和提升我国碳汇能力筑牢基础；提前布局低碳零碳负碳重大关键技术，把核心技术牢牢掌握在自己手中。用好“揭榜挂帅”“赛马”机制，有序推动以“军令状”方式开展低碳零碳负碳新材料、新技术、新装备攻关，加快智能电网、储能、可再生能源制氢、碳捕集利用与封存等绿色低碳关键核心技术研发示范和推广。

四是加快打造新型能源体系建设先行省。能源结构低碳化是实现碳中和的关键路径，同时也有利于构建我国长期能源安全体系，向零碳能源社会迈进。要制定煤炭有序退出的路线图，采取更加有力的措施，控制化石能源消费特别是严格控制煤炭消费。要加大力度优化煤炭利用结构，大幅提高利用效率，严控煤电、煤化工产业发展，防止未来煤炭资产可能的长期碳锁定效应和搁浅成本的产生。大幅提升终端用能电气化水平，以电气化、高效化、智能化为导向推动工业、建筑、交通部门的能源消费方式升级。探索构建高比例可再生能源供应体系的技术路径和系统解决方案加快推动消纳、储能、智能电网、智慧能源、分布式能源系统的技术研发与应用，建立健全可再生能源电力消纳、可再生能源用地政策等保障机制，积极探索“可再生能源+”的生产和消费模式，与扶贫开发、农业生产、生态修复、绿氢制造等有机结合，为高比例可再生能源体系的部署落地提供支持。支持氢能开发利用和氢基产业及其基础设施的发展。

五是发展生态富民产业。生态富民是实现共同富裕和高质量发展的重要路径。当前，亟须把准“绿色标尺”、摸清“生态家底”、明确“生态空间”、厘清“转化通道”、探明“生态富民”模式，推动“生态扶贫”有效迈向“生态富民”。要大力实施生态富民行动，依靠山水生态优势，着力将生态优势转化为发展优势，把生态效益转化为经济效益和社会效益，提升生态环境的质量，也提高公众生活的质量；找准切入点，瞄准薄弱点，挖掘潜力点，充分利用生态资源，大力发展特色产业；健全落实生态产品价值实现机制，生态产品价值实现需要在界定产权的基础上大力推进生态运营，特别是应注重产业融合并延伸产业链，发挥龙头企业的引领带动作用，逐步提升绿色生态产业附加值；整体谋划、系统推进、形成合力，推动山区 26 县加快形成自我“造血”机制，努力把“山海协作工程”、推进山区 26 县跨越式高质量发展打造成为建设共同富裕示范区的标志性工程，持续打造“绿水青山就是金山银山”转化的省域样板。

三、深入推进新时代“千万工程”，推动生态生活共富和美先行示范

扎实推进共同富裕，不仅要达到物质富裕，还要精神富足、生态生活共富和美。推动生态生活共富和美先行示范，对建设宜居宜业和美乡村、建设现代化美丽城镇、统筹城乡融合发展等方面提出要求。

一是建设宜居宜业和美乡村。建设宜居宜业和美乡村是全面建设社会主义现代化国家的重要内容，是让农民就地过上现代生活的迫切需要，是

焕发乡村文明新气象的内在要求。建设宜居宜业和美乡村，其目标任务是全方位、多层次的，涉及农村生产生活生态各个方面，涵盖物质文明和精神文明各个领域，既包括“物”的现代化，也包括“人”的现代化，还包括乡村治理体系和治理能力的现代化，内涵十分丰富。可以按照“千村引领、万村振兴、全域共富、城乡和美”的要求，深入推进新时代“千万工程”，大力实施乡村振兴战略，建设宜居宜业的和美乡村。总体上要把握好以下要点：稳扎稳打，因地制宜，让农村逐步基本具备现代生活条件；拓宽乡村发展空间，增加县域就业容量，让农村创造更多农民就地就近就业机会；加强乡村治理，提升乡风文明，让农村保持积极向上的文明风尚和安定祥和的社会环境；城市和乡村要各美其美、协调发展；加快构建现代乡村产业体系，让农民家门口有活干、有钱赚；扎实稳妥实施乡村建设行动，加快补上民生短板；加强和改进乡村治理，提升乡村善治水平；加强精神文明建设，让文明乡风劲吹希望的田野。

二是建设现代化美丽城镇。建设现代化美丽城镇是持续深化“千村示范、万村整治”工程的重要内容，也是浙江省高质量发展建设共同富裕示范区的基础性、战略性工程，对于改进提升城镇人居环境和带动乡村发展具有实际而直接的作用。浙江将忠实践行“八八战略”，深入推进以人为核心的新型城镇化，推动全省1000个左右小城镇经济建设、政治建设、文化建设、社会建设、生态文明建设“五位一体”协调发展，加快推进城镇基础设施现代化、公共服务现代化、经济产业现代化、人文建设现代化、基层治理现代化、城乡融合发展现代化，协同推进以县城为重要载体的城镇化建设。浙江还将着力探索全面推进现代化美丽城镇建设的“浙江范式”，创新建设思路，把“无体检不更新”“无运营不建设”“无保护不改造”等理念运用到实际工作中去，加强实践探索与理论创新相结合，注重总结提炼和宣传推广好经验、好做法，把现代化美丽城镇打造成美丽浙江鲜活样本，成为共同富裕和省域现代化“两个先行”的标志性成果。具体的举措为：全面提升城市功能品质，加快杭州湾大湾区和城市群发展，开展城市有机更新，建设现代化美丽城镇，推进城乡生活垃圾治理提质增效，深化农村生活污水治理攻坚等。

三是统筹城乡融合发展。新时代城乡融合是全面建成社会主义现代化强国的根本要求，也是坚持以人民为中心的发展思想和落实新发展理念的具体体现。城乡融合发展的核心要义是统筹处理好工农关系、城乡关系、农民与市民的关系以及农村市场与城市市场的关系，本质要求是实现工农城乡的共享发展和高质量发展。要实现城乡融合发展需要推动公共服务向农村延伸、社会事业向农村覆盖，健全全民覆盖、普惠共享、城乡一体的基本公共服务体系，推进城乡基本公共服务标准统一、制度并轨；将城市的人工环境和乡村的自然环境相结合，将城市的工业文化与乡村的乡土文化相结合，发挥城市和乡村各自的优势，形成优势互补；要打破城乡之间的基础设施、公共服务和社会保障等二元体制，构建城乡均等的基础设施、公共服务和社会保障体系；要打破城乡之间生态和文化隔离状态，构建城乡一体的生态文明和精神文明共享机制，打造共同富裕现代化基本单元，绘就现代版“富春山居图”，不断增强人民群众生态获得感、幸福感、安全感。

四、构建生态文明治理体系现代化，推动生态制度系统完备先行示范

习近平总书记强调，只有实行最严格的制度、最严明的法治，才能为生态文明建设提供可靠保障。我国面临的生态环境问题呈现出典型的结构型、复合型、压缩型的特征，必须有一个整体解决方案。要把推进生态文明，建设美丽中国作为一项系统工程，整体设计，有序推进。同时，要有与之相适应的涵盖政策、制度、体制、机制的完备制度体系保驾护航。推动生态制度系统完备先行示范，对健全考核评价体系、完善资源能源高效利用制度、健全资源环境要素市场化配置体系、加强生态监管体系建设、区域一体化协同保护等方面提出要求。

一是健全考核评价体系。开展生态文明建设目标评价考核，对于完善经济社会发展评价体系，引导各地方各部门深入贯彻新发展理念、落实科

学发展观、树立正确政绩观，加快推进绿色发展和生态文明建设，具有重要的导向作用。同时，建立生态文明建设目标管理和绩效评价制度，健全绿色导向的领导责任体系和绩效考核体系，这意味着生态责任落实的好坏将成为政绩考核的必考题，这将为推动绿色发展和生态文明建设提供坚强保障。为此，要建立健全生态文明建设目标评价考核和责任追究制度、生态补偿制度、河湖长制、林长制、环境保护“党政同责”和“一岗双责”等制度，持续深化省以下生态环境机构监测监察执法垂直管理、生态环境保护综合行政执法等改革，为生态文明建设保驾护航。

二是完善资源能源高效利用制度。全面建立资源能源高效利用制度，要求树立节约集约循环利用的资源观，紧紧抓住促进资源能源利用更加高效这个目标，推进自然资源统一确权登记法治化、规范化、标准化、信息化，健全自然资源产权制度，明确各类自然资源产权主体权利。落实资源有偿使用制度，全面建立覆盖各类全民所有自然资源的有偿出让制度，严禁无偿或低价出让。实行资源总量管理和全面节约制度，完善最严格的耕地保护制度和土地节约集约利用制度，完善最严格的水资源管理制度，建立能源消费总量管理和节约制度，建立天然林、草原、湿地保护制度，建立沙化土地封禁保护修复制度，健全海洋资源开发保护制度，健全矿产资源开发利用管理制度。研究建立双控的市场化机制，建立预算管理制度、有偿使用和交易制度，更多地用市场手段实现双控目标。按照污染者使用者付费、保护者节约者受益的原则，加快建立健全充分反映市场供求和资源稀缺程度、体现生态价值和环境损害成本的资源环境价格机制，促进资源节约和生态环境保护。

三是健全资源环境要素市场化配置体系。健全资源环境要素市场化配置体系是我国资源环境领域一项重大的、基础性的机制创新，是充分发挥市场在资源环境要素配置中决定性作用的一项重要制度改革，对于提升资源环境要素优化配置和节约集约安全利用水平具有重要作用。目前，我国对资源环境要素配置的行政性管控仍然较多，市场化、激励型办法需要不断健全强化。下一步，需要从以下五个方面着力：第一，要强化总量刚性约束，优化完善配额分配方法，做到科学合理，体现奖优罚劣；第二，要逐步扩大市场覆盖行业范围，丰富交易主体、交易品种和交易方式；第三，要推动数据标准统一规范，加大数据质量监管力度和提升运行管理水平；第四，要健全交易制度和技术规范，完善确权、登记、抵押、流转等配套管理制度；第五，要持续加强相关法律法规体系建设，加强对违法违规行为的惩处力度，强化法治支撑和保障等。通过不断健全资源环境要素市场化配置体系，充分发挥市场化交易的价格发现和优化配置功能，助推经济社会发展绿色化、低碳化。

四是加强生态监管体系建设。随着生态文明体制改革的深入推进，生态环境部门履行生态保护监管的职责定位需求进一步明确，统一实施生态保护监管，打通生态保护和污染防治，为深入打好污染防治攻坚战提供有力保障。为了进一步加强生态环境保护，以下几点可作为生态保护监管工作的方向指引和工作遵循：坚持山水林田湖草统一监管，不断完善政策法规标准、监测评估预警、监督执法和督察问责的生态保护监管体系，完善自然保护地、生态保护红线监管制度，持续加大重点区域、流域和海域生态保护监管力度，加强生物多样性保护监管，守住自然生态安全边界；强化监管监测和风险防控、应急处突能力建设，持续抓好突出问题整改，创新监管服务，深入推动生态文明示范建设，为深入打好污染防治攻坚战、实现生态环境持续改善和美丽中国建设目标提供坚实保障。

五是区域一体化协同保护。各地区共同面临的系统性、区域性、跨界性突出生态环境问题，可以通过加强生态空间共保，推动环境协同治理，力打造省际生态屏障，夯实长三角、长江经济带绿色发展基础。同时，推动区域生态空间协同保护，推进跨界区域共建共享，着力打造美丽中国建设的先行示范区。推动一体化协同保护的主要任务可以概括为以下五方面：第一，共推绿色低碳发展，包括优化绿色发展格局、促进产业结构升级、推动能源结构优化、积极应对气候变化和践行绿色低碳生活；第二，共保自然生态系统，包括共筑区域生态安全格局、加强生态空间共保、推进生物多样性保护和加强重要生态系统修复；第三，共治跨界环境污染，包括联合开展大气污染综合防治、协同推动流域水环境治理、陆海统筹实施河口海湾综合整治和提升区域土壤安全利用水平；第四，共建环境基础设施，包括强化污水收集处理设施建设、加强固废危废联防联治、推进港口环境设施建设、统筹区域环境应急能力建设和共建生态环境监测体系；第五，共创生态环境协作机制，包括健全区域生态环境保护协作机制、完善区域法治标准体系、强化市场手段、建设区域环境科研技术平台、健全生态补偿机制和共推长三角生态绿色一体化发展示范区生态环境制度创新。

五、推动生态文化繁荣发展先行示范，加快形成共建共治共享治理格局

生态文化是建设美丽中国的向心力，生态良好、环境健康、食品安全、住房宜居、可持续发展状态和高尚的心灵境界，是构成美丽中国的基本要素和人民群众的基本诉求。繁荣生态文化是中华民族伟大复兴的重要内容，必须传承、发展和弘扬生态文化，提升公民的文化自信、自觉、自强，增强文化核心凝聚力、竞争力。推动生态文化繁荣发展先行示范，对建设主题宣教阵地、推动传统生态文化创造性转化和创新性发展、纳入教育培训体系、激发呵护生态环境的内生动力、着力提高公民的环境素质等方面提出要求。

一是建设主题宣教阵地。加强生态文明宣传教育，大力推动全民环境保护意识提升，构建全民参与环境保护的社会行动体系，是新时代的重要任务。创新开展丰富多彩的全民生态文明宣传教育活动，在形式方面，增强环境新闻主流渠道传播影响的能力，增强充分驾驭新兴媒体为环保服务的能力。构筑网络、动漫和文字、影视相结合的创新宣传模式，制度化、多元化、系列化地进行全方位、持久性宣传教育。通过扎实持续的宣传教育，促进保护生态环境、建设生态文明、建设美丽中国的理念深入人心，并转化为人们在日常工作和生活中的自觉行动，让人们自觉自愿地履行保护生态环境的责任和义务。加强生态文明宣传教育，凝聚多方力量，着力

构建生态文明宣传教育大格局是基础。环境宣教工作应该紧跟中央的部署，通过宣传教育，推动各级政府、部门和人民群众自觉贯彻国家战略意图。要完成这样的历史使命，离不开各方配合、运转顺畅、充满活力、富有成效的宣教大格局。

二是推动传统生态文化创造性转化和创新性发展。中华优秀传统生态文化积淀丰厚、博大精深，对于建设生态文明、推进人与自然和谐共生的现代化具有重要启示和借鉴意义。传承中华优秀传统生态文化，对其进行创造性转化、创新性发展，为中华民族永续发展提供文化支撑和理论滋养，是习近平生态文明思想的一个重要特征。为了推动中华优秀传统生态文化的创造性转化和创新性发展，我们需要从以下几个方面入手：首先，加强对中华优秀传统生态文化的传承和教育，中华优秀传统生态文化积淀丰厚、博大精深，对于建设生态文明、推进人与自然和谐共生的现代化具有重要启示和借鉴意义。其次，创造性地将传统生态文化与现代社会相结合，加强生态文化理论研究，积极建设新时代生态文化主题宣教阵地。再次，积极开展传统生态文化的创新性发展，就是要按照时代的新进步新进展，加强生态文化理论研究，对中华优秀生态传统文化的内涵加以补充、拓展、完善，增强其影响力和感召力。最后，加强传统生态文化的国际交流与合作，加快生态文明国际合作示范区建设，推进习近平生态文明思想大众化、国际化传播。

三是纳入教育培训体系。将生态文明知识纳入国民教育体系和领导干部培训体系。开展新时代生态文明教育，必须把生态文明教育融入育人全过程，为生态文明建设提供全方位的人才、智力和精神文化支撑。推进生态文明学校教育，将生态文明教育纳入国民教育体系，完善生态环境保护学科建设，加大生态环境保护高层次人才培养力度，积极推进生态文明教育法律规范建设。加强生态文明社会教育，加强生态环境法律宣传教育，推进生态文明教育进家庭、进社区、进工厂、进机关、进农村，提升各类人群的生态文明意识和环保科学素养。推进生态文明领导干部培训体系，重点强化领导干部生态文明发展理念，以领导干部政绩观的转变带动发展观的转变，更好地发挥政府在生态文明建设中的引领作用。

四要激发呵护生态环境的内生动力。我们要让每一个民众都有强烈的建设美丽家园的愿望，在生态文明建设上形成更广泛的共识，从而自觉主动地和党中央的生态文明建设方略保持高度一致，自觉践行党对生态文明建设的要求。有了建设美丽家园的强烈愿望，人们也就有了生态文明建设的不竭动力。首先，要把全民教育、青少年教育作为着力点。大力弘扬尊重自然、顺应自然、保护自然的生态文明理念，大力培育全社会节约环保生态意识，提高全民族资源忧患意识和节约意识，使绿色循环低碳消费成为主流价值观，坚持“从娃娃抓起”，奠定建设美丽中国的坚实国民素质基础。其次，要进一步强化全社会建设美丽中国的共识和认同，要坚持人与自然和谐共生，牢固树立和切实践行“绿水青山就是金山银山”的理念，动员全社会力量推进生态文明建设，共建美丽中国，让人民群众在绿水青山中共享自然之美、生命之美、生活之美，走出一条生产发展、生活富裕、生态良好的文明发展道路。

五是着力提高公民的环境素质。生态环境是关系党的使命宗旨的重大政治问题，也是关系民生的重大社会问题。广大人民群众热切期盼加快提高生态环境质量。生态文明建设同每个人息息相关，每个人都应该做践行者、推动者。公民的素质是建设生态文明的关键，因此我们要着力在提高公民的环境素质上下功夫。公民环境素质的提升包括公众环境意识的提升、环境知识的增长、环境友好行为的养成、绿色生活方式的形成、关爱和保护环境的自觉参与以及参与能力的提升等。要加强生态文明宣传教育，强化公民环境意识，大力倡导简约适度、绿色低碳、文明健康的生活理念和消费方式，让绿色出行、节水节电、光盘行动、垃圾分类成为习惯，推动形成节约适度、绿色低碳、文明健康的生活方式和消费模式，形成全社会共同参与的良好风尚。

第七章 区域协调发展推动省域现代化先行

第一节 实现省域现代化需要区域协调发展

一、实现区域协调发展的主要内涵

党的十九大报告中明确提出实施区域协调发展战略，建立更加有效的区域协调发展新机制。2018 年，中共中央、国务院发布《关于建立更加有效的区域协调发展新机制的意见》，提出区域协调发展需围绕实现基本公共服务均等化、基础设施通达程度比较均衡、人民基本生活保障水平大体相当的三大目标，建立统筹有力、竞争有序、绿色协调、共享共赢的区域协调发展新机制。2019 年，习近平总书记在中央财经委员会第五次会议上的讲话从辩证角度提出“不平衡是普遍的、要在发展中促进相对平衡”，阐明协调与发展、平衡与不平衡的统一。

“不患寡而患不均”，区域协调发展既要求地区之间“步调一致”，又要求每个地区内城市与农村、经济与社会、人与自然、内部与对外之间“配合适当”。“协调”之处在于地方资源禀赋、国土空间配置与区域经济发展之间协调。基于各地区的资源禀赋条件，通过完善区域规划与政策，避免各类要素、资源在各地区间分配的平均主义。遵循区域经济发展规律，按照各地区资源禀赋与功能定位进行统筹布局和合理分工，实现要素的合理流动和高效集聚，进而形成主体功能分布合理、地方特色优势互补、高质量发展的区域经济布局。而“发展”则要求针对区域经济发展分化态势、发展动力极化现象等问题，调整区域政策体系，通过区域合作、区域互助、区际利益补偿等机制实现各地区间全面而均衡的发展。加快革命老区、边疆地区、民族地区建设，弥补非优势地区的薄弱环节，缩小地区发展差距。促进乡村振兴，解决农村低收入人口的增收和民生问题，推进优质教育和医疗卫生、交通路网及信息网络等公共服务和基础设施均等化，缩小城乡发展差距。

协调发展是一个由不平衡到平衡的动态发展过程。我国区域发展差距依然存在，东中西部地区、南北地区、省内局部地区间都存在区域发展失衡问题。面对我国区域发展不平衡不充分问题，区域协调发展战略旨在通过区域协调发展新机制促进区域发展由普遍的不均衡迈向相对平衡的发展。区域协调发展为区域间、区域内的发展的平衡性而提出，其平衡性目标体现在两方面：一是普遍发展与差别发展的平衡。在普遍发展的基础上谋求差别发展既要求发展结果上的突破，保持整体总量的提升，又注重发展过程上的特色，各地区在人力、物力、自然资源三者配置合理的前提下突出地方发展的特色道路。二是政府力量与市场力量的平衡。实现政府与市场的互补作用，充分发挥市场机制在资源配置及区域经济发展中的决定性作用，更好地发挥各级政府纵向和横向协调作用，充分体现“集中力量办大事”的社会主义制度的优越性。

二、区域协调发展是省域现代化的必然要求

区域发展失衡是许多国家经济转型中面临的共同挑战，也是制约全球可持续发展议程包容性目标达成的关键症结。浙江省的经济区域划分为浙东北（包括杭州、宁波、嘉兴、湖州、绍兴和舟山）和浙西南（包括温州、金华、衢州、台州和丽水）两个地区，浙西南地区的发展水平低于浙东北地区。缩小区域发展差距、促进区域协调发展是浙江省省域现代化的必然要求。

区域协调发展作为解决不平衡不充分发展问题的重要方略之一，自党的十八大以来，得到党中央的高度重视。在党的二十大报告中，习近平总

书记强调深入实施区域协调发展战略、区域重大战略、主体功能区战略、新型城镇化战略，优化重大生产力布局，构建优势互补、高质量发展的区域经济布局和国土空间体系，促进区域协调发展。

优化区域互助机制是推进区域协调发展的重要内容。二十大报告中再次强调支持革命老区、民族地区、边疆地区的建设，促进人口、土地、技术、信息、资金等要素资源的自由流动和优化配置，依托地区资源禀赋实现区域跨越式发展和跨区域联动发展。2021 年，《中华人民共和国国民经济和社会发展第十四个五年规划和 2035 年远景目标纲要》提出，需健全区域合作互助等机制，以更好促进发达地区与欠发达地区、东中西部地区以及东北地区的共同发展。

对口支援是实现区域协调发展这一政策目标的重要手段之一。对于区域内差距，对口支援政策是通过影响劳动力转移和人均财政支出间接发挥城乡收入趋同的效应，抑制城乡收入差距，其中劳动力转移机制起主要作用。对于区域间差距，基金援助政策可以显著促进欧盟区域间差异的缩小；但有研究利用国内数据发现，中国对口支援政策在区域间经济发展差距上的弥合作用有限，仅依靠对口支援很难达到区域间均衡发展的目标。

理论上，第一，从横向财政均衡理论角度来看，为减轻横向财政的不平衡，需要从经济发达的地区筹集资金支援或帮助落后地区，由此形成横向的财政转移支付。结对地区中发达县区以项目资金的方式实现财政资金的直接转移支付，同时也通过人才培训、招商引资等其他方式进行间接转移支付。第二，从生产要素禀赋理论角度来看，一个地区在密集使用其相对禀赋丰裕要素进行生产时具有比较优势，在密集使用其相对禀赋稀缺要素进行生产尚处于劣势地位。以促进区域协调发展为目的的对口支援，不仅仅需要引导外部资本的注入，更重要的是为欠发达地区引入了基础设施、人力资本、技术、制度、精神等发展必需的要素，并在边际产出递减规律和规模经济效应的作用下产生直接的增长效应，以此促进欠发达地区的经济扩张。

三、山海协作是实现区域协调发展的有效路径

习近平总书记关于新时代区域协调发展的重要论述萌芽于其在浙江工作期间提出的“山海协作工程”。“山海协作工程”是浙江省“八八战略”的重要组成部分。实施“山海协作工程”是解决浙江省内发展不平衡不充分问题的现实需要，是缩小地区间区域差距、实现区域协调发展的重要载体。2002 年 4 月，浙江省出台了《关于实施“山海协作工程”帮助省内欠发达地区加快发展的意见》，正式实施“山海协作工程”。近二十年来，浙江省逐步成为全国区域发展最均衡、城乡收入差距最小省份之一。2002 年，浙江省城镇居民人均可支配收入为 11716 元，农村居民人均纯收入为 4940 元，居民城乡收入倍差为 2.37。2021 年，浙江省城乡居民收入倍差从 2020 年的 1.96 继续缩小为 1.94，城乡收入比连续九年呈缩小态势。2021 年，山区 26 县全体居民、城镇居民和农村居民人均可支配收入分别同比增长 10.9%、9.8% 和 11.1%，增速高于全省 1.1、0.6 和 0.7 个百分点。

“山海协作工程”作为一种对口支援模式，是我国对口支援实践的进一步发展。省内对口支援来源于省际对口支援，但在对口方案、人员调动、资金调拨等方面具有其独特之处。省内对口支援在资源统筹安排和对口方案制定上更具灵活性和全局观，在资源利用方面专业人员转移和资金调配兑付效率更进一步。从经济发展角度看，“山海协作工程”通过资源定向跨域配置有效解决区域发展失衡及资源空间供需失衡问题。加快发展县往往存在人才、资金、信息技术等要素缺失问题。“山海协作工程”通过外部力量推动外界要素转移到欠发达地区，实现要素集聚，从而提高要素资源配置和优势资源利用效率。除了外部推动力，加快发展县更加需要内生驱动力。“山海协作工程”以激发欠发达地区内生动力为目标，借助建设产业平台等措施，促进地区内源式发展，实现从“输血”到“造血”的有效转换。

作为中国式现代化的地方创新模式探索，“山海协作工程”表面是

对口协作问题，本质是资源互补问题，核心是地区发展问题，其在浙江省脱贫攻坚、全面建成小康社会及迈向共同富裕的道路上发挥了重要作用，对新时代区域协调发展理念的形成和发展具有启发式意义，是为解决资源空间供需失衡问题、区域发展失衡问题和反贫困问题提供的一种中国智慧和中国方案。浙江省“山海协作工程”为中国特色对口支援中对口协作模式提供了经验支撑，是实现高质量共同富裕过程中避免“木桶效应”的实践样板。

（一）以中华民族共同体意识为源头，筑牢区域协调发展思想根基

习近平总书记在中央民族工作会议上指出，“把推动各民族为全面建设社会主义现代化国家共同奋斗作为新时代党的民族工作的重要任务，促进各民族紧跟时代步伐，共同团结奋斗、共同繁荣发展”“支持各民族发展经济、改善民生，实现共同发展、共同富裕”。“山海协作工程”的一条重要经验就是在区域协调发展过程中，铸牢中华民族共同体意识。深化区域合作机制，各地区间充分利用特色要素禀赋，分工协作，互为支撑，在一体化发展过程中融为共同体。践行区域互助机制，区域间以教育、医疗等资源向欠发达地区流动展开帮扶协作，促进各地区间人民交往交流交融，在助力式发展过程中成就共同体。贯彻利益补偿机制，立足生态补偿，深入人类命运体意识，发挥地区比较优势，地区间建立横向补偿关系，在互补型发展中打造共同体。

（二）以现代化国家治理体系为前提，筑牢区域协调发展制度根基

习近平总书记强调，“我国国家制度和国家治理体系始终着眼于实现好、维护好、发展好最广大人民根本利益，着力保障和改善民生，使改革发展成果更多更公平惠及全体人民”。“山海协作工程”充分彰显了我国国家制度和治理体系的显著优势。一是在政策设计上体现了全省一盘棋的理念。“山海协作工程”立足浙江省的区域发展不平衡问题，从缩小浙西南

山区和浙东北沿海地区的经济发展差距出发，始终坚持顶层设计和全局战略，系统化设计实施方案，实现陆海统筹，山海共济。二是在政策实施上体现了集中力量办大事的显著特征。“山海协作工程”调动省级各部门、省市县各级政府等政府资源，学校、医院等各种社会资源，动员并协调各方力量，集中全社会力量实现缩小区域发展差距的政策目标。三是在政策落地上，党的集中统一领导保持了政治环境的稳定性，保证了政策制定的统一性，政策执行的坚决性；多种所有制经济共同发展、多种分配方式并存，调动社会各方面主体积极性，激发全社会发展活力。

（三）以多元化主体协同参与为保障，筑牢区域协调发展实践根基

习近平总书记指出：“新的征程上，我们必须坚持大团结大联合，坚持一致性和多样性统一，加强思想政治引领，广泛凝聚共识，广聚天下英才，努力寻求最大公约数、画出最大同心圆。”“山海协作工程”集合了政府、市场和社会三方力量。三者作用相辅相成、逐步递进，奠定了“山海协作工程”得以实施、可持续发展和优化升级的基础。第一，政府力量提供了基本条件。省市县三级政府协作构建“决策—实施—评估—反馈”全过程的意见性文件和行动方案。省级各部门联动，各司其职，从自然资源规划、产业链打造等各个方面对“山海协作工程”实施提供政策层面的引导、保障和支持。政府力量奠定了山海协作得以实施的基础条件，创建了良好的政策环境支持“山海协作工程”发展。第二，市场力量赋予了引领动力。市场主体是“山海协作工程”实施的动力来源和中流砥柱。充分市场机制在山海协作中的作用是欠发达地区内源式发展得以实现的基石，是由“输血”式帮扶转为“造血”式互助的依托力量，是山区26县实现跨越式高质量发展的基本要求。第三，社会力量激活了后发潜力。山海协作中社会力量队伍的壮大使山海协作的实施具有持续发展的潜力和后发动力。社会集体力量广泛分布各个地区、各个行业，出于强烈的社会责任感和深切的政策认同感，对山海协作的助力往往具有雪中送炭、锦上添花的作用。

（四）以优先发展生态产业为主线，激发区域协调发展新动能

习近平总书记指出：“绿色发展是构建高质量现代化经济体系的必然要求，是解决污染问题的根本之策。”“绿水青山既是自然财富、生态财富，又是社会财富、经济财富。”“山海协作工程”秉持“绿水青山就是金山银山”发展理念，结合浙江省“一县一策”精准发力，以推动生态经济为主的现代产业体系建设为主，立足产业协同，与农业、工业、旅游业等产业深度结合，深入贯彻绿色化、低碳化发展理念，基于山区26县资源优势，打造特色优势生态产业。“山海协作工程”助力山区发展突破瓶颈的关键在于将优势生态资源转化为可促进山区农户增收的生态产品，以结对的方式打造农产品从产地到销地，产销直供一体化服务链。“双碳”目标下，以地区间产业承接和地区内产业升级为抓手，推动落后产能、传统产业升级改造，走高技术含量、低资源消耗、低环境污染的发展道路。作为三大产业发展的纽带，生态旅游业充分开发山区绿色资源，探寻县域经济的新增长点。结对地区间丰富的人文旅游资源和成熟的旅游开发经验及产业体系实现完美对接，优势互补，合作互赢。

（五）以创新“飞地经济”模式为突破，构建区域协调发展新格局

习近平总书记强调要“深化改革健全区域战略统筹、市场一体化发展等机制，优化生产力布局，推动重点产业在国内外有序转移，支持企业深度参与全球产业分工和合作，促进内外产业深度融合，打造自主可控、安全可靠、竞争力强的现代化产业体系”。作为一种跨区域经济协作发展模式，浙江省“飞地经济”以共建园区的方式，促进先发地区和加快发展地区间生产要素的合理流动，实现地区间资源的有效整合和配置，推动欠发达地区充分融入浙江省标志性产业链生态圈和“415X”先进制造业集群建设。“飞地园区”在用地保障、配套投入、园区管理、税收分配等方面的建设均由双方地区协商落实，巧妙解决发达地区与加快发展地区出现的用地指标不够、发展动力不足、要素流动不畅、地区增收困难等问题，打造跨行政区域建设、一体化发展创新模式。为解决资源空间供需失衡难题，

首创平湖、青田跨县域的“飞地消薄”“飞地消困”，衢州（杭州）海创园的“反向飞地”“异地聚才”等一系列亮点发展模式。

（六）以均衡覆盖公共服务为初心，奠定区域协调发展新基石

习近平总书记强调，“要把提高发展平衡性放在重要位置，不断推动公共资源向基层延伸，构建优质均衡的公共服务体系，建成全覆盖可持续的社会保障体系”。“山海协作工程”以基础设施建设和优质资源开发为主实现公共服务领域的协同发展。补齐基础设施短板，推动区域一体化建设。舟山大陆连岛工程、衢江航道、文泰高速、金台铁路等水陆交通基础设施建设，对欠发达地区辐射带动效应明显，为陆海统筹提供了新路径，使山海互济成为现实。统筹医疗资源，实现“双下沉、两提升”。全面实施医疗卫生山海提升工程、创新推进医疗联合体建设是山海协作实施过程中推动公共服务资源共享的重要举措。专业人员互派学习进修、医疗卫生专业发展支持、疗休养资源山海互利等医疗卫生对接活动促进优质医疗资源向欠发达地区流动。集合优质教育资源，推进教育共同体建设。省、市、县三级教育部门通过选派优秀教师、定向招生、教师职称评审倾斜等方式统筹教育资源。各级学校通过结对，借助硬件和软件并重、资金支援和智力支持并举，围绕教育教学研究、校园文化建设、办学质量提升等重点，全方位实现管理共进、教学共研、师资共享、教育共富。

第二节　山海协作助推区域协调发展的实践基础

一、政策持续升级，统筹区域协调发展

2020 年，习近平总书记在浙江考察时强调“发展不平衡不充分问题要率先突破”，浙江省内发展不平衡不充分问题一直存在。以“清大线”为界，可以划分出地理层面的山与海——浙西南山区与东部沿海地区。从经

济层面看，东北侧是经济发达的杭嘉湖绍平原和甬台温地区，西南侧是丽水、衢州、杭州建德和淳安、温州苍南等县市，深藏在绵延丘陵中，发展相对落后。26个加快发展县大多位于浙西南山区，受到自然环境、人文历史、制度环境、地理位置等多方面因素的影响，发展一度落后于全省平均水平。“山海协作工程”立足于跨越“清大线”，解决区域发展失衡问题，从政府层面推动部分发达地区与省内所有欠发达地区开展结对帮扶，致力于不断加强经济强县和淳安等26个加快发展县的合作交流。“山海协作工程”从省级政府层面进行政策设计，县区级政府层面展开政策实施工作，引导浙江省内发达地区（以浙江东部沿海地区为主）与欠发达地区（以浙西南山区为主）以县级为单位进行对口协作安排，以“结对子”的方式组织双方开展合作。

与传统对口支援模式不同，山海协作以地区优势产业发展为主线，以产业关联和企业合作的方式实现浙江省内产业链联结与县域高质量发展。“山海协作工程”初期以产业梯度转移和要素合理配置为主线，聚焦于企业合作、劳动力定向转移、农业技术扶持等，后续涉及领域扩展到特色优势产业，新农村建设、人力资源培训与就业、社会事业与公共服务等。山区26县成功“摘帽”后，山海协作进一步创新与深化，涉及领域增加了创新创业和生态环境两大模块，以期提高浙西南山区群众增收能力和绿色发展水平。

二十年来，浙江省委、省政府相继出台了一系列实施意见和规划性文件（见表7－1），对山区26县予以全方位的支持，力求补齐短板、缩小区域差距，实现区域协调发展。浙江省“山海协作工程”从实践经验来看，实施侧重点具有如下特征：第一，核心点在于资源共享。欠发达地区实现跨越式发展离不开当地的资源禀赋。关于山区欠发达地区如何利用土地资源和生态资源、挖掘生态产品，海岛欠发达地区如何依托海洋资源、做大做强海洋经济的两个问题，“山海协作工程”实施找到了问题的解决途径。无论是基础设施建设、公共服务交流还是产业协同发展，“山海协作工程”的基本逻辑在于如何充分激发结对地区双方比较优势、实现资源互补，结对发展得以实现的本质和底层逻辑在于两地资金、技术、劳动力、土地等要素资源的共享。第二，着力点在于产业共兴。欠发达地区的“短板”在于产业发展欠缺，“山海协作工程”实施之初就以产业合作作为主要任务。经过近二十年的发展，浙江探索出共建山海协作特色产业平台，探索以产业飞地、科创飞地、消薄飞地为代表的“飞地经济”模式，打造“一县一业”等新路径推动欠发达地区实现特色优势产业的培育、发展和壮大。为推动欠发达地区充分融入浙江省标志性产业链生态圈和“415X”先进制造业集群建设，“山海协作工程”基于政府规范的产业有序转移模式，依托山区县产业基础和特色资源优势，深化落地产业链山海协作“八大模式”，优化产业链区域布局，开展产业链山海协作。第三，拓展点在于生态共治。自然资源、生态环境既是山区发展的比较优势，也是山区发展的潜在发展优势。“双碳”目标背景下，发挥山区26县的生态资源优势，同时提高山区生态资源的生态效益和经济效益，释放生态“红利”，走生态经济发展路线具有重要的现实意义。将生态经济与欠发达地区产业融合发展是山海协作适应高质量发展要求的必经之路，将跨区域生态横向补偿机制融入“山海协作工程”实施体系是生态功能区和非生态重点区域实现空间协调发展的最佳选择。

表7-1　浙江省“山海协作工程”相关文件

年份	文件	政策出处	创新意义
2002	《关于实施“山海协作工程”帮助省内欠发达地区加快发展的意见》	浙政办发〔2002〕14号	山海协作正式实施，发达地区和欠发达地区开展企业、农业、劳务合作
2003	《关于全面实施“山海协作工程”的若干意见》	浙江省人民政府办公厅	山海协作全面实施，明确欠发达地区在浙江省的战略地位
2006	《浙江省“山海协作工程”“十一五”规划》	浙江省发展和改革委员会	聚焦地区特色产业，引入社会事业合作
2009	《关于实施新一轮“山海协作工程”的若干意见》	浙政办发〔2009〕63号	聚焦特色优势产业，注重人力资源开发，引入公共服务领域
2011	《浙江省“山海协作工程”“十二五”规划》	浙江省发展和改革委员会	引入群众增收和开放兴区等领域，提出劳动力转移

续表

年份	文件	政策出处	创新意义
2012	《关于推进山海协作产业园建设的意见》	浙委办〔2012〕83 号	建设首批 9 个省级山海协作产业园
2015	《关于进一步深化“山海协作工程”的实施意见》	浙政办发〔2015〕132 号	与国家战略接轨，聚焦七大产业，开始平台建设，注重资源要素开发利用与公共资源共享、关注生态环境领域
2018	《关于深入实施“山海协作工程”促进区域协调发展的若干意见》	浙委发〔2018〕3 号	构建基础设施体系，注重创新创业领域，开始产业融合
2019	《关于促进山海协作“飞地经济”健康发展的实施意见》	浙山海办〔2019〕8 号	谋划建设一批模式新、特色明、效益好的山海协作“飞地”
2021	《关于进一步支持山海协作“飞地”高质量建设与发展的实施意见》	浙政办发〔2021〕5 号	布局山海协作“飞地”，开展异地投资建设
2021	《浙江省山区 26 县跨越式高质量发展实施方案(2021－2025 年)》	浙江省发展和改革委员会	围绕当地特色产业，因地制宜，实现山区 26 县“一县一策”全覆盖
2021	《关于进一步加强山海协作结对帮扶工作的指导意见》	浙山海办〔2021〕1 号	提出“结对关系保持稳定，帮扶力量相对均衡”的结对关系建立原则
2021	《浙江省山海协作“飞地”建设导则》	浙山海办〔2021〕2 号	细化“飞地”建设过程中的关键环节
2022	《浙江省产业链山海协作行动计划》	浙江省经济和信息化厅	开展产业链山海协作

资料来源：笔者根据公开资料整理。

二、生态产业优先，激发内生发展动力

为适应新时代区域协调发展需求、打造“山海协作工程”“升级版”，加快形成更多可复制可推广的典型经验，浙江围绕生态产业优先和公共服务协同这两个领域集中发力，创新协作模式，形成了实践的一些典型模式。

产业发展是激发加快发展地区内生发展的动力来源，需充分集聚当地要素资源，作为关键环节推动整个地区实现跨越式高质量发展。山海协作以推动生态经济为主的现代产业体系建设为主，秉持“绿水青山就是金山银山”发展理念，结合浙江省“一县一策”精准发力，推动山区 26 县跨越式发展。2022 年《浙江省产业链山海协作行动计划》中提出通过引导各发达地区龙头企业与山区 26 县企业建立“1 + N”结对帮扶合作机制，促进形成产业上下游专业化协作配套。山海协作实践中，立足产业协同，与农业、工业、旅游业等产业深度结合，深入贯彻绿色化、低碳化发展理念，基于山区 26 县资源优势，打造特色优势生态产业。

（一）生态农业

山区发展突破瓶颈的关键在于山区的优势生态资源如何转化为生态产品进而促进山区农户增收。金华市武义县是浙江省山区 26 县之一，小农户作为其农业生产主体，提高小农户收入水平是急需解决的重要问题。相距 230 千米的海宁市是武义县山海协作结对地区，为助力武义县实现现代农业发展，创新实施山海协作小农户合作“千万工程”——小农户合作共富项目。

小农合作共富项目充分利用海宁和武义两地各自的生态环境和市场、技术等优势，创新“供销社（农合联） + 村经济合作社 + 农户”运行模式，打造一条从产地到销地、产销直供的一体化服务链。在生产端，海宁协助武义供销社提供种苗、化肥等生产资料，组织农业技术专家团队去武义开展调研活动和技术指导，建设农业生产基地。村集体负责将分散的小农户组织起来，统筹并分包土地给村民，实现农产品联户种养。在销售端，为解决农产品销售难的问题，海宁在市政府等机关单位内设立销售窗口，在农批市场里设立高山蔬菜直销点，打通山区农产品销售渠道。社会资源的参与也拓宽了农产品的销售渠道，如企业组织开展农产品公益直播活动推广武义助农产品等。从生产端到销售端，形成武义—海宁农产品产销直供一体化服务链，实现小农户大合作、小生产大市场，探索了一条实现山区小散农户增收致富的有效道路。

（二）生态工业

山区26县实现跨越式高质量发展的关键在于工业。浙江省衢州市龙游县深入践行“一县一策”，以生态工业发展为导向，始终坚持产业为王、工业强县不动摇，推进建设绿色园区、绿色企业。2022年，龙游县规模以上工业产值达378.57亿元，居衢州市第一，荣获全国投资潜力百强县、全国科技创新百强县的称号。

龙游县特种纸规模以上企业实现总产值124.78亿元，占该县规模以上工业总产值的33%。“国内每四张特种纸中就有一张产自龙游”，龙游县“特种纸业”由来已久，属于龙游的主要产业，在龙游拥有较为完整和成熟的上下游配套产业，产品种类超100个。经过多年发展，龙游已经成为全国最大的特种纸生产集聚中心、亚洲最大的装饰原纸生产基地。龙游特种纸业实现“从有到优”的秘诀体现在两方面：一是产业承接，推动出现产业规模效应。2016年，杭州市富阳区为满足都市经济发展需要开始大规模腾退当地造纸及关联企业。与富阳同有“造纸之乡”美称的龙游在得知富阳造纸产业搬迁之后，先后赴富阳十余次开展招商引资工作，走访20余家企业，确定了11家符合产业环保入驻标准的企业作为重点招引对象。两地政府多次对接，助推企业落地，实现产业平稳搬迁。龙游基于自身产业优势，承接富阳、萧山等地10余家造纸企业落地。通过相似产业承接，龙游为引入企业提供了成熟的产业配套，实现了两地产业在龙游的高效融合，既解决了富阳产业腾退难题，又为龙游扩大产业规模、激发龙游产业升级提供新动力。二是产业升级，推动产业高质量发展。特种纸业属于资源和能源消耗性产业。“双碳”目标下，如何摒弃落后产能、推动传统产业改造升级，龙游交出了满意的答卷。从龙游皮纸到如今的医药用纸、电池隔膜、纳米新材料等高端产品，龙游踏准时代发展节拍，选择走高技术含量、低资源消耗、低环境污染的发展道路。

（三）生态旅游业

山区26县拥有得天独厚的绿色生态资源禀赋，是建设“大花园”、打造浙西南生态旅游带的主力军。生态旅游业是三大产业发展的纽带，充分开发山区绿色资源、打造特色生态旅游产业是“山海协作工程”的重要环节，是县域经济的新增长点。2018 年，《浙江省人民政府关于深入实施“山海协作工程”促进区域协调发展的若干意见》中提出加快推进生态旅游文化产业园建设，推动特色生态工业、高效生态农业、农旅融合发展，积极推广开化—桐乡山海协作生态旅游文化示范区共建机制和开发模式。

开化—桐乡山海协作生态旅游文化产业示范区于 2015 年设立，是一个以生态旅游文化产业为核心的产业园，由衢州开化和嘉兴桐乡双方共同出资、共同建设、共同管理、共享成果。两地的产业和要素资源完美对接。开化县位于钱塘江的源头，拥有“九山半水半分田”的独特地貌，享有“国家生态县”的美称，有着丰富的人文和旅游资源。桐乡拥有丰富的以乌镇为代表的古镇旅游发展经验与理念和较完整的旅游文化与产业体系。双方优势互补、合作互赢，充分利用独特的生态环境资源和丰富的产业建设经验，推动欠发达地区发挥自身资源禀赋优势。示范区采用了“一园多点”的生态旅游发展模式。其中，“一园”为示范区主体区块的建设，包含了公共文化广场、精品度假酒店、文化创意休闲街等项目，涵盖了图书馆、文化馆、城市展示馆等文化场所建设。“多点”是指结合开化的特色产业、人文特点与现状资源对开化其他地段进行乡村旅游、古村落保护、健康养老等产业的开发和建设。示范区建设立足于农旅融合发展，结合当地资源，推动开化县文旅产业发展和文化宣传，促进农村、农业与旅游融合发展。

三、公共服务协同，推动区域一体化建设

“山海协作工程”政策制定和实施全过程中始终坚持人民至上，以为人民服务为出发点。聚焦到公共服务领域，通过补齐基础设施短板以推动区域一体化建设，通过统筹医疗资源以实现“双下沉、两提升”，通过集合优质教育资源以推进教育共同体建设。以基础设施建设和优质资源开发为主实现公共服务领域的协同发展。

（一）交通一体

浙江舟山地区拥有极为丰富的自然资源和生态产品，但因为一水相隔、孤悬东海，交通不便使其海岛经济发展受到了较多的制约。“要想富、先修路”，与彼岸相接是舟山经济发展的重要突破点和必经之路。1999—2009 年，舟山大陆连岛工程历经十年建成通车，将舟山与宁波相接，筑建起一条不间断的致富之路。舟山从“海岛时代”跨入了“大桥时代”，顺利融入宁波一小时、杭州两小时、上海三小时交通圈，为舟山成为海上交通枢纽奠定了基础，为深入融入长三角一体化建设创造了条件。

作为舟山规模最大、社会影响力最大的交通工程，舟山大陆连岛工程带来的经济社会效益显著突出。舟山大陆连岛工程的高效畅通突破了海岸欠发达地区与杭州湾发达地区的交通瓶颈，使人民出行更便捷、货物运输更加快速，在降低交通物流成本方面展现出显著作用。交通便利对舟山地区的辐射带动效应范围广泛。一是充分发挥海洋资源优势，加快资源利用促进渔业、旅游业、船舶业、绿色石化业等海洋产业发展，驱动当地产业结构跨越式发展。二是充分利用连接东西、辐射南北的区位优势，加快商贸港口建设和临港工业发展。2011 年，舟山群岛成为继上海浦东新区、天津滨海新区和重庆两江新区后的第四个国家新区。2017 年 4 月 1 日，中国（浙江）自由贸易试验区正式落地舟山。舟山逐渐崛起成为中国乃至世界上最大的港口群。舟山跨海桥将千岛之城紧密联系在一起，成为展示浙江省建设“重要窗口”和高质量发展建设共同富裕示范区的最美海岸线。

（二）医疗统筹

全面实施医疗卫生山海提升工程、创新推进医疗联合体建设是山海协作实施过程中推动公共服务资源共享的重要举措。省级层面统筹优质医疗资源，分层分类推进全省综合实力较强的省市级三甲医院资源精准下沉，支持省级和杭州、宁波等市三甲医院与浙西南山区的医院建立长期良好协作机制。各结对地区和医院积极开展实质性的医疗卫生对接活动，如专业人员互派学习进修、医疗卫生专业发展支持、疗休养资源山海互利等。

2018 年海盐—景宁医疗卫生“山海协作工程”拉开序幕，开启医疗卫生山海协作 1.0 模式，双方开展实地考察、干部交流、商讨精准协作机制。双方以建立两地卫生计生局、医疗卫生单位、重点科室、骨干医生 4 个层面“双向协作”交流机制为载体，将在医疗卫生服务能力和人才队伍培养、中医药、妇幼保健、疾病预防控制等方面进行精准协作，实现学术下沉、技术下沉、人才下沉，增强景宁地区医疗卫生服务综合实力。推进“山海协作工程”在医疗卫生领域的实施。2.0 模式在海盐—景宁医疗卫生“山海协作工程”1.0 模式的基础上成功实现了双向协作。2020 年，双方山海协作职工疗休养工作合作正式开展，更加深入地实现了双方优势互补、互利共赢，在职工疗休养团队、客源互送、旅游优惠政策方面享受资源共享，充分挖掘双方疗休养资源，实现山海联动。海盐县将景宁作为职工省内疗休养唯一目的地，旨在推动“畲族疗休养”品牌建设升级、助推景宁疗休养事业高质量发展。

（三）教育联动

省、市、县三级教育部门通过选派优秀教师、倾斜性的安排省级教育转移支付、定向招生、教师职称评审倾斜等方式统筹教育资源，各级学校通过结对，借助硬件和软件并重、资金支援和智力支持并举，围绕教育教学研究、校园文化建设、办学质量提升等重点，全方位实现管理共进、教学共研、师资共享、教育共富。

上城区教育局与开化县教育局于 2018 年签订山海协作教育合作协议书，深化山海协作教育合作，目标是合力打造深化山海协作教育合作勇立潮头的样板。杭州上城与衢州开化的山海协作教育合作以校际结对为基石，上城区优质学校对应帮扶开化县同层次 10 所中小学、幼儿园和培智学校，共享教学经验、优质课程和教育资源。以提升师资队伍水平为抓手，开展教师培训、名师培养、干部交流等活动。以开展教育服务活动为落点，将每年 11 月定为“山海协作教育服务月”并在经费、图书、教学仪器设备等方面给予开化县薄弱学校适当资助。2021 年，上城区教育局和开化县教育局在杭州市上城区教育高质量发展大会上签订了山海协作协议，共同建设教育共富联盟，开展新一轮教育合作。双方持续深化合作，从教育帮扶转型为共同推动教育体系高质量发展，探索山海协作教育联动新路径。两地通过组织专家团队磨课共创精品课堂、通过科研项目推广共话教改成果、通过信息技术互通共建课程资源，共谋教育均衡发展新模式、新图景，为促进城乡义务教育一体化建设打造教育协作典范。

第三节　山海协作助推区域协调发展的主要任务和战略举措

一、持续补山区发展短板，筑牢欠发达地区发展基础

欠发达地区发展滞后的关键是存在诸多发展短板，如存在资源环境的约束，地理位置偏远而交通成本较高，远离海岸线缺乏价格优势。“山海协作工程”的持续实施将继续弥补加快发展地区在发展过程中的短板，加快山区新型城镇化建设，为加快山区 26 县高质量发展筑牢坚实基础。

大力补齐交通基础设施短板。“要想富、先修路”，交通不便是阻碍山区县发展的重要原因。近年来，浙江省实施了山区县交通赶超提升行动，加快了山、海之间的高速路、高铁等互联互通，实现了“不以山海为远”，推动海港、陆港、空港、信息港互联互通。

一是以打造义甬舟大通道及西延战略支点平台载体为中点。目前，已经开通了杭衢铁路、文泰高速、金台铁路等重要线路，还建成并通车了衢宁铁路、杭绍台城际铁路，实现了山海之间互联互通，为山区县融入杭州、宁波、温州、金义四大都市圈，融入长三角经济带创造了重要的有利条件。其他重要线路，如杭温高铁等也在进一步建设中，预计 2024 年 6 月通车。未来，要继续深化衢州市、丽水市与宁波舟山港的协作联动，高水平布局建设一批陆港，开通海铁联运专列，提高通关效率，降低山区交通物流综合成本。二是要加大力度补齐山区 26 县内部的交通短板。2021 年，浙江省交通运输厅《支持“四好农村路”建设推动山区 26 县跨越式高质

量发展的政策意见》，明确提出到2025年，山区26县的“四好农村路”发展水平将显著提升。在这一政策的推动下，2022年，26县新改建农村公路超1000千米，有效疏通了县内交通的多个堵点。三是加快山区县的数字新基建，推动数字化改革。随着浙江省数字经济“一号工程”的实施，以5G为代表的新一代数字经济基础设施得到了完善，山区26县的新基建也快速升级，目前已经和城市实现无差别信息共享。未来，还将进一步实现有条件行政村“双千兆”网络基础设施全覆盖，乡镇以上5G网络全覆盖，为数字经济发展提供重要基础。

大力补齐优质公共服务短板。公共服务均等化是提高人民群众的幸福感、实现区域协调发展的目标之一。早在2009年，浙江省政府发布的《关于实施新一轮“山海协作”工程的若干意见》就重点强调了要在民生与社会事业方面展开合作。此后，又出台了多个促进山区26县公共服务事业发展的专项文件，取得了显著成效。

一是在教育方面，加大教育帮扶协作力度，完善“千校（园）结对”帮扶关系，结成教育共同体。通过实施跨区域教共体项目，开展“组团式”帮扶，通过师徒结对、异地跟岗锻炼等方式，有效提升欠发达地区的办学理念和教学水平。在“互联网+义务教育”城乡结对帮扶工作基础上，全面推进城乡教育共同体建设。旨在到2025年，乡村和镇区公办义务教育学校实现教共体全覆盖，其中融合型、共建型模式的教共体占比不低于80%。二是在卫生方面，省政府加大了财政转移支付力度，着力改善山区26县的医疗卫生条件，启动了医疗卫生“山海”提升工程。该工程集中了13家省市级三甲医院的医疗人才与重要医疗资源，每家医院下派的专家人数不少于12人，工作时间不少于半年，着力建设加快发展县区危重症的救治能力，全面补齐山区医疗卫生服务能力短板。但山区26县的基本公共服务与其他区县仍存在一定差距，医疗卫生事业发展水平仍不高，山海协作升级版将继续通过产业合作、项目合作等多种经济合作形式，促进欠发达地区的产业与经济发展，并带动欠发达地区的公共服务体系发展。三是在信息化等软硬环境建设方面，山区县的软硬环境是区域协调发展的基础，继续发挥山海协作优势，在打造山海协作升级版的基础上，积极利用各类项目，持续优化基础设施，加快推进杭温、杭台、衢丽、金甬等铁路项目建设，积极涌入长三角城市群，着力推动甬台温福、杭丽、温武吉等铁路项目前期工作等，重点推进信息化基础设施建设，进一步完善5G、宽带等基础设施建设，促进山区县进一步融入大市场。持续发挥义乌国际陆港港口功能，促进温州、台州、衢州、丽水等城市与义乌国际陆港的公铁联运，助推山区优质产品通过义乌进入欧洲市场。大力提升山区26县软环境，打造创新创业生态系统，提升营商环境，确保引入项目的能获得较好的发展，持续造福山区百姓。

此外，公共服务均等化是高质量区域协调发展的必然要求，着力念好新时代“山海经”，要求不仅关注经济领域合作，着力提升加快发展地区的教育、医疗、养老等公共服务水平，还要加大省内发达地区对山区县的支持力度，推进公共服务水平切实得到提升，构建省域区域一体化均衡发展新格局。

二、加快建设山海协作飞地，推动山区26县经济高质量发展

作为一种跨区域经济协作发展模式，“飞地经济”共享区域间发展红利，已经成为推进区域协调发展的重要路径，成为先富带动后富、迈向共同富裕的重要抓手，是山区县走上持续自我发展、自我造血之路的重要途径。浙江省早在2012年就开始对“飞地经济”进行探索，浙江省委、省政府办公厅印发《关于推进山海协作产业园建设的意见》，明确要求在衢州、丽水有条件的县（市、区）启动建设首批9个省级山海协作产业园。以共建产业园的方式，促进先发地区和加快发展地区间生产要素的合理流动，实现地区间资源的有效整合和配置，这是浙江省“飞地经济”正式确立的雏形和统筹建设的起点。“十三五”期间，国家发展改革委等八部门联合发布《关于支持“飞地经济”发展的指导意见》，“飞地经济”首次获得了国家层面的正式肯定与推广。“十四五”期间，浙江成为受中央支持的高质量发展建设共同富裕示范区，为此，浙江省发布了《支持山区26

县跨越式高质量发展意见》《浙江省产业链山海协作行动计划》等政策文件，旨在通过“飞地经济”实现共同富裕。2021 年，浙江省发布了《支持山海协作“飞地”高质量建设与发展的实施意见》，提出要以飞地模式推动山海协同发展，指出飞地是实施长三角区域一体化国家战略的内在要求，是通过优化资源要素配置，促进区域协调发展的有效途径。经过十多年的发展，结合时代背景和实际发展需要，浙江省“飞地经济”模式迭代升级，从最初的山海协作产业园建设拓展到产业飞地、消薄飞地、科创飞地三种重点发展模式。

第一，加快布局产业飞地，持续改善山区县生态环境。最早的“飞地”经济就是习近平总书记在 2003 年提出的，为了保护千岛湖的生态环境，在杭州市大江东产业聚集区规划 2 平方千米区域建设江东杭千扶贫园区，作为淳安县异地发展工业的平台。产业飞地主要目的在于以飞地形式对山区县进行生态补偿。近年来，为了进一步对山区县进行生态补偿，全省建立了多个产业飞地。其中，比较有代表性的是位于金华市的金磐开发区，旨在补偿磐安作为四大水系源头保护地所面临的生态环境保护压力。目前，该保护区实现年产值高达 320 亿元，贡献了磐安县税收的 1/3 以上，有效地补偿了磐安受限于生态环境保护而无法进行工业开发的压力。“飞地经济”提高了山区县的造血能力，打造了山海协同发展新格局。

2021 年 6 月，柯桥、江山两地正式签订“柯桥—江山山海协作产业飞地”项目。该项目飞地产业发展聚焦高端装备制造业、新材料和节能环保等新兴产业，旨在全力打造绿色生态产业园，聚力打造百亿级产业飞地新标杆，引领全省产业飞地建设。“飞地产业园”的建设落地，使柯桥区与江山市之间的山海协作飞地建设从单向飞地转换为双向飞地，两地均承担着“飞出地”和“飞入地”的双重角色。通过打破行政区划限制，在经济存在落差的柯城区和江山市进行跨地区园区共建，实现资源共享、互利共赢的建设目标，推动区域间携手实现高质量发展。该项目成功的原因在于：一是具有坚实的产业合作平台建设基础。柯桥—江山“山海协作工程”已连续七年荣获省山海协作产业协作考核一等奖，成功实现“七连冠”。柯桥区与江山市间产业合作源于2013年合作共建的江山—柯桥山海协作产业园，位于浙、闽、赣三省交界的江山市域中部，是浙江省首个山海协作“百亿产业园”。二是具有成熟的产业园区共建运行模式。柯桥经开区与江山开发区分工合作，将两地优势资源要素整合到“飞地产业园”。在项目开发上，柯桥经开区负责提供产业园建设所需用地、承担各种配套投入，江山开发区主要负责产业园项目建设所需的各项指标，如土地指标等，保障项目顺利落户；在园区管理上，双方共同选派优秀干部任职或挂职；在税收分配上，尽可能向江山市倾斜。三是具有高效的新兴产业招商引资能力。“飞地产业园”引进两个省重大产业项目，截止到2023年第一季度，两个项目已完成投资5.56亿元，获得土地指标奖励1174亩。其中，宇越新材料光学薄膜作为“柯桥—江山山海协作产业飞地”的首个启动项目，充分实现了新兴产业对两地的助推作用。2022年，全省共26个产业飞地，在建产业项目共54个，其中，有1/3的项目投资超10亿元。未来，需持续推动山区县与省内发达地区合作，共建异地产业园区，拓展外部产业发展空间，建设产业飞地。进一步加快在大湾区新区、省级高能级战略平台等产业平台，为山区26县布局以先进制造业为主的产业飞地。旨在到2025年，实现产业飞地全覆盖。

第二，加快建设消薄飞地，提高山区县集体经济收入。为了进一步深入山区县内部，消除村与村之间的发展差距，浙江省探索了“消薄”飞地模式，旨在利用飞地模式促进集体经济薄弱村的发展，促进山区县加快发展。2017年，嘉兴平湖市与青田县两地创新开展了山海协作“飞地抱团”产业合作模式，成功打造浙江省首个跨县域“飞地消薄”“飞地消困”项目，实现村户精准消薄消困，破解村集体经济和低收入农户增收难题，为解决群众增收问题提供新的解题思路。这种山海协作新模式取得了显著的成效。2021年7月，平湖以“飞地抱团”引领山海协作精准帮扶模式成功入选全省高质量发展建设共同富裕示范区首批试点。2022年5月，以打造山海协作高质量发展升级版入选全省首批共同富裕最佳实践案例。平湖市工业经济发达但土地指标严重紧缺，青田县生态资源丰富但是村集体经济薄弱。两地协作充分发挥平湖成熟的产业配套和青田充裕的土地指标两大互补优势，通过将青田县集体经济薄弱村的土地指标“飞”到平湖市工业建设产业园，平湖补足建设用地指标短板，青田找到解决脱贫乏力问题突破点。平湖经济开发区内有三幢高标准厂房的建设用地指标就来自于青田的265个村庄，前5年这些厂房每年将年收益的10%作为投资的固定收益。“飞地抱团”产业合作模式以平湖青田山海协作飞地消薄产业园平台建设作为抓手，实现了两方面的创新和突破，即首创浙江省跨县市消薄飞地和首创全国低收入家庭跨县市入股“飞地抱团”。在这一消薄飞地模式中，由经济薄弱的飞出地提供土地指标、投资建设厂房、提供专人管理，平湖区主要负责招商引资实现项目落地，走出了消薄增收的创新之路。通过国资公司牵头成立青田强村联合投资发展有限责任公司，引导青田县的经济薄弱村和协助低收入农户以筹资入股的形式参与山海协作飞地项目，精准消薄，精准增收。2022年，园区实现产值12亿元，累计为青田265个村集体增收4406万元，每个参建村年均增收5.54万元。每年可为青田1.06万户低收入家庭户均增收1000～2000元，共1.9万人受益。消薄飞地模式有效地解决了经济发展较快地区的建设用地土地指标稀缺与发展较慢地区的经济薄弱问题，是实现缩小区域差距与区域内的城乡差距、收入差距的重要方式。消薄飞地模式已经成为浙江省助力经济薄弱村“脱帽”的重要方式，截止到2022年，全省已经有37个消薄飞地，带动3113个经济薄弱村实现增收，已实现返利4.02亿元。未来，一是持续推动经济薄弱村复垦出的土地指标或筹集资金，通过优质项目入股等方式，规范山海协作消薄飞地建设，健全运营管理、收益分配机制，提升经济效益。二是加快在大湾区新区、省级高能级战略平台等产业平台，为山区26县布局以先进制造业为主的产业飞地。到2025年，将规范建设30个消薄飞地，带动2500个村增收致富。

第三，加快打造科创飞地，提高山区县造血能力。科创飞地的主要任务是为飞出地产业园的发展孵化项目和企业，推动项目真正落地，具体形式为“研发在飞入地、生产在飞出地”的形式，通过这种形式，不仅能提高经济发展的飞入地项目孵化成功后落地到飞出地产业园，还可以切实推动新技术新产品的研发与转化，为山区县吸引人才等功能，真正提高山区县的自我造血能力，实现协同发展。例如，浙江省衢州市先后在上海、杭州、北京、深圳等多地创建了6个科创飞地，聚焦生物医药、高端制造业、数字经济等领域。以位于未来科技城的衢州海创园为例，衢州（杭州）海创园是衢州市在杭州未来科技城建成科技创新模式飞地，即衢州为“飞出地”、杭州为“飞入地”，是浙江省实施“山海协作工程”的首个跨行政区建设的创新飞地，为推动两地深度协作发挥了重要作用，海创园首创了“研发孵化在杭州、产业转化在衢州”的创新飞地模式。设立海创园是杭州市政府在用地指标不够的情况下和衢州市政府协商形成的跨行政区域的发展模式，是典型的“反向飞地模式”。衢州市以土地指标换取余杭飞地空间，实施“借势、借力、借脑”发展，通过技术研发、资源要素流动、产业协作和转移等举措，推动优势资源和互补性产业落地衢州，地区之间实现资源自由流动与高效利用。海创园依托衢州市西区“花园258”和绿色产业集聚区“千人计划”创业园两个开发区承接项目落地，集聚和整合杭州市人才、技术等创新资源，赋能衢州市产业高质量发展和可持续发展。截至2022年，入驻海创园的企业达59家，产业延伸涵盖了衢州市全部6个山区县。该科创飞地有效发挥了地处杭州未来科技城的优势，发挥了资本引领产业转型提升的重要作用，通过这种方式有效促进了山区县的经济高质量发展。从全省来看，2022年，全省共有15个科创飞地，共完成投资27.3亿元，成功孵化342个项目。未来，浙江省还将进一步支持衢州市、丽水市和山区26县到沿海经济发达市县布局建设科创飞地，强化新技术新产品研发、项目孵化、人才引进等功能。旨在到2025年，建成10个以上达到省级科技企业孵化器认定标准的科创飞地，平均项目产业化率达到30%以上。

三、打造山海协作升级版，扎实推动共同富裕先行示范

缩小收入差距、地区差距，促进区域协调发展，是浙江省建立高质量

共同富裕示范区实现中国式现代化的重要途径。由于先天禀赋的差异，各地在建设共同富裕示范区的基础条件存在差异，尤其是山区26县，基础设施、经济发展条件等落后于其他区域。浙江省的山区26县陆域总面积占全省的45%，但在2022年，GDP总量反为7404.0亿元，占全省的比重仅为9.5%①。山区县的高质量发展是浙江省解决三大差距，解决发展不平衡不充分问题，逐步迈向中国式现代化的关键。为推动山区26县高质量发展，关键是要以超常规举措、通过释放政策红利，推动山区26县快速发展。2021年以来，浙江省政府发布一系列政策文件，如《浙江省山区26县高质量发展实施方案（2021—2025年）》《进一步加强山海协作结对帮扶工作的指导意见》等，以更大力度推进山海协作。未来，要进一步打造山海协作升级版，推动山区县经济发展，持续缩小三大差距。具体而言：

第一，深入实施提升居民收入富民行动。产业发展是富民之本。在大力补齐山区发展补短板后，坚持“生态优先、内生发展，深化改革、开放发展，山海协同、借力发展，创新驱动、转型发展，共同富裕、共享发展”的原则，进一步激发山区内生发展动力，加快山区26县跨越式发展。

一是高质量保障和改善民生。通过大力发展食用菌、茶叶、中药材等生态农业，打造出首个山海共富农优产品展销窗口。为切实解决山区县农优产品的流通、销售难题，山海共富农优产品窗口通过一站式采集、打造全国农优视频直播电商基地，利用其完备的数字化供应链与其他配套，为山区县农业高质量发展，助力山区农户收入水平进一步提升。二是进一步做强山区特色旅游产业，强化生态旅游富民。生态旅游富民成效显著，2022年，山区26县全体居民、城镇居民和农村居民人均可支配收入增速比全省高0.9、0.7和0.6个百分点。聚焦乡村旅游、生态旅游、康养旅游、研学旅游、工业旅游、古村落等新业态。利用实施的山区县“百项千亿”文旅投资工程，瞄准山区县，打造乡村休闲旅游首选地，深入挖掘旅

① 浙江省统计局．山区26县高质量发展持续发力 共同富裕扎实推进[EB/OL].[2024-10-10]. http://tjj.zj.gov.cn/art/2023/2/20/art_1229129214_5068747.html.

游文化资源，依托山海协作生态旅游文化产业园，推出诗路怀古等一批山海协作生态旅游线路，持续提升山区旅游资源。在台州试行推广“沿边百村”旅游富村行动，全面促进山区居民增收。鼓励工商资本参与山区旅游开发，弥补山区县发展旅游业财政资金不足困难，发挥各级政府产业基金创新引领作用，推动文化和旅游产业高质量发展。重点打造永嘉江南宋村、丽水古堰画乡、衢州有礼诗画风光带、缙云人间仙都等20张文旅“金名片”。

第二，着力发展优势特色产业，打造“一县一业”。产业是富民之本。产业是经济建设的核心，发展产业是激发山区县内生动力的关键，要把发展特色优势产业作为山区县提升自我发展能力、实现高质量发展的重点任务。浙江省自2021年以来，出台了《浙江省山区26县跨越式高质量发展实施方案（2021—2025年）》《关于支持山区26县特色生态产业平台提升发展的指导意见》等文件，以“一县一策”形式，加大力度支持山区26县跨越式发展。“一县一策”是指依据各山区县的基础、特色与主要优势产业，为各县提供定制化的发展方案，推动解决诸多发展共性问题、个别解决个性问题。浙江省经信厅发布的《浙江省产业链山海协作行动计划》再次强调了山区26县以产业链延链补链为主，建立“1+N”产业链延链合作，到2025年，预计实现26县招引产业链项目200个以上，实现规模以上工业增加值超100亿元的县达10个。目前，已有8个山区县“一县一业”规模以上产值超百亿元，其中永嘉泵阀产业产值突破300亿元。

一是要继续坚持走专精特新的发展之路。依据不同发展基础、优势特色，将26个山区县进一步区分为15个跨越发展类、11个生态发展类。根据各地情况，提供定制化的产业发展之路。以集群化、绿色化、数字化、现代化为方向，推动山区传统制造业改造升级、历史经典产业挖掘提升、山区新兴产业培育壮大。同时，基于唱好新时代“山海经”体制机制优势，加大重大产业项目招商引资，吸引更多重大产业项目落地山区县。二是要培育特色产业需要首先立足于山区26县的生态优势底色。山区26县拥有丰富的自然资源禀赋，谋划特色生态主导产业。优先在山区26县开展低碳、（近）零碳试点建设。立足于各县的特色优势基础，着力布局淳安水饮料、江山木艺等特色生态产业。合理发展农（渔）光互补、林光互补重点项目，对地方超出可再生资源电力生产或消纳激励目标的部分可给予能耗总量考核抵扣。

第三，持续加大财政支持力度，支持山区县高质量发展。财政支持对山区县经济高质量发展有着重要的激励作用。一是完善转移支付制度，动态调整分类分档体系，提高转移支付分配的精准度，进一步加大对山区 26 县的倾斜支持力度。不断加大中央预算内资金对山区基础设施建设的支持力度，提高省级对山区县基础设施建设的资金支持力度，如绿道建设、“四号农村路”建设等的支持政策。二是持续整合、梳理各项针对山区县的资金，设立飞地专项资金，支持山区县开展符合条件的融资、开展企业税收优惠等支持政策。三是加大生态补偿力度，山区县承担了更重的生态环境保护职责，需加大生态补偿力度，优化生态环境质量财政奖惩政策，完善生态产品质量和价值相挂钩的财政奖补机制，并进一步扩大生态保护补偿范围。

第八章　优化营商环境推动省域现代化先行

第一节　实现省域现代化需要优化提升营商环境

一、优化提升营商环境的战略地位

优化提升营商环境是新征程上深入实施“八八战略”的“必答题”，必须交出高分卷。习近平同志在浙江工作期间作出的“八八战略”，很重要的一个方面，就是进一步发挥浙江的环境优势，积极推进以“五大百亿”工程为主要内容的重点建设，切实加强法治建设、信用建设和机关效能建设。2020 年以来，在“八八战略”指引下，浙江巩固已有优势、发掘潜在优势、创造新的优势，坚持软环境、硬环境一起提升，坚持有为政府、有效市场同向发力，突破了资源小省的发展瓶颈，打开了浙江的发展空间。踏上新征程，续写好“八八战略”这篇大文章，必须在优化提升营商环境上继续干在实处、走在前列、勇立潮头。目前，浙江省营商环境与国际一流对标、与发展需求相比仍有较大的提升空间。我们必须以更高的政治站位、更强的使命自觉、更好的精神状态，正视差距不足、找准发力重点，早行动、早突破，迭代完善优化提升营商环境的理念思路、目标路径、举措抓手，不断扬长补短、示范争先，着力把营商环境打造成为深入实施“八八战略”的标志性成果、“重要窗口”的亮丽“金名片”。

优化提升营商环境是新形势下赢得发展主动的“竞争力”，必须打好主动仗。营商环境竞争关乎发展、关乎大计、关乎未来，是一场国际“对抗赛"、区域"擂台赛"、过程"接力赛"，不进则退，慢进也是退。在营商环境问题上千万不能被动，一被动就会落后，只有主动者才能先人一步抢占制高点。从外部环境看，全球贸易、投资、技术壁垒依然存在，跨国投资面临的不稳定不确定因素增多，优化提升营商环境已成为全球竞争角逐的关键点。从自身发展看，推动高质量发展需要更多依靠创新红利、人才红利、制度红利来驱动，依靠更强大的产业和创新生态、更完善的新型基础设施、更为国际化的创业生态来支撑，需要通过优化提升营商环境激活内生发展动力。我们要以改革而不是改良的强力度和纵深度补齐短板，以"一号工程"的高定位和大魄力破解难题，厚植高质量发展的沃土，更好地抢占未来先机、赢得发展优势。

优化提升营商环境是新阶段全面深化改革的"总牵引"，必须勇蹚深水区。当前，改革已经进入系统集成、协同高效的新阶段，步入深水区、攻坚期，剩下的都是难啃的"硬骨头"。优化营商环境是涉及思想观念、市场机制、治理方式、领导体制等的全方位变革。只有牵住优化提升营商环境这个"牛鼻子"，从破除深层次体制机制障碍入手，来一场真刀真枪、触及实质的制度创新、政策创新、机制创新，才能从深层逻辑上真正破除堵点、攻克难题，解决制约市场活力、社会创新力的深层次问题。我们要树牢改革思维、提升改革胆气、运用改革手法，突破一批营商环境牵引性、关键性、标志性的高难度改革，全面激发改革的叠加放大和整体裂变效应，让浙江发展更具韧性灵性、更有活力张力、更具优势胜势。

二、优化提升营商环境是省域现代化的重要支撑

优化营商环境与浙江省的现代化进程息息相关，它不仅对国内外投资吸引力和经济发展有积极影响，还对激发创新、提高企业竞争力、改善政府治理水平和强化法治保障具有关键推进作用。

首先，良好的营商环境可以成为吸引国内外投资的磁石。浙江省政府一直在努力推动经济开放，通过一系列政策和措施来优化营商环境。其中的一项重要举措是简化审批程序。通过简化这些程序，投资者能够更快地

启动项目，降低了项目成本，提高了投资的吸引力。此外，降低市场准入门槛也是吸引投资的有效方法。当外国企业发现他们可以更容易地进入浙江省市场时，他们更有可能选择投资，从而促进了外商直接投资的增加。而针对企业的税收优惠政策则可以降低企业税收负担，鼓励投资者增加在浙的投资。对于国内投资者来说，优化营商环境同样具有重要意义。简化行政程序和提供更多的税收激励措施有助于企业获得更多的融资和资源，从而扩大业务规模、推动产业升级，促进浙江省经济的现代化发展。此外，通过改善知识产权保护，可以吸引更多的技术创新和研发投资，推动科技驱动型经济的发展。

其次，良好的营商环境可以激发创新活力和提高企业竞争力。当企业面临较低的行政成本和更加便利的创业环境时，他们更有动力进行创新研发。浙江省政府一直在鼓励创新，通过提供政策支持和研发资金，为企业创新提供了有力支持。良好的营商环境可以加速这一过程，使更多企业参与到创新中来。

再次，公平竞争的市场机制是现代化的基础。在一个良好的营商环境中，企业能够在公平的竞争条件下生存和发展。这鼓励企业提高产品质量和服务水平，从而增强其竞争力。浙江省正积极推动市场经济改革，强调市场在资源配置中的决定性作用，这也与优化营商环境密切相关。通过减少政府对市场的干预，浙江省有望建立一个更加公平竞争的市场环境，从而提高企业的竞争力，推动浙江省经济的现代化转型。

最后，良好的营商环境对政府治理水平和法治保障产生积极影响。通过强化透明度、公平性和规范化的管理，政府可以减少权力寻租、行政干预和不合理的管理行为。这有助于提高政府的决策科学性和公信力，建设法治化的市场环境。

透明度是一个健康营商环境的重要组成部分。透明的政府决策和监管有助于预防腐败，提高政府治理效能，增强政府的合法性和公信力。同时，规范化的管理可以减少行政干预，为市场主体提供更大的自由度，鼓励创新和竞争。

法治保障是保障企业权益和投资者利益的基石。当法律得以公平、公正和迅速执行时，投资者更有信心将资金投入到一个国家或地区。浙江省政府一直在努力改善法治环境，加强知识产权保护、加强合同执行力等方面的法律制度建设，以提高法治保障水平。

综上所述，优化营商环境是浙江省实现现代化的重要举措之一。通过营造开放、公平、透明、稳定的营商环境，浙江省可以吸引更多投资和创新资源，提高企业竞争力，推动经济的现代化升级。良好的营商环境不仅有助于吸引国内外投资，还可以激发创新、提高企业竞争力，改善政府治理水平和强化法治保障，为浙江省现代化进程提供坚实的制度基础和动力。因此，浙江省政府应继续努力改善营商环境，为实现现代化目标创造有利条件。同时，浙江省的企业家和投资者也应积极参与到这一进程中，共同推动浙江省经济的繁荣和现代化。

第二节　优化营商环境是赋能省域现代化的实践基础

一、实施营商环境一号工程，强力助推浙江现代化

2023 年来，浙江强力推进营商环境优化提升“一号改革工程”，以营商环境之“优”，促经济之“稳”、发展之“进”，有力推动全省经济高质量发展。一批重大项目加速落地，截至 2023 年 6 月底，全省 717 个制造业重大项目完成投资 1453 亿元，完成年度目标的 66%。招商引资磁力强劲，第二十四届浙洽会签约外资项目 62 个，其中世界 500 强和行业龙头企业项目 17 个。

法治是最好的营商环境。在法治环境建设上，浙江创新举措不断——在国内首创司法拍卖辅助集成、银行账户活冻结、关联案件指定集中执行等制度，知识产权“简案快办”办理周期从 60 日降至 30 日以内，出台全国首部规范行政合法性审查工作的创制性规章，让浙江的法治保障体系更加有力。

市场在资源配置中起着决定性作用。聚焦市场环境，浙江推动公平竞争的市场秩序持续向好。2023 年来，浙江推进全过程公正高效集成监管，获批市场主体全生命周期柔性监管国家试点。实施全省域公平竞争政策先行先试改革，公平竞争指数试点获市场监管总局肯定。出台助力个体经济发展 43 条举措，2023 年 1—6 月，全省新设立个体工商户 64.9 万户，同比增长 14.6%，市场主体的活力不断被激活①。

经济生态环境是区域竞争脱颖而出的关键。2023 年，浙江持续优化产业链生态，迭代更新断链断供风险清单，8 项技术（产品）实现进口替代。在促进国际贸易投资便利化上，浙江积极发力，2023 年上半年全省出口达 1.73 万亿元，同比增长 4.1%，占全国份额的 15.1%②。与此同时，浙江不断深化关键核心技术攻关改革，国家实验室实现零的突破，今年以来累计取得替代成果、转化应用成果 64 项。

人文环境是营商环境软实力的重要体现。围绕打造高品质人文环境，浙江出台容错纠错激励担当“1 + 3”政策文件，在全国率先从省级层面研究提出 6 个方面 21 种容错情形。聚焦“民间投资活力不足”问题，省发展改革委还牵头制定促进民间投资健康发展 18 条意见，在落实民间投资公平竞争政策、平等保障民间投资项目要素供给等方面作出规定，推动构建亲清政商关系。

二、数字化赋能营商环境提升，奠定浙江现代化的基石

营商环境是有为政府促有效市场的重要载体，优化数字营商环境是解放和发展数字时代生产力的必然要求。在数字营商建设和营商“微改革”两个方面，浙江不断释放发展红利，让企业和群众共享改革成果。

近年来，浙江省推进“四张清单一张网”、“最多跑一次”、政府数字化转型和数字化改革，在一脉相承的改革历程中，不断深化数字理念、方法和技术应用，培养锻炼了一支熟悉数字化的干部队伍，为开展数字营商

①② 资料来源：浙江省人民政府。

环境改革创造了条件。

第一，全业务“两端”集成。通过政务一朵云、“数据高铁”和一体化数字资源系统（IRS）等基础设施，有效推进各类涉企应用系统敏捷搭建，分别集成到“浙政钉”和“浙里办”两端，实现政府部门在“浙政钉”集中办公，企业在“浙里办”集中办事。

第二，政务服务更加好办易办。浙江深化“无证明”改革，加快电子证照共享应用，打造浙企“最多报一次”平台，推动政务服务从“一件事”向“一类事”、一个环节向全链条迭代升级，打造全天候、全过程的政务服务新生态。如今，企业所得税、财产和行为税能合并申报、一键报税、一键退税；政务服务“一网通办”能满足企业群众 2231 项办事功能需求，并向全省通办、跨省通办拓展；“浙里办”掌上可办比例在 95% 以上。

第三，全省域一体推进。大量的涉企应用系统实现了省市县三级多跨集成，极大地提升了政务服务的能力和水平。以营商环境集成应用为例，通过横向打通 32 个省级部门的核心应用系统，纵向推进省市县三级有机贯通，形成了省级引领、市县协同的一体化工作模式。

第四，全闭环效能提升。通过政府治理端和企业服务端的数据穿透，使政府部门能够迅速感知涉企办事服务质量，进而推动营商各领域业务流程再造和制度重塑，不断提升政府决策能力和治理效能，让市场主体更公平便捷的获得服务，让行政机关更精准有效实施监管。

在探讨浙江省如何通过数字化手段优化营商环境的背景下，接下来将重点介绍一个具体的成功案例——“浙里建”工程建设数字化协同治理体系。这一案例不仅展示了浙江省在数字化改革和营商环境优化方面的创新和成就，也体现了数字化对提升政府服务效率和企业经营便利性的重要作用。通过深入剖析“浙里建”的建设过程、结构和实际成效，可以更全面地理解数字赋能如何推动营商环境的优化，以及这一过程中涉及的挑战和解决方案。

专栏8－1

数字赋能成功案例：“浙里建”

——浙江工程建设数字化协同治理体系

浙江省住房和城乡建设厅深入落实国家数字政府建设要求，以省委部署开展数字化改革为契机，把数字化推动审批改革的思路和做法延伸到工程建设全过程，建设运行全省一体化的工程建设数字化管理系统“浙里建”，初步建成工程建设数字化协同治理体系。

按照“136N”的总体架构全省统建“浙里建”，形成1个体系：全省统一的工程建设数字化管理体系；开发3级应用：项目级应用（“浙里建”项目端）、市县级应用（“浙里建”市县监管端）、省级应用（“浙里建”省级监管端）；迭代6个数据库：项目库、企业库、人员库、设备库、信用库、图档库；集成N个场景：工程图纸在线、工程质量协同管理、施工现场安全管控、建筑起重机械全生命周期管理、工程造价风险控制、预拌混凝土管理、安心收房、建筑工人保障在线等。

“浙里建”目前已覆盖全省7340个工程项目的日常管理，同时继续加快扩面和迭代。通过“浙里建”的应用，已发现和整改工程设计问题1723个、质量安全隐患2749个，工程图纸在线场景改革做法已被住房和城乡建设部在全国推广①。

（1）提升工程管理效能。把复杂的工程建设法律制度、业务规则和标准规范分解嵌入各方管理流程，各方管理成果和图纸、档案等资料实时共享，使各方参建单位相互制约、各个监管部门有效协同，大大提升工程建设整体管理能力。

① 资料来源：杭州市科学技术局。

（2）降低施工安全风险。对基坑、塔吊等重大风险源采用技术手段加闭环机制，人机协同实现风险提前感知、隐患及时处置，消除物的不安全状态；对各方参建单位专业人员和农民工实名认证、在线管理，确保动作到位、责任落实，减少施工人员的不安全行为。

（3）优化工程领域营商环境。在工程项目审批、监管、验收等各个环节实现在线协同，有效降低企业负担，如工程图纸在线场景可使竣工图编制时间从几个月缩短到一键完成，为每个工程项目节省几十万元到上百万元的编制费用；工程在线验收一个小功能就可为每个工程项目的参建单位节省40万元左右的人工、交通等成本。

（4）催生数字服务新领域。随着“浙里建”的深入应用，工程进度、造价变化、建材需求等大数据不断积累，可以给金融、投资、保险、期货等经营决策提供精准参考，推动工程建设投融资以及相关服务方式变革，衍生出新的数字经济形态。

2022年以来，浙江突出问题和需求导向，率先实施切口小、频次高、贴地气、易推广的营商“微改革”，为市场主体减负担、破堵点、解难题。已形成10个领域、2000多个“微改革”案例，其中29个案例获全国推广。数字技术的深入应用均为浙江省营商环境的优化提供助力。

三、民营经济高质量发展，浙江现代化的重要引擎

民营经济是浙江经济的最大特色和最大优势，是浙江发展的“金名片”。浙江省委、省政府深入学习贯彻习近平总书记关于民营经济发展重要论述和指示精神，坚持“两个毫不动摇”，促进“两个健康”，加快打造营商环境最优省、市场机制最活省、改革探索领跑省。浙江民营经济经济实力持续壮大、产业结构持续优化、发展韧性持续增强、发展活力持续迸发、社会贡献持续提高，成为发展的主力军、转型升级的排头兵、平稳发展的压舱石、创新创业的主战场、共同富裕的主引擎。2022年，中国民营

经济500强企业数量浙江连续24年居全国第一；同时浙江民营经济对全省贡献呈现“67789”的特点：占GDP的67%，占税收71.7%，占创新收入（全社会R&D人员投入）75.5%，占就业的87.5%，占市场主体的96.7%。民间投资占固定资产投资总额的56.4%。民营企业进出口增长16.9%，占全省78.3%，比重提升2.5个百分点，拉动全省进出口增长12.8个百分点。在册市场主体943万户，比上年增长8.6%，新设民营企业46万户，占新设企业数的93.5%，私营企业308万户，占企业总量的92.5%。民营经济创造的税收占全省税收收入的71.7%①。

（一）经济总量不断扩大

近年来，浙江省民营企业和个体经济面对复杂多变的国内国际环境，特别是新冠疫情的严重冲击，积极适应环境变化，努力将危机化为机遇，继续保持了稳定发展。民营经济增加值从2016年的30810亿元增加到2022年的5.159万亿元（初步预计数），规模扩大50%以上。2022年，浙江省参加全国工商联调研的营收5亿元以上的民营企业达1387家，较上年增加465家，数量和增量均居全国第一②。民营经济占GDP的比重从2016年的65.2%提高至2022年的67%左右，比重逐年稳步提升，对浙江省经济的发展起着举足轻重的作用。

（二）发展活力不断增强

2016—2021年，民营经济增加值现价年均增长9.8%，比同期GDP现价增速高0.6个百分点，是推动全省经济持续发展的重要引擎。同时，民营经济表现出转身快、活力强、适应迅速的特点。2021年，民营企业逐步摆脱新冠疫情影响，生产经营加快恢复，主要经济指标明显回升。初步核算，2021年全省民营经济增加值比上年名义增长13.8%，比全省GDP名义增速高0.2个百分点，显示出强大的发展韧劲③。

---

① 资料来源：浙江省统计局。
② 资料来源：浙江省统计局。
③ 资料来源：浙江省统计局。

一是民营工业贡献大。规模以上工业中民营企业数量突破5万家，占比92.2%；增加值突破1.5万亿元，占比70.3%，增长5.2%，增速比规模以上工业高1.0个百分点，对规模以上工业增加值的增长贡献率为83.2%[①]。

二是民营服务业活力足。规模以上服务业民营企业营业收入增长2.0%，增速高出规模以上服务业1.1个百分点。

2021年，规模以上服务业企业中，民营企业9968家，占比超八成；营业收入比上年增长27.2%，高于规模以上服务业增速4.4个百分点，对规模以上服务业增长的贡献率为63.1%，拉动规模以上服务业增长14.4个百分点[②]。规模以上服务业企业中，营业收入前100名企业营业收入合计14033亿元，比上年增长25.8%，增速高于规模以上服务业3.0个百分点，对规模以上服务业收入增长贡献率达57.4%，拉动规模以上服务业增长13.1个百分点。

三是民营市场主体量增质升。2021年，在册市场主体868.5万户，比上年增长8.1%，净增市场主体65.2万户，新设民营企业53.1万户，增长11.4%，占新设企业数的94.2%；在册民营企业290.4万户，增长11.5%，个体户549.2万户，增长6.6%，合计占市场主体的96.7%。全年新增上市公司110家、单项冠军企业35家[③]。

（三）产业结构逐步优化

根据2020年GDP年报核算，民营经济第一、二、三产业增加值分别为2159、20334和20741亿元，占比分别为5.0%、47.0%和48.0%。民营经济产业结构呈现“三、二、一”格局，第三产业超过第二产业，成为份额最大的产业领域。随着经济社会的发展，第三产业的市场空间不断拓展，个体工商户和私营企业数量规模迅速扩大，民营经济的发展逐渐向第三产业倾斜，2020年第三产业民营经济增速为8.7%，远高于第二产业民

① 资料来源：浙江省统计局。

② 资料来源：浙江省统计局。

③ 资料来源：浙江省统计局。

营经济 0.9% 的增速，也快于整体经济。2020 年第一、二产业所占比重分别比 2016 年下降 1.3 和 1.2 个百分点，第三产业比重则比 2016 年提高 2.5 个百分点，经济结构不断调整优化①。

分行业来看，2020 年民营工业创造增加值为 16898 亿元，占全省工业增加值的 73.7%，民营企业是推动全省工业乃至整体经济发展的主要力量，对浙江经济有着至关重要的影响。在 2021 年全省规模以上工业总产值前十大行业中，金属制品业、纺织业、电气机械和器材制造业、通用设备制造业、非金属矿物制品业、橡胶和塑料制品业民营企业总产值的比重高达 80% 以上（见表 8－1）。

表 8－1　2021 年浙江省规模以上工业前十大行业民营企业产值占比

行业	比重（%）
金属制品业	87
纺织业	86.8
电气机械和器材制造业	84.9
通用设备制造业	81.9
非金属矿物制品业	82.7
橡胶和塑料制品业	88.1
汽车制造业	72.7
化学原料和化学制品制造业	63.6
计算机、通信和其他电子设备制造业	56.6
电力、热力生产和供应业	6.1

资料来源：浙江省统计局。

在第三产业中，民营经济的发展仍主要集中在居民服务和其他服务业、住宿和餐饮业、房地产业等传统行业中。2020 年，这些行业民营经济增加值占其本行业的比重均在 85% 以上。随着经济的发展，产业结构的调整，浙江民营经济正逐步从传统领域向新兴领域拓展。2020 年，信息传输、软件和信息技术服务业，金融业中的民营经济增加值分别比上年增长 19.4% 和 14.4%，大大快于第三产业和全省民营经济的发展。

① 资料来源：浙江省统计局。

（四）民间投资表现活跃

投资作为“三驾马车”之一，是地区经济增长的重要引擎。浙江省民间投资规模不断扩大，占固定资产投资的比重也在持续上升。

一是民间投资较快增长，对投资增长贡献近五成。2021 年，民间投资增长 8.9%，占全部固定资产投资的 58.8%，拉动全部投资增长 5.3 个百分点，增长贡献率 49.4%。超过国有及国有控股、其他经济类型企业投资，是拉动投资增长的主要力量。从涉及的行业范围看，浙江民间投资涉足的面已相当广泛，基本覆盖国民经济的各个领域，在发电、能源勘探开发、金融服务等垄断行业都有所突破，投资形式灵活多样。民间项目投资增长 11.6%，占全部固定资产投资的 22.8%，拉动全部投资增长 2.6 个百分点，增长贡献率 24.4%。

对外投资方面，民营企业一样表现突出。2021 年，浙江省民营企业累计对外投资企业（机构）644 家，占全省总数的 95.69%，同比增长 5.92%；对外直接投资备案额 84.31 亿美元，占全省备案总额的 93.77%，主要涉及制造、科技研发和批发零售等行业①。

二是民间制造业投资迸发活力，增长稳定。近两年，民间制造业投资占制造业投资的比重稳定在 80% ~85%，居主导地位，同时增速也相对较快。2021 年，民间制造业投资比上年增长 17.5%，拉动制造业投资增长 14.4 个百分点，比全部投资增速高 6.7 个百分点，占制造业投资的比重为 80.7%。其中，计算机通信和其他电子设备、造纸及纸制品、医药制造、仪器仪表制造等行业民间投资快速增长，增速分别为 64.5%、42.8%、35.9%、33.0%，4 个行业拉动制造业民间投资增长 7.4 个百分点。

三是民间资本参与公共服务领域投资建设的意愿增强。2021 年，民间公共服务领域投资 199.8 亿元，增长 19.6%，分别比全部投资和民间投资高出 8.8 和 10.7 个百分点。从行业看，教育设施，广播、电视、电影和音像业，体育设施和卫生设施等投资增速均超过了 15%，分别增长 17.9%、

---

① 资料来源：浙江省统计局。

24.1%、126.9%和17.9%。

（五）创新投入日益加大

民营企业是浙江科技创新的主力军。2020年，全省规模以上民营企业中，有2.3万家开展了R&D活动，占调查企业的42.4%，占比较2016年上升7.3个百分点；民营企业R&D经费支出1232.9亿元，是2016年的1.6倍，占全社会R&D经费支出的66.3%，R&D人员投入44万人年，占全社会R&D人员投入的75.5%，占比较2016年提高4.1个百分点[①]。

数万家规模以上民营企业设立了研发机构，助推企业转型升级和高质量发展。以吉利汽车为例，从汽车零部件起步到成为我国自主汽车品牌的“扛把子”，企业凭借着较强的自主创新能力，积极抢占技术制高点，持续探索新能源、车载芯片、车联网、自动驾驶等硬核科技，前瞻布局低轨卫星、“空地一体化”等未来生态，紧紧抓住数字化、智能化发展大趋势，不断改造完善产业形态，成为行业领军企业。

2021年，规模以上工业企业中，有研发费用支出的民营企业3.4万家，占规模以上工业中有研发费用支出企业数的89.8%。民营企业研发费用比上年增长31.9%，增速比规模以上工业高1.4个百分点；研发费用相当于营业收入的比例为3.0%，较上年提高0.2个百分点；全省规模以上服务业民营企业中，有研发费用支出的企业2230家，占18.2%，比重比上年提高1.0个百分点，研发费用增长29.8%[②]。

（六）社会贡献不断提高

民营经济的不断发展，对浙江经济社会各个领域的贡献不断提高，在增加税收、扩大出口、吸纳就业、社会事业等各方面发挥着越来越重要的作用。

一是民营经济是税收收入的重要来源。2021年，浙江税收收入的73.4%来自民营经济，比2016年提高2.2个百分点。二是民营经济是外贸

① 资料来源：浙江省统计局。

② 资料来源：浙江省统计局。

进出口的主力。2021 年，民营企业货物出口额为 2.46 万亿元，进口额为 6814 亿元，分别占全省总额的 81.6% 和 60.3%，比 2016 年提高 6.1 和 9.1 百分点①。主力军地位进一步巩固，对全省外贸增长的贡献率达 76.0%，有力支撑了外贸高速增长态势。三是民营经济提供大量就业岗位。民营经济快速发展，形成巨大的劳动需求，2021 年末，民营经济就业人员占比为 87.5%，比 2016 年提高 1.7 个百分点，成为吸纳新增就业，增加居民收入的重要渠道。四是民营经济参与各项社会事业程度日益提高。2021 年，民办养老机构占比一半以上；民营卫生机构占比为 53.3%，比 2016 年提高 7.8 个百分点。

改革开放以来，浙江从经济小省一跃成为居全国前列的经济大省，一个重要原因就是多种所有制经济的共同发展，特别是民营经济的快速发展，在经济机制方面营造了先发性优势，增强了经济活力，促进了市场竞争，是中国特色社会主义基本经济制度的成功实践样本。民营经济已成为浙江的核心竞争力，成为经济社会发展的重要引擎，成为推进供给侧结构性改革、推动高质量发展、建设现代化经济体系的重要主体，成为“两个高水平”建设的重要力量。

第三节　优化营商环境是推动省域现代化的战略举措

一、增强政府服务力，为市场主体保驾护航

政府部门是营商环境生态系统中的关键主体，在优化营商环境的建设进程中，需要更大程度地发挥其增值效应，降低企业成本、减轻企业负担，让企业享受最大限度的红利、得到最大程度的受益，从而推动省域现代化发展。根据《中国省份营商环境研究报告》（2022 年）可知，2017—2020 年浙江省的营商环境总体排名居全国前五，然而通过比较二级指标发

① 资料来源：浙江省统计局。

现，浙江省“政府关怀”“政府透明”的指标得分严重下滑，这也是当下浙江省营商环境中的“堵点”。所以，进行政务服务增值化改革，需明确政务服务理念深层次的改变，即从过去政府“有什么、给什么”变为市场经营主体“要什么、给什么”。以下为具体的战略举措：

一要坚持数字化政府服务。自上而下推动数字政府建设，重视顶层设计和领导支持。夯实新一代信息技术基础，即要在大数据、云计算、区块链、物联网、算力设施、人工智能等数字基建领域加大建设力度，加强针对企业全生命周期问题的垂直应用。同时，构建营商环境公共数据平台，优化业务流程、提高审批效率，深化政务服务“一网通办”和高频事项“全省通办”，以改善企业投资项目的审批和中介服务。通过统筹整合政务数字应用、公共数据、智能组件等数字资源，有效打破“数据孤岛”，以更好地反映各类市场主体的营商环境诉求，更好地激发市场主体活力。例如，探索企业生产经营高频办理的许可证件、资质资格等跨区域互认通用。全面清理涉及地方保护的各类优惠政策，着力破除招标投标、政府采购等领域对外地企业设置的隐性门槛和壁垒。

二要坚持推动政策创新。首先，应鼓励政策多元创新，即政策创新不应局限于某一领域。应该鼓励多个政府部门参与，推动政策创新覆盖广泛的经济领域，包括税收政策、劳动力市场政策、知识产权政策、贸易政策等。其次，定期评估政策效果。政策创新后，要建立有效的监测和评估机制，以确保政策的实施效果与预期一致，使企业在困境时得到帮助、在关键时刻得到支持。同时，政策创新可以参考国际上成功的经验和最佳实践，与其他国家或地区的政策制定者建立联系，分享经验教训，主动对标前沿水平，寻找差距所在，在结合我国国情的基础上学习借鉴先进经济体的优秀改革经验，是我省建设国际一流营商环境的重要路径之一。

三要坚持解决企业诉求。首先，需要建立有效的反馈机制。建立开放、透明的渠道，允许企业向政府提出诉求和问题。这可以通过建立在线投诉平台、举办定期座谈会或设立热线电话等方式来实现。其次，可以设立专门的团队或机构，负责处理企业的诉求和问题，形成“一把手”亲自抓改革的工作机制，组建跨部门、跨层级、跨地域的实体化工作专班。从而推动解决问题从“一件事”到“一类事”、“某个点”到“整个面”、“单环节”到“全链条”的提升。最后，政府可以考虑设置奖励机制，鼓励政府部门积极解决企业诉求，提高服务质量。

二、增强法治保障力，有效激发企业创业创造活力

营商环境的核心是法治，优化营商环境需要发挥法治固根本、稳预期、利长远的保障作用。尤其在数字经济时代，数据开发利用程度不断加深的同时，相关风险与安全问题也日益凸显。所以，要深入推进法治浙江建设，通过在立法、执法、司法、守法和普法等各个方面采取综合举措，发挥法治的作用，确保社会稳定、长期发展，并增强法治的根本性和预期性。

一要积极推进法规制度迭代更新。首先，要加快探索社会主义市场经济条件下优化营商环境推动省域现代化的浙江路径，积极制定浙江省营商环境条例，以明确和强化对企业经营环境的法律保障，特别是针对新兴领域和固化改革成果进行特色性立法。其次，进行营商环境制度的专项清理，检视和废除或修改那些不再适用或阻碍企业创新的法规和规定，尤其补足在信息公开、数据共享、公平竞争、市场准入、融资服务等领域还存在的一些短板弱项。最后，立法应特别关注支持和促进创新的规定，以增强企业的创新主体意识，鼓励他们在新兴领域投入更多资源和精力。

二要切实保障企业的合法权益。完善有关企业权益的法律法规，明确企业的权利和义务，推进高效率办理涉企诉讼，提供高品质法律服务。切实聚焦市场主体反映强烈的突出问题，坚决消除各种妨碍生产经营活动开展的执法“潜规则”和隐性障碍，坚持对标国际一流标准，推广国内最佳实践。同时，强化知识产权保护，打击侵权行为，鼓励企业进行创新。积极推进知识产权公共服务标准化城市建设，建立完善跨区域全链条知识产权行政保护协作机制。尤其加强对创新型中小企业原始创新和知识产权保护。

三要全力构建新型监管机制。制度的生命力在于执行，要进一步强化事前风险提示，创新事中事后监管机制，推进包容审慎柔性执法，全面清理规范涉企行政事业性收费，做到规范执法有尺度、柔性执法有温度、监督执法有法度。例如，优化和完善行政执法程序，全面落实行政执法公示、执法全过程记录和重大执法决定法制审核制度。建立健全行政裁量权基准制度，防止任性执法、类案不同罚、逐利执法、过度处罚等问题。规范罚款行为，全面清理取消违反法定权限和程序设定的罚款事项，从源头上杜绝乱罚款。强化市场监管执法监督机制和能力建设，加强普法工作和法治教育，健全执法考核评议和执法案卷评查机制。

三、增强市场配置力，构筑多元、公平、宽容的发展环境

优化提升营商环境的一系列改革举措，并不意味着政府大包大揽，完全替代市场发挥作用，其目的仍在于以“政府有为”推动“市场有效”，进一步激发市场活力，使市场在资源配置中起决定性作用。

一是积极进行先行试点改革。试点，顾名思义，是指在进行某项工作前，先在一处或几处试做，将成功的经验以及失败的教训进行总结，以便取得可复制可推广的经验做法，从而推进全域工作展开。例如，浙江省市场监管局牵头开展“深化全省域公平竞争政策先行先试改革”。聚焦政策法规的系统性、针对性和可预期性，为广大经营主体带来了预期和信心。针对平台经济等社会关注的热点问题，今年在浙江省市场监管局推动下，浙江省率先出台《关于促进平台经济高质量发展的实施意见》，为平台经济发展“设路标”。试点目的是探索改革的实现路径和实现形式，为面上改革提供可复制可推广的经验做法。试点要取得实效，必须解放思想、与时俱进，尽可能把问题穷尽，让矛盾凸显，真正起到压力测试作用。要尊重基层实践，多听基层和一线声音，多去取得第一手材料，正确看待新事物新做法，只要是符合实际需要，符合发展规律，就要给予支持，鼓励试、大胆改。要保护好地方和部门的积极性，最大限度调动各方面推进改革的积极性、主动性、创造性。

二是提升市场竞争的“规范度”。公平竞争是市场经济的核心。习近平总书记指出：“强化反垄断、深入推进公平竞争政策实施，是完善社会主义市场经济体制的内在要求。”中央全面深化改革委员会第二十一次会议明确提出“要统筹发展和安全、效率和公平、活力和秩序、国内和国际，坚持监管规范和促进发展两手并重、两手都要硬”“要坚持‘两个毫不动摇’，推动形成大中小企业良性互动、协同发展良好格局”。浙江民营经济发达，民营企业对平等使用资源要素、公开公平公正参与竞争、同等受到法律保护的呼声强烈。对标世界银行营商环境新评估体系，浙江省今年开展了破除地方保护和行政性垄断专项行动。市场监管部门已督促各地纠正滥用行政权力排除、限制竞争问题300多个，一批制约经济循环的关键堵点被打通，促进商品要素在更大范围内畅通流动。这都有利于提升市场竞争的“规范度”以优化营商环境，从而推动省域现代化建设。这为浙江省后续“规范度”举措提供启示，即要积极加大反垄断监管力度，围绕以习近平同志为核心的党中央反垄断、反不正当竞争部署，加快完善公平竞争制度，改革市场监管体制，加强反垄断监管，推进省域高标准市场体系建设，推动形成统一开放、竞争有序的市场体系。此外，需要不断强化知识产权保护，这为服务民营企业创新发展营造良好的营商环境。

三是积极探索个体经济梯度帮扶机制。截止到2022年4月，浙江省共有个体工商户554.7万户，占全省市场主体的63.2%，整体带动近1250万人就业。在改进和优化营商环境过程中，必须重视对数量最大、最具活力的个体工商户的营商服务，制定专项地方性法规或者扶持政策，加大对小市场主体的服务供给力度、精准度和深度。首先，建立分类梯度帮扶机制。例如，台州市椒江区把个体工商户分成“生存型”“成长型”“发展型”三类，开展精准扶持和服务。其次，针对个体经济的不同分类，提供精准扶持和服务，旨在帮助他们保持生存、恢复活力和实现发展。这包括提供财务支持、法律咨询、市场拓展等多方面的服务，以解决个体经济面临的各种问题。例如，对于“生存型”个体工商户，重点在于纾困帮扶雪中送炭，可以借助发放农贸市场消费券、鼓励非国有房屋减租、个体户产品检测费用减半收取等扶持措施允以支持。而针对"成长型""发展型"个体工商户，则可以通过提供低息贷款等方式扶植其成长。这些对个体工商户开展的精准扶持和服务，可以让它们活下来、活起来、火起来。最后，可以积极探索与相关部门的合作，以更好地制定分类标准和具体的帮扶措施。这种跨部门合作有助于综合运用资源，提供更全面的支持。

四、增强发展支撑力，全面推进绿色智慧的数字生态文明建设

浙江省在地理位置、经济实力、产业结构、人才资源、生态环境和开放合作等方面具有明显的优势，为其经济发展提供了有力支撑。这些方面的优势使浙江成为中国经济发展的重要引擎之一，推动了其经济的持续增长和省域现代化建设。进一步地，要让浙江的经济生态更好地提升企业的核心竞争力，需进一步增强发展支撑力。

一是进行科技创新和数字化转型。在数字经济新赛道上，人工智能、区块链、柔性电子、量子通信、元宇宙等未来产业齐头并进，城市的"制造基因"焕发新活力，积聚高质量发展的"新势能"。为了帮助浙江企业更好地适应不断变化的市场和提供更有竞争力的产品和服务，需不断投资于科研和技术创新，鼓励企业采用先进技术和数字化工具来提高生产效率和产品质量。例如，人工智能、大数据分析、云计算等数字技术。这些技术可以用来优化流程、改进决策、提供更好的客户体验等。当然，为了成功实施数字化转型，公司需要拥有足够的数字化技能和人才。通过培训员工，或者雇佣拥有数字化专业知识的人员，以确保团队能够有效地使用新技术。

二是进行人才培养和吸引。在当今竞争激烈的市场中，企业的发展离不开高素质人才的支持。因此，对于每一家企业而言，如何培养和引进人才，是至关重要的一环。首先，企业应该根据员工的实际情况，制订相应的培训计划。通过定期的培训和学习，提高员工的专业技能和管理能力，使员工更好地适应企业的发展需要。特别是在关键领域如科学、技术和工程方面。其次，提供良好的工作环境。良好的工作环境可以提高员工的工

作效率和工作满意度，从而增强员工的归属感和忠诚度。企业应该为员工提供良好的工作环境，包括安全、舒适、便利的工作条件，以及和谐、和睦、互相信任的团队氛围。再次，激励员工的积极性，企业应该采取激励措施，激发员工的积极性和创造性，提高员工的工作动力。激励措施可以包括薪资待遇、晋升机会、福利待遇等方面。同时，也要建立完善的人才管理制度，包括招聘、培训、晋升、薪资待遇、绩效考核等方面，确保企业的人才管理体系合理、完善、科学，为员工提供公平、公正、透明的发展机会。最后，为了更好地引进人才，企业应该根据企业的战略发展需求，明确招聘的岗位和人才需求，确保招聘的人才符合企业的发展需要。通过线上线下平台积极地开展招聘活动，对招聘来的新员工进行定期的评估以确保新员工符合企业的发展需要。同时，也应吸引国际人才和专业人士，推动知识交流和国际合作。

三是推动可持续发展和绿色经济。随着全球环境问题和气候变化的日益严重，绿色经济的发展成为全球共识和发展趋势。绿色经济旨在实现经济增长与环境保护的双赢，推动资源的可持续利用和低碳排放，为人类创造一个更可持续、健康和繁荣的未来。首先，发展绿色经济需要加大对绿色技术研发和创新的支持力度。目前许多绿色技术仍处于发展阶段，成本较高，应用范围有限。因此，需要加大相关绿色研发支持力度，以降低成本，推动绿色技术的广泛应用。其次，绿色经济的未来还需要加大环境保护和生态修复的力度。绿色经济应该鼓励企业采取环境友好的生产方式，减少环境污染和生态破坏。同时，绿色经济也应该加大对生态系统的保护和修复力度，恢复生态平衡，提高生态系统的弹性和适应能力。最后，另一个重要的路径是绿色金融的发展。绿色金融是指将环境和社会因素纳入金融决策和投资过程中，推动可持续发展的金融模式。绿色金融可以通过提供低碳和可再生能源项目的融资支持，鼓励企业采取环境友好的经营方式，以及为社会和环境友好的项目提供投资机会。

四是优化基础设施建设，发展新基建。2020 年，国务院政府工作报告中提出“加强新型基础设施建设，发展新一代信息网络，拓展 5G 应用，建设充电桩，推广新能源汽车，激发新消费需求、助力产业升级”。新型基础设施是以新发展理念为引领、以技术创新为驱动、以信息网络为基础，面向高质量发展需要，提供数字转型、智能升级、融合创新等服务的基础设施。为了优化营商环境，浙江省也应加快推进“新基建”工作。首先，应加强数字基础设施建设。包括对5G网络、云数据中心、新型互联网、物联网、人工智能平台、卫星时空信息服务和区块链基础设施等的建设，这是新型基础设施建设的基础层。其次，专注于政府数字化转型。主要包括构建智慧公共数据平台、完善智能化公共卫生设施和智能化应急管理和救援设施以及积极推行数字乡村建设，以促进城乡治理的智能化。最后，推动产业融合发展。包含扩大新基建产业链、深度融合工业互联网应用、数字化高端产业平台等，这些是推进新基建与产业发展协同融合、实现价值提升的重要举措。

五、增强文化引领力，营造浙商人共同的精神家园

文化作为引领和支撑一个地区、一个国家发展的重要力量，总是“润物细无声”地融入经济力量、政治力量、社会力量之中，成为经济发展的“助推器”、政治文明的“导航灯”、社会和谐的“黏合剂”。改革开放以来，浙江在政策并无特殊、陆域资源并不丰富的情况下，成为全国经济发展最好最快的省份之一，其深层原因就在于浙江深厚的文化底蕴和文化传统与当今时代精神的有机结合，在于推进经济发展的同时大力加强文化建设，在于大力发扬浙江精神，始终保持昂扬向上的精神状态。而创业创新创造、尊商亲商安商的文化氛围，是优化浙江营商环境中最基本、最深沉、最持久的力量。

一要积极迈向文化浙商。发展文化产业，将文化与创新紧密结合，鼓励企业在产品和服务中融入文化元素，增加创新价值。同时，新时代催生浙商新使命。“干在实处永无止境，走在前列要谋新篇，勇立潮头方显担当”，这是以习近平同志为核心的党中央对浙江干部群众提出的新要求新使命。需要广大企业家排除万难，勇于开拓新方向，持续激发浙江企业家

骨子里的那种敢为人先、敢闯敢拼的文化基因。

二要积极推进人才集聚。首先，高层次人才通常具备丰富的经验和专业知识，他们在科技创新和产业升级方面发挥着关键作用。他们的参与可以推动新技术、新产品和新业务的发展，从而提高了地区的产业水平。其次，高层次人才的聚集会吸引其他人才和企业前来，形成产业集群和创新生态系统。这种聚集效应有助于形成竞争优势，吸引更多投资和资源。最后，高层次人才通常具备国际化的视野和开放的思维方式，他们带来了多元文化和思想的交流。这促进了文化多样性，形成了开放和包容的文化氛围。这些特有文化氛围的形成对营商环境产生积极影响。它鼓励创新、合作和企业家精神，有助于减少官僚主义，改进政策，提高法治度，使营商环境更加有利于企业和投资者。

六、增强价值塑造力，提升浙江国际影响力与感召力

增强价值塑造力，即为浙江的企业家提供一个富有文化底蕴、充满发展机会的环境，激发他们的创造力和追求卓越的潜力，实现更高水平的自我超越。从而有助于浙江在全球舞台上更加独具特色和具有影响力。

一要积极强化“成就企业就是成就浙江”的理念，我们要在浙江树立一种坚定的文化认知，即企业的成功不仅仅是个别企业家的胜利，更是整个浙江社会的共同努力。这将激励更多的人积极参与创业，为浙江的繁荣做出贡献。浙江代表性企业如阿里巴巴在国际舞台上崭露头角，展示了浙江企业的多元性和全球影响力。这些企业家的成功故事鼓舞着更多人积极参与创业，为浙江的繁荣贡献自己的力量。

二要积极打造高水平的开放新格局，即应该致力于构建更加开放的经济生态，吸引全球资本和信息汇聚到浙江。为实现这一目标，浙江省可以采取一系列措施，主要包括降低贸易壁垒、提供有吸引力的税收激励政策、优化监管体系，以激发国内外企业在浙江的投资与合作热情。同时，积极加强与国际合作伙伴的沟通与交流，促进技术和人才的国际流动，推动浙江融入全球价值链，实现更高水平的开放发展。这不仅有助于浙江自

身的现代化发展，也将为全球经济发展做出积极贡献，共同开创美好的未来。

三要为企业提供充足的创新和创业空间和政策支持，需要建立友好的政策环境，为企业提供更多的创新空间，同时支持初创企业和科技创新项目。这将帮助企业实现高端发展和创新变革。进一步地激发企业的发展潜力，积极鼓励企业不断向卓越迈进，提供培训、技术支持和融资机会，以帮助他们不仅实现高端发展，还享受创新变革的乐趣。同时，还要构建高水平的现代公共文化服务体系，不断致力于建立更全面、更多元的文化服务体系，以满足人们的文化需求。我们将倡导“书香浙江”的理念，努力发展人文、生态和和谐之美，创造一个充满正能量和向上向善力量的文化环境，让每一位在浙江的创业者得到精神上的满足。

四要积极扩大国际视野和提升文化品位，即鼓励浙江的企业家不断提升自己的全球格局、文化气质，并拓展世界眼光和远见视野。通过国际交流、学习和文化体验，他们将更好地理解世界，为企业发展带来新的机遇和创新。

第九章　文化强省建设推动省域现代化先行

第一节　实现省域现代化需要文化强省建设

一、文化强省建设的主要内涵

在全球化的背景下，文化日益成为国家和地区软实力的体现，也是提高国际竞争力的重要因素。文化强省建设是实现文化强国的重要前提，文化强省是一个综合全面的概念，其内涵丰富，追求文化强省地位不仅仅意味着文化的繁荣与振兴，更意味着该地区将在经济、政治、科技和社会各个领域获得更全面、更深远的发展，文化强省建设的主要内涵体现在以下几个方面。

（一）提高公民思想道德素质和社会文明程度

党的十八大以来，以习近平同志为核心的党中央高度重视社会主义精神文明建设特别是思想道德建设，习近平总书记在全国宣传思想工作会议、全国教育大会等重要会议上曾多次强调公民道德建设的重要性，就此发表了一系列重要讲话，并作出了一系列重要论述。习近平总书记强调，社会主义核心价值观，其实就是一种德，既是个人的德，也是一种大德，就是国家的德、社会的德。国无德不兴，人无德不立①。新时代加强公民

① 韩震．新时代加强公民道德建设的重要意义[N]．光明日报，2020－01－06.

道德建设，推动全民道德素质和社会文明程度达到新高度，是贯彻落实习近平总书记关于思想道德建设重要论述和党中央决策部署的战略任务。在推进文化强省建设实践中，要高度重视先进文化的引领作用，切实把社会主义核心价值体系建设作为根本任务，在全社会形成统一指导思想、共同理想信念、强大精神力量和基本道德规范，不断提升居民的获得感、幸福感和安全感。坚持中国特色社会主义文化领导，坚持以马克思主义为指导，不断培育有理想、有道德、有文化、有纪律的“四有”公民，提高全民素质，促进人的全面发展。每一个公民都应践行社会主义核心价值观，具备牢固的社会主义理想信念，具有以爱国主义为核心的民族精神、以改革创新为核心的时代精神，树立社会主义荣辱观，具有强烈的民主法治观念和道德规范意识。深入开展社会主义荣辱观宣传工作，使其深入人心，青年是党和国家的未来，因此更要重视其个人品德的培养。学校应加强对学生的思想道德教育，不断规范学生的言行举止，提高思想道德素质；家庭应培育良好的家风，培养孩子良好的个人品德和爱国情怀，使其树立正确的人生观、价值观和世界观。

（二）健全公共文化服务体系，城乡一体，合理布局

切实贯彻以人为本的方针，坚持文化发展为了人民、文化发展依靠人民、文化发展成果由人民共享，更好保障人民群众基本文化权益。健全现代公共文化服务体系，需要行政部门、企事业单位，以及社会各类主体紧密配合，具体内涵包括如下几个方面：一是加大公共文化设施建设投入。近年来，浙江省委、省政府始终把加强公共文化服务体系建设作为改善民生的重要内容和加快文化强省建设的重要目标，从现代公共文化服务体系高质量发展要求出发，按照公益性、基本性、均等性、便利性要求，加大对城乡基层文化建设投入力度，着力扩大公共文化服务的覆盖范围，“省、市、县、镇、村”五级一体化运行的公共文化服务体系不断完善。浙江坚持统一规划、统一布局、统一建设、统一验收，加快推进公共文化服务设施建设。2020 年，浙江基本实现全省公共文化服务“市有五馆一院一厅、县有四馆一院、区有三馆、乡镇街道有综合文化站和村（社区）有文化服

务中心”全覆盖目标。浙江积极实施百亿文化设施建设工程，加快建设大运河国家文化公园、之江文化中心，全省建成1.9万个农村文化礼堂，全省11531个A级景区村、128个旅游驿站成为公共文化新阵地。二是建立城乡文化服务体系网络。坚持公共服务普遍均等原则，兼顾城乡之间、地区之间的协调发展，统筹规划，合理安排，形成实用、便捷、高效的公共文化服务网络。利用互联网技术，使得城市公共文化服务资源共享至农村，使城乡文化服务得以联通。创新实施文化惠民工程，不断提高文化服务供给，更好地满足人民群众对美好生活的文化需要。三是强化人才队伍建设。完善人才管理规章制度、强化激励约束，确保公共文化人才培养制度化、标准化。提升工作人员的专业技能和服务意识，如培训图书馆管理员、文化馆馆长等工作人员，提高其服务质量。浙江在全省实施乡镇文化下派员和村级文化专管员制度，推动基层文化从业人员专职化、专业化、专心化，不断优化基层文化队伍结构，促进基层阵地建管用一体发展。四是开展丰富的文化活动。举办各类文化节、讲座等，广泛开展群众性文化活动，在提供文化享受的同时，增强居民对文化的认知和理解，更好满足人民群众多样化、高品质精神文化需求。浙江省委、省政府及省文旅部门深入实施“百城万村文化惠民工程”，大力支持文化节活动，鼓励群众积极参与文化创作，还承办了第七届中国艺术节、中国越剧艺术节等一批在国内有重大影响力的大型文化活动。

（三）着力壮大文化产业实力

文化是一个地区发展的软实力，是现代化建设最鲜明的底色，着力壮大文化产业实力是推动文化强省建设的关键环节。文化产业作为一个地区文化软实力的重要体现，具有巨大的经济价值和社会价值。一方面，发展文化产业可以拉动经济增长，创造就业，推动产业升级。另一方面，文化产业还可以传播先进文化，提高民众文化素养，增强社会凝聚力。具体内涵包括如下几个方面：一是加大文化产业投入和政策支持力度。加大对文化产业专项资金的投入力度，引导和带动金融资本和其他社会资本投入文化产业，设立国家文化发展基金，扩大有关文化基金和专项资金规模，以支持文化产品创作和对外文化传播。丰富文化和旅游金融产品体系，建立支持文化旅游融合发展的法治、标准、信用、政策等制度体系。二是注重人才培养。探索文化产业人才新型培养模式，高校应以解决文化产业数字化发展问题的胜任能力为导向，形成与人才培养目标相匹配的实践教学体系、教学模式和教学手段，积极与文化企业孵化器、众创空间服务平台共同搭建文化产业新型创新创业载体，努力培养一批具有专业型、复合型、创新型的新型文化产业人才。三是推动文化与其他产业的深度融合。推动文化产业与先进制造业、现代农业及金融、旅游、信息、建筑等产业融合发展，不断提高文化发展与经济发展的融合度，提高文化产业发展质量和效益。顺应文旅消费和发展阶段的变化，推进经营模式和业态创新，建设一批未来景区、未来度假区、未来酒店等未来系列文旅融合产品。

（四）提升文化产业竞争力

文化产业作为现代经济的重要组成部分，是文化强省建设的重要支撑，它不仅反映了一个地区的文化软实力，也是现代化建设的一大助推器。文化产业竞争是当今世界国与国之间综合竞争的重要内容之一，国内地区间文化产业竞争也正在拉开序幕，因此提升文化产业竞争力，对于地区现代化发展意义重大。具体意义包括如下几个方面：一是注重文化产业品牌的建设。打造一批具有自主知识产权和核心竞争力的知名文化产品品牌、文化服务品牌、文化企业品牌和文化城市品牌。二是积极开拓国内外市场。提高文化产品和服务的品牌影响力和市场认知度，推动文化产品和服务的出口，增加文化产业的国际影响力。三是加强文化产权保护。文化产权保护是提高文化产业核心竞争力的必要途径，文化产权保护可以保护文化产品的原创性和独特性，从而提高文化产品的质量和竞争力。文化产业核心竞争力的提升也需要有文化产权保护的支撑和保障，有了文化产权保护，才能够更好地保护和传承国家和民族的文化遗产，激发文化产业的创新能力，提高文化产品的质量和竞争力，从而提高文化产业的核心竞争力。

（五）促进文化事业繁荣发展

发展文化事业是保障人民基本文化权益、提高社会文明程度的内在要求。在 2020 年 9 月 22 日，习近平总书记主持召开教育文化卫生体育领域专家代表座谈会时强调，“发展文化事业是满足人民精神文化需求、保障人民文化权益的基本途径。要坚持为人民服务、为社会主义服务的方向，坚持百花齐放、百家争鸣的方针，全面繁荣新闻出版、广播影视、文学艺术、哲学社会科学事业，着力提升公共文化服务水平，让人民享有更加充实、更为丰富、更高质量的精神文化生活”。文化事业繁荣发展表现为哲学社会科学学科体系健全，综合科研实力达到全国一流水平，一些重要学科达到全国领先水平。文学、戏剧、电视剧、广播剧、歌曲等文化精品不断涌现，一些作品在全国影响较大。大型节庆活动和基层群众性文化活动丰富多彩。高雅艺术和大众文化相互并存，同步发展。历史文化遗产的抢救、保护和开发进一步加强，文博资源得到合理利用。要鼓励社会力量捐助和兴办公益性文化事业；引导和鼓励社会力量捐助和兴办图书馆、博物馆、文化馆等，在用地、税收等方面给予政策优惠；鼓励文化事业与其他地区、国家的文化机构进行交流与合作，分享经验，共同进步。

（六）加强文化传承与保护

传统文化是一个地区乃至一个国家的根和魂。文化强省建设首先是要对这些文化资源进行妥善保护和合理利用，确保传统文化的传承与传播。2006 年 5 月 30 日，习近平在《浙江文化研究工程成果文库总序》中指出，悠久深厚、意韵丰富的浙江文化传统，是历史赐予我们的宝贵财富，也是我们开拓未来的丰富资源和不竭动力①。二十年间，浙江省加强传统工艺、传统戏曲艺术等保护传承，推进上山文化申遗，加快实施“千年古城”复兴；实施传承红色基因薪火行动，大力弘扬红船精神等革命文化，守好红色根脉；加快推进“宋韵文化传世工程”，杭州国家版本馆、之江文化中

① “八八战略”引领的精神富有之路：浙江文化强省建设纪实［N］. 中国文化报，2023 - 07 - 13.

心等一批独具浙江辨识度的文化项目建成使用。

（七）提高文化创新能力

创新是文化的本质特征，是文化繁荣发展的内在要求。只有坚持以改革创新推动文化建设，才能打造文化创新高地，为文化强省建设提供不竭动力。具体内涵包括如下几个方面：一是体制机制创新。体制机制创新是文化创新能力提升的基础和保障。这需要我们构建公开、透明、公正、促进创新的体制环境。可以优化政策制度，比如制定激励创新的相关政策，营造一个良好的创新环境。此外，我们也要鼓励引导各类文化机构和企业，打破传统框架，探索适应现代社会的新的经营模式和管理机制。只有建立了创新的体制机制，才能为文化创新提供持续的驱动力。二是文化形式和内容创新。文化形式和内容的创新是提高文化创新能力的重要途径。我们需要立足于传统文化，同时兼容并蓄，接纳外来文化，实现文化形式和内容的多元化。此外，我们还需要注重使用现代科技手段，比如 VR、AR、AI 等新技术，为文化产品和服务打造新的形式和内容。三是传播途径创新。传播途径的创新是传播结果的关键因素，我们需要利用现代传播技术和平台，如新媒体、社交媒体等，实现文化信息的快速、广泛、深入人心的传播。我们还要注重线上线下结合，实现在线上线下有机互动的传播模式，最大化地提高传播效果。借助中国歌剧节、浙江省戏剧节、音乐舞蹈节、曲杂魔术节、之江艺术季等专业演出，浙江省不断向国内外展示本地区优秀的文化产品和服务，大大促进了地区间文化交流交融。

二、文化强省建设是省域现代化先行的必然要求

国家之魂，文以化之，文以铸之。正所谓文化兴国运兴，文化强民族强，没有文化的高度自信，没有文化的繁荣昌盛，就没有中华民族伟大复兴，文化是一个国家一个民族更基本更深沉更持久的力量。当今时代，文化越来越成为民族凝聚力和创造力的重要源泉，越来越成为综合国力竞争的重要因素，越来越成为经济社会发展的重要支撑，丰富精神文化生活越来越成为人民的热切愿望。文化建设是中国特色社会主义事业总体布局的

重要组成部分，没有社会主义文化繁荣发展，就没有社会主义现代化。建设社会主义文化强国是全面建设社会主义现代化国家的重要目标和精神支撑。进入新时代奋进新征程，浙江要顺应科学发展新要求，把握文化发展新趋势，满足人民群众精神文化生活新期待，应更加坚定践行“八八战略”，不断推进文化强省建设，为建设社会主义文化强国贡献力量。

中国式现代化是物质文明和精神文明相协调的现代化，既要物质富足，也要精神富有。浙江省作为社会主义现代化先行省，要充分发挥先行示范作用，推进文化强省建设，打造新时代文化高地。浙江是习近平新时代中国特色社会主义思想的重要萌发地，是新时代全面展示中国特色社会主义现代化和中国特色社会主义制度优越性的重要窗口，讲好中国故事、贡献中国智慧是浙江责无旁贷的光荣使命。深入推进文化强省建设，推动“两个文明”相互促进、协调发展，更好满足人民群众精神文化需求，是浙江全面建设社会主义现代化的必然要求，也是在新征程中走在全国前列、创造新的辉煌的题中应有之义。文化强省建设对于省域现代化的意义主要体现在：

（一）文化认同与文化自信

文化强省建设可以增强人们的文化认同和文化自信，为现代化建设提供精神动力和文化支持。文化认同与文化自信是文化强省对于省域现代化的根本贡献。习近平总书记强调：“文化认同是最深层次的认同，是民族团结之根、民族和睦之魂。”只有深深植根于人民心中的文化认同，才能激发出人们的自豪感和自信心，形成强大的文化软实力，为现代化建设提供精神动力和文化支持。文化强省就是要倡导本土文化、省域文化，让居民对本土文化有一种认同感和骄傲感。同时，通过继承优秀的传统文化，以及创新和吸取外来的先进文化，来培养人们的文化自信，从而推动现代化进程。

2003 年 7 月，习近平同志把“进一步发挥浙江人文优势，加快建设文化大省”作为“八八战略”的重要内容，把文化建设纳入省域现代化总体布局中。二十年来，浙江接续推进文化建设“8 项工程”，以文化自信，促文化繁荣。浙江作为中国革命红船起航地、红色文化强省，始终秉持“用好红色资源，传承好红色基因，把红色江山世世代代传下去”的理念。红船精神和浙江精神深入人心，始终激励着浙江人民励精图治、开拓创新，促进浙江经济的快速发展。

（二）社会凝聚力与稳定性

文化强省建设能够增强社会凝聚力与稳定性，为省域现代化建设提供和谐稳定的社会环境。一方面，健康的文化环境能够引导人们树立正确的价值观，增强社会的道德约束力，从而增加社会凝聚力，形成共同的社会伦理道德；另一方面，文化的多样性与包容性能够消除社会矛盾，增强社会稳定性，为社会的安定、和谐提供保障。文化强省就是要重视公共文化服务体系建设，提供丰富、多样的文化产品和服务，满足人们的多元化文化需求，从而增强社会凝聚力与稳定性。

浙江久久为功打造“最美浙江人”品牌。截至目前，涌现出“时代楷模”5 例、全国道德模范 18 人、“中国好人”536 例，成为首个全国文明城市设区市“满堂红”的省份，“浙江有礼”省域文明实践被列入共同富裕“十大标志性成果”之一。此外，浙江坚持公共服务现代化先行，不断完善人的全生命周期民生服务供给机制、风险闭环管控的大平安机制，率先实现共建共治共享共同富裕。

（三）国际影响力与软实力

文化强省建设可以提升一个省份的国际影响力和软实力，加速省域现代化进程。在全球化时代，文化交流无疑成为各个地区、各个国家之间建立联系、增进了解的重要途径。强大的文化实力不仅可以提升一个省份的国际影响力，也可以增强它在国际舞台上的话语权。比如，很多省份通过举办文化交流活动、传播文化元素等方式，将本土文化推介至世界，走出了一条自信又从容的国际文化交流道路。文化强省就是要更加主动地走出去，向世界展示自己的文化风采，吸引更多的国际关注和认同，为国际竞争中赢得更多的机会和空间。

全面建设社会主义现代化国家，必须坚定文化自信自强，巩固全党全国各族人民团结奋斗的共同思想基础，凝聚起以中国式现代化全面推进中华民族伟大复兴的磅礴力量。加强文化建设是中国式现代化的本质要求，文化自信自强是推进中国式现代化的强大精神动力，文化强省建设更是省域现代化先行的必然要求。

三、文化强省建设是省域现代化先行的有效路径

在当今文化日益成为国际竞争力量的重要因素的背景下，文化强省建设的目标就是不断提高文化软实力，不断深化文化与经济社会发展的融合。这显然不只是文化的复兴和创新，更是在新时代推动全域现代化的有效路径。文化强省建设是推动省域现代化的有效路径，具体体现在：

第一，文化产业推动经济结构升级。文化产业的开发和创新是省域现代化的核心驱动力，文化产业的发展和文化创意的融入可以推动经济结构的升级和优化。通过对文化资源进行创新性开发和利用，可以带动地方经济发展。同时，文化产业也能吸引投资和旅游，提供大量的就业机会，进一步促进经济增长。比如，通过发展文化旅游、非物质文化遗产、数字文化等产业，促进经济的多元化发展。

浙江作为民营经济大省，发展文化产业具有得天独厚的优势。近年来，随着文化产业发展宏观环境的日趋优化，呈现出社会积极参与、民间资本日益增多、企业规模不断扩大的良好趋势。浙江加快推进之江文化产业带、横店影视文化产业集聚区等重大平台建设，视听产业、数字出版、短视频、数字音乐四大国家级基地落户浙江。文化产业增加值占 GDP 的比例、文化产业的竞争力均得到有效提升，为高质量发展省域现代化提供了重要支撑。

第二，文化教育推动人力资源优化。强大的文化教育体系是文化强省的重要标志，也是现代化进程的关键因素。高质量的文化教育可以提升公民的文化素质和创新思维、弘扬社会主义核心价值观，形成积极向上、和谐稳定的社会风气，还能提升公民的竞争力、吸引和培养出更多具有创新

精神和实践能力的高素质人才，为省域现代化提供人力支持。

浙江高度重视教育现代化对省域现代化的重大意义。浙江大力推进高素质文化人才队伍建设，启动百名文化人才引育工程，优化全省宣传文化系统“五个一批”人才工程。争取在2025年实现教育综合实力、现代化水平和国际影响力全面提升，总体实现教育现代化，为浙江奋力打造“重要窗口”，高质量发展建设省域现代化提供坚强支撑。

第三，文化活动促进人的全面发展。文化活动的丰富多样可以促进人的全面发展，提升全省人民的文化素养，使其更好地适应现代化生活，提升人的幸福感和生活质量。

从浙江省的视角看，浙江自古以来就是文化大省，如今已经举办了大量旨在提升公民素质、塑造公民意识、推动创新思维及好促进经济发展的文化活动。无论是丰富多彩的西湖之春艺术节，还是开阔视野的嘉兴书展、宁波的海曙书画节等，都是以文化活动的形式，不仅让人们在观赏中得到精神享受，同时也增进了对生活、对社会的理解，开启了省域现代化的新篇章。

第四，文化创新推动科技创新。文化强省建设能通过培养创新思维、鼓励创新行为等方式，有效推动科技创新。文化的创新和多元性鼓励思维开放，同时，文化强省也需要着重于文化教育的发展，以培养有批判性思维和创新精神的民众，为经济发展和社会创新提供人才保障。

开放包容的创新型文化环境能够鼓励人们接纳新思想、试验新想法，这对科技创新至关重要。浙江杭州市以开放包容的都市文化，吸引了大量的科技企业和人才聚集，推动了科技创新的发展。新颖的文化观念和思维方式能够激发科技创新的灵感。阿里巴巴凭借“顾客第一、员工第二、股东第三”的企业文化，推动了众多科技创新，从而成为全球电商的领军企业。浙江一直以来都重视文化创新引导科技创新的力量，如建立文化创意产业园、设立文化创新基金，深化文化和科技的跨界融合，从而推动浙江的现代化进程。

第五，文化保护与传承强调可持续发展。文化保护和传承与可持续发展理念相契合，因为它们都强调长远的发展和对下一代的责任。在推动现代化的同时，保护和传承本土文化是必不可少的。这样做不仅为地方文化的持续发展提供源源不断的元素和动力，也体现了我们对可持续发展的重视和承诺。通过对传统文化的传承，可以弘扬传统美德，如孝悌、诚实守信等。这有助于培养公民的社会责任感，促进社会和谐，为省域的社会现代化奠定坚实的基础。

浙江省通过实施中华优秀传统文化传承发展工程，加大文化与自然遗产和历史文化风貌保护力度，挖掘传承地方特色文化，进一步延续了浙江文脉，为浙江经济社会发展注入了时代内涵，提供了精神支撑。

第六，文化交流提升国际影响力。文化强省的建设也包括文化的输出和交流，省内外的文化交流和合作也是省域现代化的有效路径。从古至今，人类文明的进步离不开文化交流，社会和经济的发展也离不开文化交流。文化交流能够促进社会的多元化发展，国与国之间的文化交流能够促进国际贸易的发展。通过举办各种文化活动，可以吸引其他地区和国际的关注，增强外部交流和合作，不仅可以推广当地特色文化，也可以吸引外部的资源和投资。这些活动可以提升一个省份的国际知名度和影响力，为其在全球化进程中赢得更多的机会和空间。

为实现省域现代化，建设文明强省，浙江省积极发展对外交流活动，鼓励文化企业积极主动实施走出去发展模式，加快打造具有自主知识产权和较强竞争力的知名文化品牌，努力提高出口文化产品的国际知名度。通过各种形式的文化交流活动，如浙江省的西湖文化论坛、杭州国际艺术节、“相聚浙里”国际人文交流活动等活动，浙江省积极展示自己的文化资源，提升了其对外影响力。这些活动不仅推广了浙江以及中国的传统文化，也加深了其他国家和地区人民对浙江的了解，提升了浙江的国际影响力。浙江还连续 9 年举办世界互联网大会乌镇峰会，吸引世界各地人才来此进行碰撞思想、凝聚共识，同时也给浙江的数字经济发展插上了腾飞的翅膀，极大地促进了浙江的现代化。

因此，无论是在经济、社会，还是教育等各个方面，文化都发挥着至关重要的作用。我们必须深刻认识到，文化强省建设是推动省域现代化的重要手段，也是实现省域全面发展和进步的关键路径。

第二节　文化强省建设推动省域现代化先行的实践基础

浙江文化强省建设是浙江省委、省政府为推动浙江省域现代化先行而提出的重大战略，这一战略的实践基础是浙江文化底蕴深厚、创新活力旺盛。聚焦“3 个力”和推进“8 项工程”，将为浙江省的现代化进程提供强大的文化支撑。

一、聚焦“3 个力”，从文化大省迈向文化强省

浙江在文化强省建设的过程中，最关键的是由“大”到“强”的转变。“大”是前期量的积累和规模的扩张，“强”是指建立在“大”的基础上质的飞跃；“大”是“强”的基础和前提，“强”是“大”的延伸。文化的“强”是指文化现代化、文化竞争力和文化影响力全面协调可持续发展水平的综合提升展示。在前期的建设中，由于财力等原因，出现有“得”有“失”的情况，不一定在所有领域面面俱到。而“强”必须在各主要领域具有一流的整体实力和全面的综合水平，特别要注意消除明显的短板和缺陷。随着建设过程的逐步完善，浙江省主要聚焦“3 个力”，从文化大省迈向文化强省，在所有创强省份中位于超群领先地位。

（一）增强先进文化的凝聚力

用党的创新理论凝心铸魂是文化建设的首要任务。浙江大力弘扬红船精神、浙江精神，特别是立足“重要萌发地”这一最大优势，深入实施铸魂溯源走心三大工程，文化体制改革不断深化，形成了一批重大理论成果。比如，重磅推出《习近平新时代中国特色社会主义思想在浙江的萌发与实践》《习近平科学的思维方法在浙江的探索与实践》等，这是全国唯一经中办批准出版的地方性研究成果；《习近平科学的思维方法在浙江的

探索与实践》《习近平在浙江》采访实录，全网点击阅读量超过 31 亿人次；“8090 新时代理论宣讲团”获得习近平总书记重要批示，现在已经成为浙江的一张“金名片”。

党的二十大报告强调要“加大文物和文化遗产保护力度，加强城乡建设中历史文化保护传承，建好用好国家文化公园”。加强历史文化保护传承，增强文化凝聚力。2003 年 7 月，习近平同志到良渚遗址展开调研，亲自协调解决遗址保护中的实际问题。他强调：“良渚遗址是实证中华五千年文明史的圣地，是不可多得的宝贵财富，我们必须把它保护好。”2019 年 7 月 6 日，良渚古城遗址申遗成功，中华五千多年文明史被国际公认。2023 年 6 月 15 日，杭州第 19 届亚运会火种在良渚古城遗址公园大莫角山被成功采集。良渚古城遗址是向世人展示古代中国和现代中国的一个非常独特的历史文化窗口。在这里采集火种，寓意着良渚的文明之光，穿过岁月时空，点燃新时代的亚运之火。

（二）解放和发展文化生产力

解放和发展文化生产力是繁荣文化的必由之路。改革是解放和发展文化生产力的根本途径，需高度重视文化的改革创新，以改革创新的精神冲破一切束缚文化发展的思想观念和体制机制，进一步解放和发展文化生产力。深化文化体制改革是社会主义文化建设的内在动力。习近平同志在浙江工作期间把推进文化体制改革，作为加快文化大省建设的一项重大任务加以谋划推进。他指出，“文化体制改革的着力点就是围绕面向群众、面向市场进行体制和机制创新，逐步建立有利于调动文化工作者积极性，推动文化创新，多出精品、多出人才的文化管理体制和运行机制”“文化体制改革是为了更好地发展文化，绝不能简单地理解为政府‘卸包袱’和经济上‘断奶’。总的原则是，政府要继续加大投入，但要调整结构和方式”，从而确立浙江省文化体制改革总的目标要求。文化管理体制改革，必须充分考虑我国国情，着眼于管住方向，管活机制，管出效益，管好质量。

二十年来，浙江文化体制改革不断深化，文化事业和文化产业高质量发展，文化产业增加值从442亿元增长至5145亿元，占GDP的比重从3.8%增长至6.95%，培育出了华策影视、横店影视、大丰实业、宋城演艺等一大批优秀民营文化企业，推出了一系列优秀文艺作品、文创产品、文旅精品。

（三）提高社会公共服务力

为群众提供高品质精神文化生活是文化建设的根本目的，近年来，各地积极满足人民群众文化生活需要，提供更多个性化、多样化服务，全社会的文化获得感持续提升。公共文化服务，满足的是广大群众读书看报、看演出、看展览、参加文化活动等需求，是实现好、维护好、发展好人民基本文化权益的主要途径。党的二十大报告提出：“健全现代公共文化服务体系。”立足城乡特点，打造更有特色、有品位的公共文化空间，扩大公共文化服务覆盖面，增强实效性，才能不断满足人们多样化、多层次、多方面的精神文化需求。

浙江着力推动公共文化服务规范化、标准化，形成了农村文化礼堂、县级图书馆总分馆、城市书房等文化惠民浙江经验，建成8000多个“15分钟品质文化生活圈”，让文化建设成果看得见、摸得着、真实可感。特别是我们着力构建以精神富有为标志的文化发展模式，不断缩小城乡和地区公共文化服务的差距，努力在共同富裕中实现精神富有。

二、推进“8项工程”，以文化自信促文化繁荣

文化自信的实质就是一种对于文化的态度，是源于对优秀传统文化、红色革命文化和社会主义先进文化的深刻认知。任何国家和民族都有其发展历史和文脉传承，这与其所处的地理位置、自然环境、文化渊源等密不可分。虽然文明进程不一样，但也正因如此才造就了世界文化的璀璨多姿和蓬勃发展的活力。中华传统文化博大精深，源远流长，是我国历史上各种道德、思想、观念等形成的总体，是中华文明汇集而成的具有鲜明民族特质和风貌的集合，它曾经是世界文化的中心，创造过令人惊叹的成就，而近一百年来中国传统文化的曲折遭遇也让我们深刻认识到，文化建设丝

毫不能放松，在步入社会主义建设的新时期，我们必须重拾文化自信，坚定文化价值认同感。浙江省在文化强省的建设过程中，根据当地的独特优势，实施“8 项工程”，以文化自信促文化繁荣。

（一）文明素质工程

文明素质工程是指通过全面推进道德文明建设，提升人民群众的道德素质和文明礼仪水平的一项重要工程，旨在引导广大群众培养良好的道德素质，树立正确的道德观念。该工程主要是为进一步凸显全省群众性精神文明创建工作的重点内容和主要抓手，增强针对性和实效性，着力提升全体公民思想道德素质、科学文化素质和健康素质。实施文明素质工程要着眼未来，面向现代化，突出未成年人、大学生、农民工等重点群体，根据各类群体的思想认识、文化素质、工作特点、生活状况、心理特征等不同情况，实行分类指导、分层施教、分步推进，采取理论武装、舆论引导、精神塑造、文化熏陶、环境影响、实践推动等方法，把文明素质工程的长期目标与近期计划结合起来，把理想信念与公民日常工作生活结合起来，把宣传教育与实践活动结合起来，努力推动公民文明素质的不断提高。

二十年来，浙江聚焦人的现代化，统筹推进文明培育、文明实践、文明创建，全面提升公民道德素质、科学文化素质和社会文明素养。久久为功打造“最美浙江人”品牌，让“最美”成为浙江的一道风景、一种风尚。截至目前，涌现出“时代楷模”5 例、全国道德模范 18 人、“中国好人”536 例。全国文明城市数量从 2005 年的 1 个增加到目前的 27 个，成为首个全国文明城市设区市“满堂红”的省份。“浙江有礼”省域文明实践被列入共同富裕“十大标志性成果”之一，礼让斑马线、聚餐用公筷等成为具有全国影响力的文明品牌。

（二）文化精品工程

文化精品工程，以满足广大人民群众不断增长的精神文化需求为目的，以扶持和推动文化、社科、新闻、出版四类优秀文化产品的创作、生产和传播为主要内容，重点扶持一批体现国家和浙江创作水准、具有全国影响的作品，一批在文化产业发展中具有良好社会效益、市场发展潜质和积极导向作用的项目，一批深受基层群众欢迎的公益性文化服务项目，一批弘扬浙江优秀传统文化、具有传承和创新意义的文化艺术成果，一批围绕中心和大局、研究重大理论和现实问题、具有突出贡献的文化项目，精心组织创作生产文化精品。文化精品工程是浙江文化强省建设中不可或缺的一项重要指标。

二十年来，浙江奋力钻研文艺，打造新时代文化高地，通过设立浙江文化艺术发展基金等方式，培育一流的文艺土壤、营造一流的创作生态，吸引全国顶尖文艺人才到浙江创作。同时，浙江大力推动广大文艺工作者深入生活、扎根人民、潜心创作，推出了一批具有鲜明浙江辨识度、全国影响力的浙产优秀作品。

（三）文化研究工程

文化研究工程是文化建设的基础性工程，是现代化建设最直接的思想资源，是建设文化强省、增强文化软实力的“魂”，也是文化建设的根本之“道”。通过对浙江历史文化的深入研究，可以为提升浙江文化影响力、丰富中华文化宝库提供有力支撑。文化研究工程的实施，将进一步加强对哲学社会科学研究的总体规划、资源整合、系统开发，促进建立符合哲学社会科学发展规律的管理体制和工作机制，推动浙江哲学社会科学研究上规模、上档次，形成一批具有重大学术影响和良好社会效益的学术成果，培养一支拥有高水平学科带头人的学术梯队，建设一批具有浙江特色的哲学社会科学重点学科和学术品牌，进一步繁荣和发展哲学社会科学，提升浙江文化软实力。

二十年来，浙江坚持以“今、古、人、文”为主题，扎实推动浙江文化研究工程。目前，已经开展第一、二期工程，出版学术著作超过 1700 部，形成了一批标志性成果。比如，“中国历代绘画大系”项目经过 18 年接续推进，已成为新时代文化建设的重大标志性成果，得到习近平总书记重要批示。持续擦亮阳明文化、和合文化、宋韵文化等优秀历史文化“金名片”，推动浙江文化研究工程形成更大影响力。

（四）文化保护工程

文化保护工程的主要目的是实现浙江历史文化遗产和民族民间艺术的积极抢救、科学保护、合理利用和有效管理；加强文物保护利用示范、世界文化遗产申报等工作，构建比较完备的不可移动文物与历史文化名城和历史文化街区、村镇保护体系；抢救一批濒临消失的传统民族民间艺术，做大一批民族民间艺术品牌活动项目，建设一批民族民间艺术馆，培育一批民族民间艺术经典旅游景区，发展一批民族民间艺术生态保护区，建立一批民族民间艺术产业基地。

二十年来，浙江扎实推进文物安全保护利用、文化遗产挖掘传承、文物价值传播推广，大力实施文博强省建设十大工程。杭州西湖、中国大运河、良渚古城遗址入选世界文化遗产，江郎山入选世界自然遗产，浦江上山遗址、余姚河姆渡遗址等得到系统性保护利用。“中国蚕桑丝织技艺”等 11 个项目入选人类非遗，2022 年“中国传统制茶技艺及其相关习俗”申遗成功，习近平总书记作出重要批示；全省国家级非遗项目数量实现“五连冠”。全省 40 余处革命遗址被列入全国革命文物保护利用片区，在全国率先推出乡村博物馆、景区博物馆。

（五）文化产业促进工程

文化产业促进工程旨在通过政府政策支持、项目扶持、创新创业培育等多种手段，促进浙江省文化产业的繁荣和发展，进一步提升浙江省的文化软实力和经济实力。近年来，随着全球化进程的加快和文化消费需求的不断增加，文化产业成为推动经济发展的重要驱动力之一。浙江省作为中国经济最活跃的地区之一，拥有丰富的文化资源和创新创业氛围，具备良好的发展潜力。该工程强调文化事业和文化产业同时发展，在大力发展文化事业的同时，努力发展文化产业，采用多种方法和途径，促进浙江省文化产业取得质的提高和量的扩张。

二十年来，浙江全面提升文化产业链、创新链、价值链，全力推动文化体制改革，文化产业发展凸显领跑优势。之江文化产业带、横店影视文化产业集聚区等重大平台加快推进，视听产业、数字出版、短视频、数字音乐四大国家级基地落户浙江。实施文化企业“凤凰行动”，全省拥有规模以上文化企业5915家、上市文化企业45家，历年入选“全国文化企业30强”文化企业数量稳居全国前列。大力推进文旅深度融合发展，推动创建文旅融合改革试验区，“味美浙江·百县千碗”工程影响扩大，世界旅游联盟总部永久落户浙江。

（六）文化阵地工程

文化阵地工程，主要指推进全省县（市、区）、镇（乡）及行政村（含城市社区）的公益性文化阵地建设，包括图书馆、文化管、乡镇文化站、社区和村级文化活动中心（文化俱乐部）等基础设施、活动内容、运作载体、人才队伍等建设，从而形成比较完备的基层公共文化服务体系。该工程以建立优质高效的公共文化服务体系、保障人民群众文化权益、满足人民群众精神文化需求为核心，统筹城乡文化建设，提高浙江基层文化工作整体水平，为加快浙江全面建设文化强省，提供强有力的精神动力和文化支撑。

二十年来，浙江持续加大对公共文化服务的投入，扎实推进基本公共文化服务标准化均等化。高标准建成杭州国家版本馆、南宋德寿宫遗址博物馆、浙江音乐学院、浙江小百花艺术中心等重大文化设施；之江文化中心作为全新文化地标，将在不久后投入使用；累计建成5万余家新时代文明实践中心、所（站、点）和农村文化礼堂；创新打造了城市书房、社区文化家园等基层文化阵地矩阵；建好用好管好互联网这个主阵地，创新实施网络生态“瞭望哨”工程，营造清朗安静的网络空间。

（七）文化传播工程

文化传播工程主要用于推动全省报纸、期刊、广播、电视、电影、图书、音像制品、电子出版物、互联网等文化传播媒体的建设、管理和发展。该工程主要目的是大力发展文化传播事业，壮大文化传播产业，巩固主流舆论阵地，唱响主流舆论声音，保证主渠道畅通，丰富主导产品供应，提高文化传播水平，增强文化传播效果，满足广大人民群众日益增长的精神文化需求，营造良好的舆论氛围，提供有力的精神支撑。

二十年来，浙江牢牢把握政治方向、舆论导向、价值取向，统筹内宣与外宣、网上与网下，社会主流舆论不断形成新声势。加快传播能力和传播体系建设，县级融媒体中心改革创造全国经验，市级媒体深度融合稳步推进。创新打造“浙江宣传”微信公众号；组建全省统一的技术平台“传播大脑”，精心打造重大传播平台和“潮新闻”“Z 视介”客户端；连续 9 年举办世界互联网大会乌镇峰会，在国际网络空间治理中发出浙江“好声音”；打响“诗画江南、活力浙江”省域品牌，擦亮浙江作为“重要窗口”的对外形象；《之江新语》《红船精神》等图书多语种在全球出版，“丝绸之路周”活动影响广泛，“浙江文化金名片”海外传播工程有声有色。

（八）文化人才工程

文化人才工程也称为“五个一批”人才工程，主要用于在社科理论、新闻、出版、文化艺术、文化产业经营管理领域培养造就一批有较高学术造诣、联系实际的理论专家，一批受群众喜爱的记者、编辑、主持人，一批精通业务知识的出版专家，一批艺术水平精湛的作家、艺术家，一批既懂宣传文化发展规律、又懂市场运作规律的文化经营管理专家。该工程的主要目标是建立健全宣传文化系统专业人才培养选拔管理机制，努力营造有利于优秀人才脱颖而出的工作机制和良好环境。按照改善结构、提高素质的原则，在发挥不同层次各类宣传文化人才作用，提高队伍整体素质的基础上，努力形成一支与建设文化强省、繁荣宣传文化事业、发展文化产业要求相适应的文化宣传队伍。

二十年来，浙江大力推进高素质文化人才队伍建设，用好中国网络作家村、之江编剧村等重大平台，启动百名文化人才引育工程，优化全省宣传文化系统“五个一批”人才工程，分层次实施“五个一批”领军人才、青年英才及培育项目。截至目前，入选国家高层次人才特殊支持计划哲学社会科学领军人才 36 人、青年拔尖人才 21 人，中宣部文化名家暨“四个一批”人才 84 人、宣传思想文化青年英才 29 人，入选总量处在全国第一梯队。

回望走过的这二十年，既是浙江文化建设大步跨越、繁荣发展的二十年，也是浙江人民精神世界极大丰富、精神力量不断增强的二十年。这一切都离不开“八八战略”的科学指引，离不开习近平总书记当年为浙江文化工作的把脉定向、超前谋划、精妙部署。接下来，浙江将继续按照习近平总书记作出的“3 个力”和“8 项工程”战略擘画，一以贯之地抓落实、抓推进、抓突破，全力以赴地出经验、出成果、出亮点。

第三节　文化强省建设推动省域现代化先行的主要任务与战略举措

一、聚焦“重要萌发地”，打造更多硬核理论成果

浙江省是中国重要的经济和文化中心，也是中国改革开放的先行地之一。作为一个文化强省，浙江省一直致力于推动省域现代化的进程，并在这一过程中，注重打造更多硬核理论成果，以实现文化的创新和发展。

（一）聚焦“重要萌发地”具有重要意义

在浙江省推动省域现代化的主要任务中，聚焦“重要萌发地”是一个重要的方向，具有重要意义。所谓“重要萌发地”，即指浙江省的一些特定地区，这些地区具有独特的文化资源和发展潜力，可以成为创新和发展的重要源泉。浙江是中国革命红船起航地、改革开放先行地、习近平新时代中国特色社会主义思想重要萌发地。这是中国共产党在领导中国革命、建设和改革开放的光辉历程中，对浙江的历史定位。第一，浙江作为一个重要的萌发地，具有丰富的人才资源和创新基因。浙江历来就是人才辈出的地方，拥有众多的知名企业家和科技专家。这些人才的积极创新精神和创业热情，为浙江的经济发展注入了源源不断的动力。同时，浙江还拥有

一批高水平的科研机构和高校，为创新提供了坚实的基础。第二，浙江作为一个重要的萌发地，具有良好的创新生态环境。浙江一直致力于构建创新型省份，不断优化创新生态环境，提供良好的政策和法规支持，鼓励企业和个人创新创业。同时，浙江还注重打造创新平台，建立了一批国家级和省级创新示范区，吸引了大量的创新资源和创新项目。第三，浙江作为一个重要的萌发地，具有强大的创新能力和竞争力。浙江一直以来都强调创新是推动经济发展的核心动力，通过加强科技创新、产业创新和制度创新，不断提升创新能力和竞争力。浙江的企业在技术创新、产品创新和商业模式创新方面取得了显著成效，不仅在国内市场上具有竞争力，也在国际市场上崭露头角。第四，浙江作为一个重要的萌发地，具有辐射带动作用。浙江的创新成果和发展经验可以辐射带动周边地区的发展，形成良性的互动关系。浙江的成功经验可以为其他地区的发展提供借鉴和参考，促进整个国家的创新驱动发展。

（二）打造更多硬核理论成果的具体举措

浙江以文化强省为目标，不断推动文化事业的发展。在这一过程中，通过深入调查和探索，为浙江的文化和发展注入了新的活力，打造了更多硬核理论成果，具体的举措包括以下几个方面：

第一，鼓励高校和科研机构加强理论研究，特别是在文化创新和发展方面的研究。通过加强理论研究，可以为文化创新和发展提供理论支持和指导，有助于浙江建设文化强省目标的实现。首先，只有在深入理论研究的基础上，才能更好地把握文化创新和发展的内涵和特点。通过理论研究，可以发现文化创新和发展的规律和趋势，为实践提供指导和支持。例如，通过对浙江省文化产业发展的理论研究，可以深入了解文化产业的发展趋势和创新模式，为浙江省的文化产业发展提供有效的战略指导。其次，理论研究不仅仅是纸上谈兵，更重要的是要将理论与实践相结合。通过对理论问题的深入研究，可以为文化创新和发展的实践提供有益的启示和借鉴。例如，通过研究浙江省文化创新和发展的理论问题，可以为浙江省的文化企业提供创新思路和实践经验，推动浙江省文化产业的发展。

第二，注重人才培养。探索文化产业人才新型培养模式，高校应以解决文化产业数字化发展问题的胜任能力为导向，形成与人才培养目标相匹配的实践教学体系、教学模式和教学手段，积极与文化企业孵化器、众创空间服务平台共同搭建文化产业新型创新创业载体，努力培养一批具有专业型、复合型、创新型的新型文化产业人才。政府通过加大人才的培养和引进力度，吸引更多的优秀人才来到浙江省从事文化创新和发展的工作，可为文化创新和发展提供坚实的人才支持。

第三，注重加强与其他省（区、市）的合作与交流。通过与其他地区的合作与交流，可以共同研究和解决文化创新和发展的问题，互相借鉴和学习。这样可以形成更加广泛的文化创新和发展的合力，有助于浙江建设文化强省目标的实现。此外，注重加强国际交流与合作，借鉴和吸收国际上的先进理论和经验。政府积极引进国际先进的文化创新理论和实践经验，通过与国际上的专家学者和机构开展交流合作，共同探讨文化创新和发展的问题，可以使浙江省在文化创新和发展方面能够走在国际前列。

总之，浙江文化强省推动省域现代化先行的主要任务与战略举措中，聚焦“重要萌发地”，打造更多硬核理论成果是一个重要的方向。通过聚焦“重要萌发地”，可以挖掘和发掘浙江省独特的文化资源和发展潜力；通过打造更多硬核理论成果，可以为浙江省的文化创新和发展提供理论支持和指导。通过这些举措，浙江省将进一步推动省域现代化的进程，实现文化的创新和发展。

二、聚焦“主力军全面挺进主战场”，推动重大传播平台提质增效

浙江是一个经济发达、文化繁荣的地区，一直致力于推动省域现代化先行。在实施省域现代化战略的过程中，聚焦“主力军全面挺进主战场”，推动重大传播平台提质增效是一个重要的任务。

（一）聚焦“主力军全面挺进主战场”的重要意义

近年来，浙江省不断加大对文化事业的投入，积极推动浙江文化强省

建设。在这一进程中，“主力军全面挺进主战场”成为浙江文化强省建设中不可或缺的重要力量。“主力军全面挺进主战场”具有重要意义。第一，彰显文化自信、传播正能量。文化是一个国家、一个地区的软实力，也是凝聚人心的重要力量。“主力军全面挺进主战场”可以通过文化创作、文艺表演等方式，展现浙江文化的独特魅力和丰富内涵，提高人们对浙江文化的认同感和自豪感，增强文化自信。同时，积极传播正能量，引导社会舆论，推动社会主义核心价值观的传播和树立，在浙江文化强省建设中发挥积极作用。第二，推动文化产业发展、提升经济实力。文化产业作为新兴产业，具有较高的增长潜力和创造力。“主力军全面挺进主战场”可以推动文化产业的发展，促进文化产业与其他产业的融合，提升文化产业的核心竞争力。文化产业的蓬勃发展不仅可以为浙江经济注入新动力，还能带动相关产业的发展，提升浙江省整体经济实力。第三，丰富人民群众的精神文化生活。“主力军全面挺进主战场”可以更好地满足人民群众对精神文化生活的需求。通过丰富多彩的文化创作和艺术表演，为人民群众提供更多的精神食粮，提高人民群众的文化素质和审美水平。同时，注重基层文化建设，推动文化资源向农村和城乡结合部延伸，使文化事业惠及广大人民群众。第四，塑造浙江文化品牌、提升影响力。“主力军全面挺进主战场”可以通过扎实的文化创作和精良的艺术表演，塑造浙江文化品牌，提升浙江文化的影响力。通过文化交流、文化对外输出等方式，增进浙江与其他地区以及国家的文化交流与合作，推动浙江文化走向世界，提升浙江省的国际影响力。

（二）推动重大传播平台提质增效的具体举措

推动重大传播平台提质增效是实施浙江文化强省战略的重要任务之一。为了达到这一目标，主要采取以下几方面的举措：

第一，加大投入，提供更好的资源支持。重大传播平台需要大量的资金、人力和物力的支持，可以通过加大投入，提供更好的资源支持。例如，可以增加对重大传播平台的财政拨款，提供更多的专业人才和技术支持，提供更好的场地和设备等。

第二，创新内容，提升传播品质。重大传播平台的内容是吸引观众和用户的核心，可以通过创新内容，提升传播品质。例如，可以加大对原创作品的扶持力度，提供更多的创作机会和平台，鼓励创作者创作更具有价值和影响力的作品。

第三，强化品牌建设，提升传播影响力。重大传播平台的品牌是其核心竞争力之一，可以通过强化品牌建设，提升传播影响力。例如，可以加强对重大传播平台的品牌宣传和推广，提高品牌知名度和美誉度，吸引更多的观众和用户。

第四，加强合作交流，提升传播能力。重大传播平台可以通过加强与其他相关机构的合作交流，提升自身的传播能力。例如，可以与其他媒体、艺术机构、学术机构等建立长期合作关系，共同开展项目和活动，实现资源共享和互利共赢。

第五，提升服务水平，增强用户体验。重大传播平台的服务水平直接关系到用户的体验和满意度，可以通过提升服务水平，增强用户体验。例如，可以加强对观众和用户的调研和反馈，不断改进服务流程和服务质量，提供更好的用户体验。

推动重大传播平台提质增效是浙江文化强省战略中的重要任务之一，也是实现文化强省目标的关键举措。通过聚焦“主力军全面挺进主战场”，可以更好地集中资源，提升传播效果，增强文化自信，传承文化传统。在具体实施方面，可以通过加大投入、创新内容、强化品牌建设、加强合作交流和提升服务水平等举措来推动重大传播平台的提质增效工作。通过这些努力，相信浙江省的重大传播平台将会更加发展壮大，为推动浙江文化强省战略的实施发挥更大的作用。

三、聚焦“打造新时代文化高地”，持续擦亮优秀文化标识

深入推进新时代文化浙江工程，加快打造新时代文化高地，是实施“八八战略”以来浙江省接续推进文化大省、文化强省、文化浙江建设的必然结果，是新目标新定位下浙江省开拓文化发展新境界、推动文化建设

取得新成就的清晰路线图和重大战略举措。近年来，浙江省积极推动文化强省战略，将打造新时代文化高地作为重要任务之一，通过持续擦亮优秀文化标识，不断提升文化软实力，实现文化与经济的良性互动。

（一）聚焦“打造新时代文化高地”的重要意义

高水平推进文化强省建设，打造新时代文化高地。这是进入实现第二个百年奋斗目标新征程赋予浙江文化建设的新目标新定位，具有重要意义。

第一，打造新时代文化高地，浙江有信心。习近平同志在浙江工作期间，亲自谋划文化建设“八项工程”。历届省委坚持一张蓝图绘到底、一任接着一任干，建设文化大省、文化强省、文化浙江，持续写好文化建设“八项工程”这篇大文章，使浙江文化软实力显著提升。新时代是文化建设的时代，也是文化创新的时代。浙江积极响应习近平总书记提出的“四个自信”要求，坚持以人民为中心的发展思想，将文化建设摆在重要位置，大力推进文化创新、文化传承和文化交流，努力在全国乃至全球范围内打造一个文化高地。

第二，打造新时代文化高地，浙江有责任。以大历史观审视，人类社会的每次大变革、大跨越，都将孕育新的文明时代。伴随着中华民族的伟大复兴，必将迎来文化的新一轮繁荣兴盛，浙江作为中华文明的重要发源地之一，是极具文化创新力和文化标志性的地区。从史前文明到近代以来，浙江文化弦歌不绝，出现过数次繁荣发展的高峰。如以良渚文化“五千年文明圣地”为主体的史前文化高峰，南宋定都杭州后高度繁荣的宋韵文化，到明清以后浙江已成为全国无可争议的财富命脉和文化重镇。可以说，绵延数千年，浙江文化宛如钱塘江水，藏珍纳景，激波扬涛，蔚为大观。要以战略眼光和全局视野，自觉担负起赓续中华文脉的时代使命，把浙江文化建设推向新的高度，进一步彰显浙江文化在中华文化版图中的“启明星”地位。

第三，打造新时代文化高地，浙江有底气。进入新时代新阶段，浙江省文化建设已经到了积厚成势、蓄力跃升的关键时期。最突出的是，全省人民具有高度的文化自信和文化自觉，浙江文化有着浓郁的经济脉息，广大文化文艺工作者对文化创造满怀激情和期待；浙江经济社会持续健康发展，文化建设拥有坚实的物质基础，进入了物质文明和精神文明更高水平协调发展的新阶段；浙江省数字化改革正撬动全方位、深层次社会变革，必将给文化生产方式和生活方式带来重塑性影响。特别是省委对文化工作高度重视，我省文化文艺战线备受鼓舞，对浙江文化未来充满信心，参与文化建设的热情更加高涨，迫切需要发挥文化铸魂塑形赋能的强大力量和功能，推动在共同富裕中实现精神富有，在现代化先行中实现文化先行。

第四，打造新时代文化高地，就是要高水平推进文化强省建设。党的十九届五中全会提出，到2035年建成社会主义文化强国。党中央、国务院关于支持浙江高质量发展建设共同富裕示范区的意见明确，要打造以社会主义核心价值观为引领、传承中华优秀文化、体现时代精神、具有江南特色的文化强省。着眼文化强国建设的宏大视野，对标现代化先行和共同富裕示范区建设的任务要求，重点是高水平推进文化强省建设，打造“五个高地”：加快打造思想理论高地，展现“红色根脉”守护传承、思想力量充分彰显的新气象；打造精神力量高地，展现人文精神标识鲜明、人民精神昂扬奋进的新气象；打造文明和谐高地，展现崇尚美美与共、自信开放包容的新气象；打造文艺精品高地，展现流派高峰涌现、创造活力充沛的新气象；打造文化创新高地，展现文化引领驱动、形神融合兼备的新气象，构建起以文化力量推动社会全面进步的新格局。

（二）持续擦亮优秀文化标识的具体举措

为了提升浙江文化的知名度和影响力，浙江省通过传统文化的保护与传承、当代文化的创新与推广、文化产业的发展与壮大三种方式持续擦亮优秀文化标识，展示浙江的独特魅力和文化底蕴。

第一，传统文化的保护与传承。浙江省注重加强对传统文化的保护和传承工作。一是通过举办传统文化活动来推广和传承传统文化。组织丰富多样的传统文化活动，如传统音乐、舞蹈、戏曲、书法、绘画等比赛和演出，吸引更多的人参与其中，让他们切身感受传统文化的魅力。此外，还组织传统文化作品的展览和展示，通过展览的形式让人们更加直观地了解传统文化的内涵和价值。二是传统技艺是传统文化的重要组成部分，它们代表着民族智慧和创造力。为了保护和发展这些传统技艺，浙江省开展传统技艺的培训项目，邀请行业专家和老师传授技艺，培养更多的传统技艺人才。三是浙江省还注重对传统文化的研究和保护工作。传统文化是浙江省宝贵的文化遗产，为了更好地保护和传承传统文化，浙江省加大对传统文化的研究力度，挖掘和整理传统文化的经典著作和珍贵资料。同时，还注重对传统文化遗址和古迹的保护，完善和恢复古建筑，夯实保护传统文化的物质基础。其四，浙江省持续加强对传统文化的保护和传承工作，通过举办传统文化活动、开展传统技艺培训等方式，让传统文化得到更好的传承和发展。这不仅是对传统文化的珍视和尊重，也是为了让更多的人了解和参与传统文化，传承和弘扬中华民族的优秀传统文化。

第二，当代文化的创新与推广。鼓励青年艺术家、作家、导演等从创新的角度去表达自己对当代社会的观察和思考，通过艺术形式来传递当代文化的内涵。为此，浙江省设立专项资金，支持优秀的当代文化创作项目，并推动当代文化创作与现代科技、传统文化的融合，以提升当代文化的艺术价值和观赏性。培养创作人才是当代文化发展的基础。通过加强高校艺术院校与文化机构的合作，组织专家和艺术家开展讲座、培训等活动，为艺术学生提供更多的学习和交流机会。同时，建立一批专业的艺术创作基地，提供艺术家创作的场所和资源支持，为他们的创作提供更好的条件和环境。浙江省拥有悠久的历史和灿烂的文化传统，这为当代文化的创作提供了丰富的素材和灵感。浙江省注重发掘和推广具有浙江特色的当代文化作品，包括电影、音乐、文学、舞蹈等各个领域，让更多的人了解和欣赏到浙江文化的魅力。通过举办文化展览、艺术演出等方式，让更多的人欣赏和了解当代文化的魅力。组织艺术节、文化周等大型活动，为当代文化作品提供展示平台，并邀请国内外的艺术家和文化界人士参与其中，促进文化交流与合作。此外，支持当代文化作品的巡回演出和展览，让更多的人能够近距离感受到当代文化的魅力。

第三，文化产业的发展与壮大。其一，通过增加对文化企业的财政补贴、资金扶持等方式，为文化产业提供更多的资金支持，同时，鼓励文化企业与金融机构合作，拓宽融资渠道，提高资金使用效率；制定更加优惠的税收政策，减轻文化企业的负担。其二，鼓励文化企业进行技术创新和研发，提供相应的科技支持和政策扶持，同时，加强知识产权保护，为文化企业提供良好的创新环境和法律保障。其三，通过推动文化产业与旅游业的深度合作，打造独具特色的文化旅游产品，提升旅游吸引力。同时，鼓励文化产业与科技创新紧密结合，推动科技创新成果在文化产业的应用，提升文化产品的科技含量和竞争力；通过加强文化产业的品牌建设，提升文化产品的知名度和影响力；鼓励文化企业进行市场拓展，开拓国内外市场，推动文化产品的国际化发展。

总之，打造新时代文化高地是浙江文化强省战略的重要任务之一。通过持续擦亮优秀文化标识，拓展文化产业发展空间，加强文化交流与合作，进一步提升自身的文化软实力，实现经济与文化的良性互动。

四、聚焦“实现精神富有”，塑造时代新风新貌

浙江不仅是中国的一个经济强省，也是一个文化强省。近年来，为了推动省域现代化的先行，浙江将“实现精神富有”作为一个重要的主题，并通过一系列的任务和战略举措来塑造时代的新风新貌。

（一）聚焦“实现精神富有”的重要意义

精神富有不仅仅是指物质上的富裕，更是指人民的内心世界和精神境界富足，是人民对美好生活的向往和追求。浙江省深知经济的发展离不开文化的支撑，只有实现精神富有，才能真正实现全面的现代化。浙江省非常重视人民的精神富有，在经济发展的同时，也注重文化的传承和发展。将实现精神富有作为一个重要的目标，并将其纳入到省域现代化先行的主要任务和战略举措中。聚焦“实现精神富有”具有重要意义。第一，重视教育的发展，注重培养人民的精神素质。教育是人民精神富有的基石，应致力于提高教育质量，提供优质的教育资源，培养具有高尚品格和全面素

质的人才。积极推动素质教育，注重培养学生的创新能力和实践能力，让他们具备适应社会发展需求的能力。第二，重视人民精神生活的丰富多样化。鼓励和支持各种精神文化活动，丰富人民的精神生活。通过举办各类文化节庆活动，丰富人们的文化娱乐选择。同时，积极发展体育事业，提供丰富的体育活动和健身场所，让人民能够享受健康快乐的生活。第三，注重人民精神富有与经济发展的相互促进。只有人民精神富有，才能激发人们对创新和进步的热情，推动经济的发展。应积极构建良好的发展环境，鼓励创新创业，提供更多的机会和平台，让人民能够实现个人价值和梦想。

浙江省强调实现精神富有的重要性，并将其纳入到省域现代化先行的主要任务和战略举措中。通过加强教育、文化传承、丰富人民精神生活等多种方式，促进人民的精神富有。经济的发展离不开人民的内心世界和精神境界的富足，只有实现精神富有，才能真正实现全面的现代化。

（二）塑造时代新风新貌的举措

浙江省一直重视培养和弘扬时代新风新貌，这不仅是适应时代发展需要的要求，更是符合社会主义核心价值观的道德风尚和行为规范。为了实现这一目标，浙江省采取了一系列措施，包括加强道德教育、推动社会主义道德建设、引导人民群众树立正确的道德观念，养成良好的道德品质和行为习惯，最终形成文明健康的社会风尚。

第一，注重加强道德教育。道德教育是培养人们正确道德观念和行为习惯的重要途径。通过在学校、企事业单位、社区等不同场所开展道德教育活动，提高人们的道德素质和道德意识。同时，还注重培养青少年的道德品质，将道德教育纳入学校教育的全过程，通过开设道德课程、组织道德实践活动等方式，引导青少年树立正确的价值观念和行为准则。

第二，致力于推动社会主义道德建设。社会主义道德建设是社会主义核心价值观的具体体现，积极开展各类宣传教育活动，弘扬社会主义核心价值观，引导人们树立正确的世界观、人生观和价值观。通过宣传社会主义核心价值观的重要性和意义，使人们自觉遵循社会主义道德规范，形成共同的价值追求和行为准则。

第三，注重引导人民群众树立正确的道德观念。道德观念是人们行为的指导准则，通过开展道德讲堂、道德讲座等形式，宣传道德典范和先进事迹，引导人们学习他人的优秀品质和行为，树立正确的道德观念。同时，加强对社会道德乱象的批评和谴责，引导人们远离不良行为，树立正确的行为规范和道德榜样。

第四，致力于培养人们良好的道德品质和行为习惯。良好的道德品质是个人修养的重要组成部分，通过开展各类文明行为宣传活动，引导人们养成文明礼仪、尊老爱幼、助人为乐等良好的行为习惯。同时，还加强对个人道德行为的评价和奖励，激励人们做出更多的好事，社会形成向上的良好风尚。

总之，浙江省注重培养和弘扬时代新风新貌，通过加强道德教育、推动社会主义道德建设、引导人民群众树立正确的道德观念，养成良好的道德品质和行为习惯，形成文明健康的社会风尚。这些措施的实施不仅有助于提高人们的道德素质和文明程度，也为浙江省的社会发展和进步提供了坚实的道德支撑。

五、聚焦“变革重塑”，推动数字化赋能宣传文化工作

浙江省作为中国的文化强省，一直以来注重推动省域现代化先行，不断探索创新，致力于提升宣传文化工作的水平和影响力。在聚焦“变革重塑”的主题下，浙江省积极推动数字化赋能宣传文化工作，以适应时代发展的要求，实现文化产业的转型升级、创意产业的繁荣发展，为文化强省建设贡献力量。

（一）聚焦“变革重塑”的重要意义

在浙江的文化强省建设中，聚焦“变革重塑”具有重要意义。变革是时代发展的必然要求，也是浙江在追求现代化进程中必须面对的挑战。通过变革，浙江不断调整产业结构，转型升级传统产业，培育新兴产业。同时，浙江还积极推进政府治理体系和能力现代化，加强社会管理创新，推

动文化产业的数字化、网络化发展。这些“变革重塑”的举措，使浙江在省域现代化的进程中赢得了先机，取得了显著成效。第一，“变革重塑”不仅是经济转型的必然选择，也是文化强省建设的关键路径。浙江通过深入挖掘优秀传统文化的价值，将其与现代文化产业相结合，推动了文化创意产业的蓬勃发展。同时，浙江还注重培育创新型人才，提高文化产业从业人员的素质和能力。这些举措不仅推动了浙江文化产业的繁荣，也为浙江的现代化建设提供了强大的动力和支撑。第二，“变革重塑”还体现在浙江的城市建设和环境保护方面。浙江注重打造宜居城市，通过城市规划和建设，提升城市的品质和形象。同时，浙江还加大环境保护力度，推动绿色发展，提高资源利用效率，改善生态环境。这些举措不仅为浙江的现代化进程提供了良好的基础和条件，也为居民提供了更加宜居的环境和生活品质。

浙江在文化强省建设推动省域现代化先行的过程中，聚焦“变革重塑”的重要意义不可忽视。通过“变革重塑”，浙江不断创新发展模式，推动产业转型升级，提高城市品质和环境保护水平，实现了经济的快速发展和社会的全面进步。在这一过程中，浙江的文化产业和文化软实力得到了有效提升，为浙江的现代化建设提供了强大的支撑和动力。未来，浙江将继续聚焦“变革重塑”，不断创新发展理念和模式，推动浙江成为更加富有活力和魅力的文化强省。

（二）推动数字化赋能宣传文化工作的举措

数字化赋能是指通过信息技术手段，将传统的宣传文化工作与数字化技术相结合，实现传播方式、内容呈现、资源整合等方面的创新和提升。数字化赋能是当今社会发展的重要趋势之一，也是浙江省在推动宣传文化工作方面积极探索的方向。近年来，浙江省紧跟时代潮流，充分认识到数字化赋能对宣传文化工作的积极影响。为了更好地适应新时代的需求，浙江省采取了一系列有力的举措，推动数字化赋能宣传文化工作的发展。

第一，浙江省积极推进数字化技术在宣传文化领域的应用。通过建设数字化平台，实现宣传文化资源的数字化整合和共享。这不仅为广大市民提供了更加便捷的文化服务，也为文化产业的发展提供了有力支撑。同时，浙江省还借助大数据技术，对宣传文化工作进行深入分析，不断优化资源配置，提供更精准、个性化的文化产品和服务。

第二，浙江省注重培育数字化赋能人才。通过设立相关专业课程、举办培训班等方式，提升宣传文化工作人员的数字化素养和技能。这不仅有助于他们更好地适应数字化时代的发展要求，也为数字化赋能宣传文化工作提供了坚实的人才保障。同时，浙江省还积极引进优秀的数字化赋能人才，搭建人才交流平台，促进宣传文化工作与数字化技术的融合创新。

第三，浙江省加大对数字化赋能宣传文化工作的投入。通过加大财政投入和引导社会资本参与，推动数字化赋能宣传文化工作的发展。在建设数字化平台、培育人才、推出创新项目等方面予以资金和政策支持，为数字化赋能宣传文化工作提供充足的资源保障。

浙江省的数字化赋能宣传文化工作举措取得了显著成效。一方面，数字化赋能使得宣传文化工作更加丰富多样，更具创新性和互动性。市民可以通过数字平台随时随地获取文化信息，参与文化活动，提升自身的文化素养。另一方面，数字化赋能也为文化产业的发展提供了新的机遇。通过数字化技术，文化产品和服务得以更加精准地满足市场需求，带动了文化产业的繁荣。